JN061317

普及版

日本語―フィリピン語 実用辞典

Mapakikinabangang Diksiyonario ng Hapon-Pilipiinas

市川恭治 編
Kyoji Ichikawa

日本地域社会研究所

は　じ　め　に

　これまでに日本で出版されてきたフィリピン語に関する書物は多い。ひと通り買って読んでみたが、正直いってそのほとんどがフィリピン語会話の上達に結びつかなかった。カセットテープも買ったが、頭になかなか入らない。そこで、社会人を対象とした上智大学のコミュニティ講座に通い始めた。約2年間の期間中で文法等基本的な勉強ができたが、頭の中で理解できても人前では言葉にならなかった。結局は、独学に頼らざるをえなかった。その後、多くのフィリピン人と友だちとなり、日々フィリピン語を使っての会話にチャレンジした。フィリピンにもたびたび出かけて、フィリピン社会に接した。さまざまな生活習慣や行事、自然、文化等に接することで生きた言葉が勉強できる。言葉は、日常生活のレベルでとらえなければ本物にならないと思う。

　私は、フィリピン語を学び始めたころから、学習のため、覚えた単語をノートに書き込むことを習慣としてきた。そして、ある程度の数に達した段階で、それを適当に並び換えて個人用の辞書をつくった。会話において、それを虎の巻にして使った。修正につぐ修正で、ほとんど真っ黒になってしまうほどであった。その延長線上で出来上がったのが、本書である。

　これからますます日本とフィリピンの交流が政治や経済のレベルのみならず、日常のレベルで深まっていくことが予想される。日本人のフィリピン語の勉強に役に立てばということで、このたびの出版に至った。

　なお、お断わりしておくが、本辞書は言語学的ウンヌンの配慮はほとんどされていない。あくまで実用的な目的でつくったものである。

　また、本書をまとめるにあたりアドバイスをいただいた友人のラウル・マリアリー、アリス・アルナイツ、マイルス・ヘネサス、エベリン・リム・アルカンタラ諸氏に感謝します。

市　川　恭　治

凡　　例

（　）日本語についている（　）は日本語の言葉の変化を表わした。

フィリピン語についている（　）は、その動詞がとるおもな接辞を表わした。
すなわち"語幹（１つまたはいくつかの接辞）"という並びになっている。

したがって、（　）のついているフィリピン語は、すべて動詞である。

　　例：書く sulat（um,in,an）は、 sumulat, sulatin, sulatan の３つの表現が
　　あるという意味。

um，in，an が語幹 sulat のどこにつくかは法則性があり、また時制の変化（過
去・現在・未来）を表現する場合も同様に法則性がある。

ただし、次のものだけは、動詞であっても接辞がつかないため、（　）がついて
いない。maging, may, mayroon, wala, nariyan, naroon

これら接辞等の使い方については、巻末の「フィリピン語の解説、９．動詞の項」
を参照のこと。

＋　接辞が語幹の両側につく場合 例えば ma+an- 動詞の場合＋の部分に語幹が入る。

　　例：語幹 unawa（理解）の場合、 ma と an の間に unawa を入れて ma
　　+unawa→maunawaan （理解する）となる。

－　pag-ibig（愛）は ibig に pag という接辞がついたものであるが、「パグイビッグ」
と発音し、pagibig「パギビッグ」とはいわない。 pag と ibig を独立して発音
するためにー（ハイフン）を入れてある。

→　語幹に接辞がつくことにより動詞が変化するが、その場合、発音をスムーズにす
るためスペルが変化する。特に mang, in, an- 動詞が付加する場合に多い。一応
の規則はあるがややこしいので、ここでは、接辞を付加することでスペルが変化
する場合→をつけて、その変化を示した。

　　例：語幹 tagpo に pa+an をつける場合、pa+tagpo+an→patagpuan と、o
　　→u に変化させる。

〔　〕日本語の言葉に意味がいくつかある場合、あるいは意味の解説を必要とする場合、
〔　〕に表わした。

［a］スペイン語からきた言葉には、男性を表わす場合と女性を表わす場合に、語尾が
異なる単語がある。男性の場合語尾が o で終わり、女性の場合 a で終わる。

　　例：suplado[a]の場合、suplado が男性、suplada が女性。

【　】動詞・形容詞・丁寧な表現・慣用句等文法上の説明を必要とする場合

"　"タガログ語に該当する表現がない場合、または現在タガログ語ではほとんど使わ
れない言葉である場合、フィリピンでは英語をそのまま使用することが多い。

あ

あい	愛	pagmamahal、pag-ibig
（する）	（する）	mahal(mag、in)、ibig(um、in)
あいかわらず〜	相変らず〜	〜pa rin
あいきょうのある	愛嬌のある	kalugud-lugod
あいこくしんのある	愛国心のある	makabayan
あいことば	合言葉	kontra-senyas、hudyat
あいさつ	挨拶	bati、pagbati、saludo
（する）	（する）	bati(um、in)、yukod(um)、
		saludo(um、an→saluduhan)
あいしょうのあう	相性の合う	magkadamdamin、kadamdamin
あいじょうのふかい	愛情の深い	malambing
あいじん	愛人	kabit
あいず	合図	hudyat、tanda、babala
アイスクリーム	アイスクリーム	sorbetes
あいそのよい	愛想の良い	magiliw
あいた	空いた	bakante
あいだ	間	pagitan、patlang、
		【接続詞】（〜する）間 samantala〜、
		habang〜
あいて	相手	［先方］ ang ibang kasamahan、
		［パートナー］ pareha、kapareha
あいにく	生憎	kasamaang-palad
あいびき	逢引	tagpuan-lihim
あいぶする	愛撫する	haplos(um、in→haplusin) nang pagmamahal
あいまいな	曖昧な	di-malinaw
あいようする	愛用する	taguyod(mag、i)、tangkilik(um、in)
アイロン	アイロン	plantsa
（をかける）	（をかける）	plantsa(mag、in→plantsahin)
あう	合う	［似合う］ bagay(ma)、angkop(ma)
	会う	tagpo(mag、ma＋an→matagpuan)、kita(ma)
アウトライン	アウトライン	banghay balangkas, balangkasin
あえぐ	喘ぐ	hingal(um)
あえん	亜鉛	siin、sim
あおい	青い	asul

あおぐ	仰ぐ	tingin(um) sa taas
	扇ぐ	pamaypay(mag)
あおくなる	青くなる	puti(mang→mamuti)
あおじろい	青白い	maputla
あおみがかった	青みがかった	asulan
あか	垢	dumi、dungis、libag
あかい	赤い	mapula
あかぎれのある	垢ぎれのある	putuk-putok
あかくなる	赤くなる	pula(mang→mamula)
あかじ	赤字	lugi、kalugihan
アカシヤ	アカシヤ	akasya
あかちゃん	赤ちゃん	sanggol
アカデミックな	アカデミックな	akademiko
あかぬけした	垢抜けした	mabini、pino
あかり	明かり	ilaw
あがる	上がる	taas(um)
あかるい	明るい	[色] matingkad、[照明等] maliwanag
あかるくする	明るくする	liwanag(magpa、i、an、pag+in)
あき	秋	tag-lagas
あきあきした	飽き飽きした	sawa、suyang-suya
あきす	空巣	sumingit na panakaw
あきなう	商う	kalakal(mang→mangalakal)
あきらかな	明らかな	halata
あきらめる	諦める	tigil(um、mag、an)
あきる	飽きる	sawa(um、mag)、suya(ma)
あく	悪	sama、bisyo
	灰汁	lihiya、sosa
	空く	bakante(mag)
あくいのある	悪意のある	masama ang loob、masamang-budhi
あくしゅうをはなつ	悪臭を放つ	amoy(mang→mangamoy)
あくしゅする	握手する	kamay(um、an)、[お互いに] kamay(mag)
あくじょ	悪女	masamang babae
あくせいの	悪性の	malubha
アクセサリー	アクセサリー	aksesorya、mga dagdag na gamit
アクセル	アクセル	akselerador
アクセント	アクセント	punto、tuldik
あくとう・あくにん	悪党・悪人	tampalasan、masamang tao
あくび	欠伸	hikab
（する）	（する）	[1回] hikab(um)、[何回も] hikab(mag)

～ あじ   3

あくま	悪魔	satan、demon、diyablo
あくみょう	悪名	kadustaan
あくむ	悪夢	bangungot
あくようする	悪用する	gamit(in) sa masama
アクロバット	アクロバット	sirkero[a]
あけがた	明け方	madaling araw
あけっぱなしにする	開けっ放しにする	baya(magpa、pa＋an)＋ng bukas
あける	開ける	bukas(mag、i、an→buksan)
あげる	揚げる	prito(mag、i)
	上げる	taas(mag、i)
	あげる	［与える］bigay(mag、i、an→bigyan)
あけわたす	明け渡す	lisan(um、in)、iwan(mag-、an)、iwan
あご	顎	baba、panga
（ほね）	（骨）	sinang
アコーディオン	アコーディオン	akurdiyon
あこがれ	憧れ	paghanga
（る）	（る）	hangad(mag、in→hangarin)、nasa(mag、in)
あさ	麻	abaka
	朝	umaga
あざ	あざ	pasa
あさい	浅い	mababaw、［皿等］malanday
あさくなる	浅くなる	babaw(um)、maging mababaw
あざける	嘲る	tuya(um)、aglahi(um、mang-、in)
あさって	明後日	sa makalawa
あさはかな	浅はかな	mababaw、bahagya
あさひ	朝日	pagsikat ng araw
あざむく	欺く	daya(mag、in)
あざやかな	鮮かな	pasidhi
アザラシ	アザラシ	peka
アサリ	アサリ	halaan
あし	足	paa
（あと）	（跡）	bakas sa paa
（おと）	（音）	yabag
（くび）	（首）	bukung-bukong
（のうら）	（の裏）	talampakan
（のゆび）	（の指）	darili ng paa
	脚	binti
アジ	鯵	salaysalay
あじ	味	lasa

（がかわる）	（がかわる）	anta（um）
（がへんな）	（が変な）	maanta
（のある）	（のある）	malasa
（のない）	（のない）	matabang、walang lasa
（をつける）	（をつける）	timpla（mag、an→timplahan）
アジア	アジア	Asya
あした	明日	bukas
あしでまとい	足手まとい	impedimento、hadlang、sagabal
あじのもと	味の素	betsin
あじみをする	味見をする	tikim（um、an→tikman）
あずかる	預かる	tago（mag、i）、ligpit（mag、i）
あずける	預ける	deposito（mag、i）、lagak（mag、i、pag＋an）
アスパラガス	アスパラガス	asparagus
アスファルト	アスファルト	asparto
あせ	汗	pawis
（をかく）	（をかく）	pawis（mag、an）
あせも	汗疹	bungang-araw
あせる	焦る	panik（mag）、inip（ma）、yamot（ma）
あそこ	あそこ	doon
（にある・いる）	（にある・いる）	【動詞】naroon
あそび	遊び	laro、paglalaro、libang
（ずきの）	（好きの）	mapaglaro、mapaglibang
（ともだち）	（友達）	kalaru-laro、kalibangan
あそぶ	遊ぶ	laro（mag、in→laruin）
（～に）あたいする	（～に）値する	【動詞】magindapat～
あたえる	与える	bigay（mag、i、an→bigyan）
あたたかい	暖かい	mainit、［心が］mapagmahal
あたためる	温める	init（magpa、ipa、pa＋in）
あだな	仇名	palayaw
あたま	頭	ulo
（がよい）	（が良い）	matalino
あたらしい	新しい	bago
あたらしくする	新しくする	bago（um、in→baguhin）
あたる	当たる	tama（um、ma＋an）
あつい	暑い	mainit
	厚い	makapal
あつかう	扱う	sama（maki、paki＋an→pakisamahan）
		［人］tarato（um、in→taratuhin）
あっかする	悪化する	［病気］lala（um、ma）

あつかましい	厚かましい	makapal ang mukha
あつくする	厚くする	kapal(mag、an→kaplan)
あつくなる	暑くなる	init(um)
あつくるしい	暑苦しい	alinsangan、maalinsangan
あつさ	暑さ	init
	厚さ	kapal
あっさりした	あっさりした	simple
あっしゅくする	圧縮する	pikpik(um、mag、in)
あっせんする	斡旋する	pagitan(mang→mamagitan)
あった	合った	［服などがピッタリと］lapat、akma、eksakto
あっぱくする	圧迫する	siil(mang→maniil、in)
あつまる	集まる	tipon(mag、magka)
あつめる	集める	tipon(mag、in→tipunin)、ipon(mag-、in→ipunin)、kolekta(mang、in→kolektahin)
あつりょく	圧力	bunto、presyon、puwersa
（をかける）	（をかける）	［重量で］dagan(um、an)、bunto(i)
あてこすり	あてこすり	uyam、pangungutya
あてな	宛名	direksiyon
あてる	当てる	［物を］tama(um、mag、an)、［推定］hula(um、an)
あと	跡	bakas
あとかたずけする	後片付けする	ligpit(mag、i)
あどけない	あどけない	walang-malay、inosente
あとで	後で	mamaya
あととり	跡取り	tagapagmana、eredero[a]
（〜の）あとに	（〜の）後に	【接続詞】pagkatapos〜
あとまわしにする	後回しにする	liban(magpa、ipagpa)
あな	穴	butas、［ボタンの］uhales
（をあける）	（を開ける）	butas(um、mag、an、in)
アナウンサー	アナウンサー	anaunser
あなた	貴方	【前置型】ikaw、【後置型】ka、【丁寧】kayo
（じしん）	（自身）	ang iyong sarili、lkaw mismo
あなたがた	貴方がた	kayo
（に）	（に）	ninyo
（へ）	（へ）	inyo
あなたの	貴方の	mo、【丁寧】ninyo
（もの）	（もの）	sa iyo、【丁寧】sa inyo
あなたへ	貴方へ	iyo、【丁寧】inyo

あに	兄	kuya
あね	姉	ate
あの	あの	niyon
（ように）	（様に）	ganoon
アパート	アパート	apartmento
あばらぼね	あばら骨	tadyang
あばれる	暴れる	gulo(mang→manggulo) nang walang pagpipigil
アヒル	アヒル	pato
あぶ	虻	niknik
あぶない	危ない	mapanganib
あぶら	油	［非食用］langis、［食用］mantika
	脂	taba
（さし）	（差し）	aseitera
（っぽい）	（っぽい）	malangis
（み）	（身）	taba
アフリカ	アフリカ	Aprika
あぶる	焙る	ihaw(mag-) sa parilya
あふれた	溢れた	【形容詞】punong-puno
あふれる	溢れる	puno(ma)
アベック	アベック	pares
アヘン	阿片	opium
あほ	あほ	gago[a]
あま	亜麻	linen
あまい	甘い	matamis
あまえている	甘えている	【形容詞】［女が］babaing kiri、makiri
あまえる	甘える	laki(mag) sa layaw、layaw(mag)
あまえんぼう	甘えん坊	laki sa layaw
あまぐも	雨雲	dagim
アマチュア	アマチュア	baguhan、amatyur
あまった	余った	【形容詞】natira、natitira
あまやかす	甘やかす	layaw(magpa、pa+in)、laki(magpa、pa+in) sa layaw 【慣用句】baba(um、pa+in) ang buntot
あまやどりする	雨宿りする	silong(mag)
あまる	余る	tira(ma)
あみ	網	lambat
あむ	編む	niting(mag、in)
あめ	雨	ulan

（がふる）	（が降る）	ulan(um)
（のおおい）	（の多い）	maulan
	飴	kandi
アメリカ	アメリカ	Amerika
（じん）	（人）	Amerikano[a]
あやしい	怪しい	kahina-hinala、nagdududa
あやつりにんぎょう	あやつり人形	uldog
あやまち	過ち	malaking pagkakamali、kalokohan
（をおかす）	（を犯す）	gawa(um) ng kamalian、kamali(mag)
あやまり	誤り	mali、kamalian、pagkakamali
あやまる	謝る	hingi(um) ng paumanhin
あらい	粗い	magaspang
あらいば	洗い場	batalan
あらう	洗う	［手等］hugas(mag、i、an)、 ［顔］hilamos(mag、i)
あらさ	粗さ	gaspang
あらし	嵐	bagyo
あらすじ	あらすじ	balangkas、maikling kuwento、pahapyo
あらそい	争い	away、pag-aaway、awayan、alitan
あらそう	争そう	away(mag-、in)
あらたに	新たに	babago
あらわす	表す	hayag(magpa、ipa)、【形容詞】（〜を）表す bilang〜
あらわれる	現われる	litaw(um)
アリ	蟻	langgam
ありえない	あり得ない	imposible、di-maaari、【慣用句】pagputi ng uwak
ありがとう！	有難う！	Salamat！、【丁寧】Salamat po！
ありのままに	ありのままに	nang tapat
アルちゅうになる	アル中になる	lango(mag)
ある・あります	有る・有ります	may、mayroon、karoon(mag)
あるいは〜	或いは〜	kung hindi′y〜
あるく	歩く	lakad(mag、um、in→lakarin)
アルコール	アルコール	alkohol、alak
アルバイト	アルバイト	dagdag na hanapbuhay
アルバム	アルバム	album
アルミニウム	アルミニウム	aluminyo
あれ	あれ	iyon
あれた	荒れた	［天気］mabagyo、binabagyo、may-bagyo、

		[手・肌][手] magaspang
あれはてた	荒れ果てた	sira、wasak
あれる	荒れる	[天気] bagyo(um)
アレルギー	アレルギー	alerdyi、taluhiyang
あわ	泡	bola
（だてる）	（だてる）	bola(mag、in→bolahin)
あわい	淡い	kupas
あわせる	合せる	bagay(mag、i、an)、angkop(mag-、i)、
		[都合を] sama(pag＋in→pagsamahin)
あわただしい	慌ただしい	dali- dali、nagmamadali
あわてもの	慌て者	litan、walang isip- isip ng tao
あわてる	慌てる	taranta(ma、maka)
あわれみ	哀れみ	awa
あわれむ	哀れむ	awa(ma、ka＋an)
あん	案	plano
あんきする	暗記する	memorya(mag)
あんごう	暗号	kodigong lihim
あんさつする	暗殺する	patay(um、in) nang pataksil
あんしん	安心	katahimikan ng isip
（する）	（する）	iwas(an) ang pag- aalaala
あんせいにする	安静にする	pahingalay(mag、pag＋in)、pahinga
		(magpa、pag＋in→pagpahingahin)
あんぜん	安全	katiwasayan、kaligtasahan
（な）	（な）	ligtas、tiwasay
（ピン）	（ピン）	emperdible
アンダーライン	アンダーライン	salungguhit
あんてい	安定	katatagan
（する）	（する）	tatag(um、in)
アンテナ	アンテナ	antena
あんない	案内	pagpatnubay、pag- akay、pag- aakay
（する）	（する）	patnubay(um、in、an)、giya(um、in→giyahin)、
		[道を] turo(mag、i)

い

い	胃	sikmura
いいあらそう	言い争う	alit(magka、pag- ＋an)、taltal(mag＋an)、

		babag(mag、pag＋an)、away(mag-、pag-＋an)
いいあらわせない	言い表せない	di- masaysay
いいえ！	いいえ！	【否定】Hindi！
いいかげんな	いい加減な	pasumala、ala- suwerte
イースター	イースター	Kuwaresma、Mahal na Araw
いいつける	言いつける	sumbong(mag、i、in→sumbungin)
いいなづけ	許嫁	nobyo[a]
いいわけ	言訳	dahilan、katwiran
（する）	（する）	gawa(um) ng isang dahilan
いいんかい	委員会	kumite、lupon
いう	言う	salita(mag、in)、sabi(mag、in→sabihin)
いうことをきく	言う事を聞く	limi(mag、in、pag＋in)
いえ	家	bahay
いえる	癒える	hilom(mag)
いえん	胃炎	gastritis
いおう	硫黄	asupre
いか	烏賊	pusit
いがいな	意外な	di- akalain
（〜）いがいに	（〜）以外に	bukod sa〜、maliban sa〜
いかいよう	胃潰瘍	ulser
いかがわしい	いかがわしい	masagwa、mahalay、bastos
いがく	医学	medisina、pang gagamot
いかさまな	いかさまな	huwad
いかだ	筏	balsa、lamo
いかり	錨	daong
	怒り	galit、ngitngit
（をおさえる）	（を抑える）	ngitngit(mag)
いき	息	paghinga、hininga
（ぎれがする）	（切れがする）	madaling hingal(um)
（ぬき）	（抜き）	palubayan
（をすう）	（を吸う）	langhap(um)
いぎある	意義ある	may- kahulugan、makahulugan
いきうめになる	生き埋めになる	tabunan(ma)
いきかえる	生き返る	buhay(in)＋ng→buhaying muli、buhay(um) na muli
いきさき	行き先	pupuntahan
いきのこる	生き残る	ligtas(maka、ma＋an)
いきょうと	異教徒	di- binyagan

イギリス	イギリス	Inglatera
（じん）	（人）	Ingles
いきる	生きる	buhay(mang→mamuhay)、sigla(um)
いく	行く	punta(um、mag、an→puntahan)
いくじ	育児	alaga ng bata
いくつ	幾つ	ilan
（かの）	（かの）	mga ilan
いくら	幾ら	magkano
いけ	池	dagatan、lawa、dagat-dagatan
いけがき	生垣	pimpin
いけにえ	犠牲	sakripisyo
いけん	意見	palagay
いげんのある	威厳のある	marilag
いざかや	居酒屋	salun、inuman
いざというときに	いざという時に	sa biglang pangangailangan
いさましい	勇ましい	matapang
いさん	遺産	pagmamana、pagkamana
いし	石	bato
	意志	kusa、kalooban
いしき	意識	kamalayan
いしきりば	石切場	tibagan
いじする	維持する	natili(magpa、ma、pa＋in→panatilihin)
いじっぱりな	意地っ張りな	matigas ang ulo、balakyot
いじめっこ	苛めっ子	mapang-api
いじめる	苛める	api(um、mang-、in→apihin)、supil(um、in)、hamak(um、mang、in)
いしゃ	医者	doktor[a]、[～医] doktor sa～専門
いじゅうする	移住する	dayo(um、mang＋an→mandayuhan)
いしょう	衣裳	bestida
（ばこ）	（箱）	aparador
いじょう	異常	katiwalian、di-karaniwan
	以上	nakatataas
いしょくする	移植する	lipat(mag、i) na taniman
いじわるな	意地悪な	bugnutin、mayayamutin
いす	椅子	silya
いずみ	泉	batis
いせき	遺跡	guho
いぜん	以前	dati
いそいで	急いで	【形容詞】nagmamadali

いそがしい	忙しい	bisi、[大変に] abalang-abala
いそぐ	急ぐ	madali(mag)、dalas-dalas(mag)
いそげ！	急げ！	Dali！、Dali-dali！
いた	板	tabla
いたい	痛い	【形容詞】masakit、kirot、[ズキズキ] mahapdi
		痛い！ Aray！
いだいな	偉大な	dakila
いたくする	委託する	katiwala(pag＋an、ipag)、habilin(mag、i)
いたずら	悪戯	kalikutan、kapilyuhan
（する）	（する）	likot(um、in→likutin)
（な）	（な）	pilyo[a]、malikot
いたむ	痛む	sakit(um、mang→manakit)、
		kirot(um、mang→mangirot)、
		[ズキズキ] hapdi(um、mang)
いためる	痛める	sakit(magpa、pa＋an)
	炒める	gisa(mag、i)
イタリア	イタリア	Italy
いたるところに	至る所に	saanman、kahit saan
いち	位置	katayuhan、sitwasyon
	一	isa、uno
いちがつ	1月	Enero
イチゴ	苺	istrobery
いちじ	1時	ala una
（てきな）	（的な）	pansamantala
いちじかん	1時間	isang oras
いちじるしい	著しい	napaka-形容詞の語幹、halata、halatang-halata
イチヂク	無花果	igos
いちど	一度	isang beses、minsan
（も～ない）	（も～ない）	di-kailanman
いちにち	1日	isang araw
（おきに）	（おきに）	tuwing ikalawa or makalawa
（じゅう）	（中）	buong araw、maghapon
いちば	市場	palengke
（へいく）	（へ行く）	palengke(mang→mamalengke)
いちばん	一番	una
いちぶぶん	一部分	bahagi、kabahagi
いちまい	1枚	isang piraso
いちまん	1万	sampung libo、dyesmil
（えん）	（円）	isang lapad

いちゃつく	いちゃつく	lampong(mag＋an→maglampungan)
いちりゅうの	一流の	primera- klase
いつ	何時	kailan
（か）	（か）	sa ibang araw
（のひか）	（の日か）	kailanman
（までも）	（までも）	magpakailanman
（も）	（も）	lagi、palagi、kadalasan
いっかい	1回	isang bases
	1階	isang grado or palapag
いっかげつ	1ヵ月	isang buwan
いっきにのむ	一気に飲む	laklak(um)
いっきゅう	一級	primera klase、pangunang uri
いっこ	1個	isang piraso
いっさい	一切	lahat
いっしゅうかん	1週間	isang linggo
いっしょう	一生	buong buhay
（けんめい）	（懸命）	pagsisikap
いっしょに	一緒に	sabay
（いく）	（行く）	sama(um、an→samahan)
いっち	一致	kasunduan
いっついの	一対の	paris
いっていの	一定の	matimtiman
いってき	一滴	isang patak
いっぱい	一杯	［コップ］isang baso、［カップ］isang tasa
（の）	（の）	【形容詞】（あふれた）punong- puno
		（たくさん）marami
いっぱんの	一般の	pangkaraniwan
いっぽ	一歩	hakbang
いっぽう	一方	samantala
いっぽんみち	一本道	isang tuwid na daan
いでん	遺伝	pagmamana
いてん・いどうする	移転・移動する	lipat(um、i)
いと	糸	sinulid
	意図	sadya
いど	井戸	balon
（をほる）	（を掘る）	balon(mag)
いとこ	従兄弟	pinsan
いない	以内	sa loob
	居ない	【動詞】wala

いなか	田舎	probinsya
（もの）	（者）	taga-bukid、taong-bukid
イナゴ	蝗	balang
いなびかり	稲光	kidlat
イニシァル	イニシァル	inisyal、unang titik
いぬ	犬	aso
いね	稲	palay
いねむりする	居眠りする	idlip(um、ma)
イノシシ	猪	baboy-ramo
いのち	命	buhay
いのる	祈る	dasal(mag、in、i)
いばっている	威張っている	【形容詞】mapagmataas
いばら	茨	siit
いはんする	違反する	labag(um、in)
いびき	鼾	hagok、hilik
（をかく）	（をかく）	hagok(um)、hilik(um)
いぶす	燻す	usok(magpa、pa＋an→pausukan)
いぼ	疣	kulugo、butig
いほうじん	異邦人	dayuhan
いほうな	違法な	ilegal、labag sa batas
いま	今	ngayon
（から）	（から）	mula ngayon
（のところ）	（のところ）	kasalukuyan
（まで）	（まで）	hanggang ngayon
	居間	sala
いまいましい	忌々しい	buwisit
いみ	意味	kahulugan、ibig
（のない）	（のない）	walang-kuwenta
いみんする	移民する	dayo(um、mang＋an→mandayuhan)
イメージ	イメージ	imaheno、larawan
いもうと	妹	batang kapatid ng babae
いやがる	嫌がる	poot(ma)
いやしい	卑しい	mababang-loob、aba
いやだ！	嫌だ！	Ayoko! (Ayaw ko!)
いやな	嫌な	nakayayamot、nakaiinis
いやになる	嫌になる	inis(ma)、suya(ma)
いやみ	厭味	hindi sangayong bagay
いやらしい	いやらしい	malibog、masagwa、malaswa
イヤリング	イヤリング	hikaw

いよく	意欲	kalooban
（〜）いらい	（〜）以来	mula noon〜、buhat noon〜
いらいする	依頼する	hingi(um、in→hingin、an→hingan)、
		hiling(um、in、an)、usap(maki、paki＋an)
いらいらする	いらいらする	yamot(ma)、inis(ma)
いらない	要らない	di na kailangan、walang kailangan
いりえ	入り江	ilog-pasukan
いりぐち	入口	pasukan
いりたまご	炒り玉子	itlog na binati
いりょう	医療	paggamot
いる	居る	mayroon、may
	煎る	salab(mag、i、in)
イルカ	イルカ	babuy-dagat
いれずみ	刺青	tatu
いれば	入歯	pustisong ngipin
いれもの	入れ物	lalagyan、sisidlan
いれる	入れる	lagay(mag、i)、lakip(mag)、pasok(mag、i)
いろ	色	kulay
（をつける）	（をつける）	kulay(an)
いろいろの	色々の	iba-iba、iba't iba
いろじかけ	色仕掛け	huwad na pag-ibig
いろとりどりの	色とりどりの	makukulay
いわ	岩	malaking bato
いわう	祝う	selebrate(mag)、buti(um、in)
		［祭］pista(mag、in→pistahin)
イワシ	鰯	sardinas、［カタクチイワシ］dilis
いわゆる〜	所謂〜	tinatawag na〜
いんうつな	陰欝な	malagim
インキ	インキ	tinta
いんけんな	陰険な	mandaraya、manlilinlang
インコ	インコ	makaw
いんさつ	印刷	paglimbag
（する）	（する）	limbag(um、mag、i、in)
（や）	（屋）	tagalimbag
いんしょう	印象	impresyon、pagkakilala
（づける）	（づける）	kintal(mag、i、mapa)
（てき）	（的）	makabagbag-puso、makapukaw-damdamin
インスピレーション	インスピレーション	insprasyon
いんたいする	引退する	retiro(um、mag)

インタビューする	インタビューする	kapanayam(maki、in)、interbiyu(mag-)
いんちきな	いんちきな	may-daya、[贋物] huwad
インド	インド	India、Indiya
インドネシア	インドネシア	Indonesya
インフレーション	インフレーション	implasyon、impluensa、impluwensa
インフルエンザ	インフルエンザ	trangkaso
いんぼう	陰謀	pungka
インポテンツ	インポテンツ	baog
いんもう	陰毛	bulbol
いんよう	引用	banngit
（する）	（する）	banngit(ma)
いんらんな	淫乱な	malibog
いんりょく	引力	grabitasyon

う

ウィスキー	ウィスキー	wiski
ウィンクする	ウィンクする	kindat(um、i、an)
うえ	上	taas
（に）	（に）	[方向] sa taas、[机等の] sa ibabaw
ウェイター	ウェイター	weyter、serbidor
ウェイトレス	ウェイトレス	weytres、serbidora
うえきや	植木屋	hardinero
ウェスト	ウェスト	baywang
うえる	飢える	gutom(um)
	植える	tanim(mag、i、an→tamnan)
うがいをする	うがいをする	mumog(mag)
うかぶ	浮かぶ	lutang(um)
うかる	受かる	[合格] pasa(um)
うき	雨季	tag-ulan
ウグイス	ウグイス	ruwinsenyo
うけつけ	受付	tagatanggap
うけとる	受けとる	kuha(um、in→kunin、an→kunan)、tanggap(um、ma、in)
うける	受ける	[試験] subok(um、an→subukan) sa iksamen
うごかす	動かす	kilos(magpa、pa+in→pakilusin)、galaw(magpa、pa+in)、[機械等] takbo

		（magpa）
うごき	動き	kilos、pagkilos、galaw、paggalaw
うごく	動く	kilos(um、in→kilusin)、galaw(um、in)
ウサギ	兎	kuneho
ウシ	牛	baka
うしろ	後	likod
（あし）	（足）	likod na paa
（に）	（に）	sa likod
うす	臼	lusong
うず	渦	puyo
うすい	薄い	manipis
うすぐらい	薄暗い	makulimlim
うすちゃ	薄茶	kape
うすめる	薄める	banto(mag、i、an→bantuan)
うずめる	埋める	baon(mag、i)
ウズラ	鶉	pugo
うせつ	右折	sa kanan
うそ	嘘	kasinungalingan
うそつき	嘘つき	sinungaling
（をつく）	（をつく）	sinungaling(mag)
うた	歌	kanta
（う）	（う）	kanta(um、mag、an→kantahan)、awit(um、in)
うたがいぶかい	疑い深い	mapagduda
うたがう	疑う	duda(mag)、hinala(mag)
うたがわしい	疑わしい	kahina-hinala、mapaghinala
うたたねする	転寝する	idlip(um、ma)
うち	内	loob
（へ）	（へ）	sa loob
うちきな	内気な	mahinang loob
うちくだく	打ち砕く	durog(um、mag、in→durugin)
うちまた	内股	piki
うちゅう	宇宙	sanlibutan
うちわ	団扇	pamaypay
うつ	打つ	［釘等］pukpok (um)、
		［バットで］palo(um、in→paluin)、
		［強く］bayo(um、in→bayuhin)
	撃つ	tudla(um、i、in)
うっかりして	うっかりして	walang-ingat
うつくしい	美しい	maganda

うつくしくなる	美しくなる	maging maganda、ganda(um)
うつす	移す	lipat(mag、i)
	写す	[写真] kuha(um) ng litrato、
		[コピー] kopya(magpa)
うったえる	訴える	[法に] sakdal(mag、i、ipag)、
		[苦しみを] daing(um、i)
うつぶせる	俯せる	dapa(um)
うつる	移る	[場所] lipat(um、i)、
		[病気等が] hawa(maka)
うで	腕	bisig、[二の腕] braso
（まえ）	（前）	kakayahan
うでわ	腕輪	pulseras、breyslet
ウナギ	鰻	igat
うなされる	魘される	bagungot(um)
うなじ	項	batok
うなずく	うなずく	tango(um)
うぬぼれがつよい	自惚が強い	mayabang
うば	乳母	yaya
うばう	奪う	alis(mag-、an)、agaw(um、an)、bawi(um、an)
うぶげ	産毛	balahibo
うぶごえ	産声	uha
うぶな	初心な	musmos
うま	馬	kabayo
うまい	旨い	[味] masarap
	うまい	[歌等] magaling、mahusay
	うまい！	[歌等] Ang galing !
うまくつきあう	旨く付き合う	sama(maki)
うまれる	生まれる	anak(ipang)
うみ	海	dagat
	膿	nana
うむ	産む	anak(mang)
	膿む	nana(mag)
うめく	呻く	haluyhoy(um)
うめる	埋める	baon(mag、i)
うら	裏	kabila
（がえしの）	（返しの）	baliktad
うらぎり	裏切り	kasukban
（もの）	（者）	taksil

うらぎる	裏切る	kanulo(mag、ipag)、taksil(mag、i)
うらじ	裏地	lining
うらない	占い	hula
（し）	（師）	manghuhula
うらむ	怨む	hinanakit(mag、in)
うらやましい	羨ましい	mainggitin
うらやむ	羨む	ingit(ma)
うりば	売り場	kawnter、bilihan
うる	売る	bili(mag、ipag)、benta(mag、i)、[店で] tinda(mag、i)、bili(mag、ipag)
うるうどし	閏年	taong bisyesto
うるさい	うるさい	maingay、[好みに] maselang
うれしい	嬉しい	nagagalak、masaya、natutuwa
うれた	熟れた	【形容詞】hinog
うれる	売れる	bili(maka)
ウロコ	鱗	kaliskis
うろつく	うろつく	libot(um、mag、i)、gala(um、mag)、libut-libot(um、magpa)、lakad-lakad(um、magpa)
うわき	浮気	salawahang mangingibig
（っぽい）	（っぽい）	salawahan、malandy、[女] babaing kiri、harot
（もの）	（者）	paru-paro
うわぎ	上着	panlabas na damit
うわごと	うわ言	dilirio
うわさ	噂	tsismis
（をする）	（をする）	tsismis(mag、i)
うんが	運河	sangka
うんこ	うんこ	tae、dumi、ipot
うんざりした	うんざりした	【形容詞】masuya、mainis、sawa
うんせい	運勢	portuna
うんそう・うんぱん	運送・運搬	transportasyon、paglululan
（する）	（する）	lulan(mag、i)
うんちん	運賃	pasahe、pamasahe
うんてんしゅ	運転手	tsuper
うんてんする	運転する	maneho(mag)
うんどう	運動	atletiks、pagsasanay、[活動] kilusan
（かい）	（会）	pista ng isport
うんめい	運命	tadhana

え

え	絵	larawan
（をかく）	（を書く）	larawan（mag、i）
エアコン	エアコン	"air-con"
エイ	エイ	［魚］ pagi
えいえんに	永遠に	magpakailanman
えいが	映画	sine
（かん）	（館）	sinehan
えいきゅうに	永久に	panatilihan、permanente
えいきょう	影響	impluwensiya、impluho
（する）	（する）	pangyayari（maka）、impluwensiya（an→
		impluwensiyahan、ma+an→
		maimpluwensiyanan）
		［良く］ buti（maka）、［悪く］ sama（maka）
（のある）	（のある）	【形容詞】maimpluwensiya
えいご	英語	Ingles
（をはなす）	（を話す）	Ingles（mag-）
えいこうある	栄光ある	【形容詞】maluwalhati
えいじゅうする	永住する	tira（um、mang→manira、an→tirahan） ng
		permanente
エイズ	エイズ	aids
えいせい	衛星	satelayt
	衛生	kalinisan、pagpapakalinis
（てき）	（的）	malinis
えいやく	英訳	pagsasaling sa Engles
えいゆう	英雄	bayani
えいよう	栄養	sustansia
（のある）	（のある）	【形容詞】masustansia
えがく	描く	larawan（mag、i）
えき	駅	estasyon
エキゾチックな	エキゾチックな	galing sa ibang bansa
えきたい	液体	likido、likid
えきびょう	疫病	salot、epidemya
エクスタシー	エクスタシー	ekstasi、lubos na kagalakan、
		lubos na kaligayahan
えくぼ	笑窪	biloy、dimpol

エゴイスト	エゴイスト	makasalili
えこひいき	えこひいき	paboritismo、pagtatangi
えさ	餌	[動物] pakain、[鳥] patuka
えだ	枝	sanga
エダマメ	枝豆	balatong
エックスせん	X線	eks- ray
エッチな	エッチな	[助平] malibog
エネルギー	エネルギー	enerhiya
えのぐ	絵の具	pintura、pinta
えはがき	絵葉書	poskard
エビ	海老	hipon、[イセエビ] ulang、[クルマエビ] sugpo
エプロン	エプロン	apron、tapis
えほん	絵本	librong naglalarawan
エメラルド	エメラルド	esmeralda
えら	鰓	hasang
エラー	エラー	kamalian
えらい	偉い	[すぐれた] dakila、[ほめるべき] kapuri- puri
えらばれる	選ばれる	[選挙] halal(ma)
えらぶ	選ぶ	pili(um、in)
えり	襟	kuwelyo
えりくび	襟首	bantok
えりごのみをする	選り好みをする	pili(ma)
える	得る	kamit(ma、in)、kuha(um、in→kunin、an→kunan)
エレガントな	エレガントな	elegante
エレベーター	エレベーター	elebetor、asensor
エロチックな	エロチックな	erotiko、maliyag
エロほん	エロ本	tiktik
えん	円	bilog、[日本円] yen
えんか	艶歌	kundiman
えんかい	宴会	bangkete、partido
えんぎ	演技	yugto
えんぎがよい	縁起が良い	may suwerte
えんきする	延期する	paliban(mag、ma、ipag)
えんけいの	円形の	bilugan
えんし	遠視	di- makita sa malapit
えんしゅう	円周	kabilugan
えんしゅつか	演出家	direktor

えんじょする	援助する	tulong(um、an→tulungan)
エンジン	エンジン	makina
えんずる	演ずる	ganap(um、in)
えんぜつする	演説する	talumpati(mag)
えんそうする	演奏する	tugtog(um、in→tugtugin)
えんそく	遠足	ekskursiyon
えんたいきん	延滞金	atraso
えんちゅう	円柱	haligi、kulumna
えんちょうする	延長する	[時間] tagal(magpa、pa＋in)、
		[道路等] haba(magpa、pa＋in)
えんでん	塩田	asinan
えんとつ	煙突	pausukan
えんばん	円盤	disko
えんぴつ	鉛筆	lapis
えんまんにかいけつ	円満に解決する	ayos(in→ayusin) ang pagkakagalit sa
する		mapayapaang paraan
えんりょう	遠慮	pagsasaalang-alang
（する）	（する）	pigil(mag、in)、timpi(mag、in)
（するな！）	（するな！）	Huwag ng mag-abala!
（ぶかい）	（深い）	malihim、mahiyain

お

お	尾	buntot
おい	甥	pamanking lalaki
おいかける	追いかける	habol(um、in)
おいこす	追い越す	daig(um、ma、in)、lampas(um、ma＋an)、
		higit(um、ma＋an→mahigtan)
おいしい	美味しい	masarap、malinamnam
おいしくなる	美味しくなる	sarap(um)
おいだす	追い出す	labas(magpa、pa＋in)、taboy(mag、i)
おいつく	追い付く	abot(ma＋an→maabutan、an→abutan)
おいはらう	追い払う	taboy(mag、i)
おいわい	お祝い	handaan
おう	王	hari
おうえんする	応援する	tulong(um、an→tulungan)、
		[試合で] sigaw(um、i、mag＋an) nang masaya

おうかっしょく	黄褐色	kulay-katad
おうかん	王冠	korona、putong
おうこく	王国	kaharian
おうし	雄牛	bakang kapong
おうじ	王子	prinsipe
おうじょ	王女	reyna
おうしょくじんしゅ	黄色人種	nabibilang sa madilaw na lahi
おうだん	横断	pagtawid
（する）	（する）	tawid(um、in→tawirin)
（ほどう）	（歩道）	tawiran
	黄痰	paninilaw
おうふく	往復	raun-trip、balikang paglalakbay
おうへい	横柄	hambog
（な）	（な）	mahambog、mayabang
（になる）	（になる）	hambog(um)
おうぼ	応募	pagsuskribi
（しゃ）	（者）	ang may kahilingan、suskritor
（する）	（する）	suskribi(um)
オウム	オウム	loro
オウムガイ	オウム貝	karakol
おえる	終える	tapos(mag、in→tapusin)
おおい	多い	marami
おおう	覆う	kanlong(um、mag)、takip(mag、i、an→takpan)、[ベール等で] talukbong(mag、an→talukbungan)
オオカミ	狼	lobo
おおかれすくなかれ	多かれ少なかれ	humigit-kumulang
おおきい	大きい	malaki
おおきくなる	大きくなる	laki(um)
おおくなる	多くなる	dami(um)
おおげさな	大袈裟な	malabis
おおごえで	大声で	malakas na boses
オーケストラ	オーケストラ	orkesta
おおすぎる	多過ぎる	sobra
オーストラリア	オーストラリア	Australia
おおどおり	大通り	kalye、abenido
オートバイ	オートバイ	motorsiklo
おおみそか	大晦日	Bisperas ng Bagong Taon
おおむぎ	大麦	sibada

おおやけにする	公にする	lantad(um、mag)
おおやけの	公の	opisyal、lantad
おおよそ	凡そ	humigit- kumulang
オール	オール	gaod
おか	丘	burol
おかあさん	お母さん	ina、nanay、inay
おがくず	おが屑	serin
おかし	お菓子	mamon
おかしい	可笑しい	nakakatawa、katawa- tawa
おかす	犯す	[法律等] labag(um、in→labugin)、gawa(maka) ng kasalanan、[レイプ] gahasa(mang)
おかず	おかず	ulam
おかね	お金	pera、salapi
（がかかる）	（がかかる）	【形容詞】 magastos
（がない）	（がない）	walang pera、【慣用句】butas ang bulsa
（をつかう）	（をつかう）	gasta(um、in→gastahin)
おかま	御釜	[男色] bakula
おかゆ	お粥	nilugaw、lugaw
おがわ	小川	ilug- ilugan
おき	沖	laot
おぎなう	補う	dagdag(mag、an、maka→makaragdag)、tustos(mag、an→tustusan)
おきもの	置き物	palamuti、gayak
おきる	起きる	[事件] yari(mang)、[睡眠] bangon(um)、gising(um、ma)
おきわすれる	置き忘れる	wala(mag、mai、i)
おく	置く	lagay(mag、i、an→lagyan)
	億	bilion
	奥	dulo
おくさん	奥さん	maybahay
おくびょうな	憶病な	duwag
オクラ	オクラ	okra
おくらせる	遅らせる	antala(um、in→antalahin)、balam(um、in)
おくりさき	送り先	padadalhan
おくりもの	贈り物	regalo、handog
（をする）	（をする）	regalo(mag、i、in→regaluhin)
おくる	送る	[人] hatid(mag、i)、[物・金等] dala(magpa、ipa)

		[手紙] hulog(mag、i)、dala(magpa、ipa)
おくれる	遅れる	balam(ma)、huli(ma)、antala(ma)
おけ	桶	timba
おこげ	お焦げ	[御飯] tutong
おこす	起こす	gising(mang、in)
おこたる	怠る	baya(magpa、an)
おこなう	行う	gawa(um、in→gawin)、aksiyon(um)、
		akto(um)
おこらせる	怒らせる	galit(magpa、pa+in、in)
おこる	怒る	galit(ma)
	起こる	yari(mang)、ganap(ma)
おごる	驕る	broawt(mag)、libre(mang→manlibre)
おさえる	抑える	[気持ち等] pigil(mag、in)
	押さえる	[固定]pigil(um、mag、ma、in)
おさない	幼い	musmos
おさななじみ	幼ななじみ	kababata
おし	啞	pipi
おしいれ	押し入れ	dispensa、kloset
おしおきをする	お仕置をする	parusa(mag)
おしえて！	教えて！	Paturo！
おしえる	教える	turo(mag、i、an→turuan)、
		[初歩的な] tunton(mag、i)
おじぎ	御辞儀	pagtungo、pagyuko
（する）	（する）	tungo(um、mag)、yuko(um)
おじける	怖じける	urong(um)
おじさん	叔父さん・伯父さん	tiyo
	おじさん	tito、mama、mang
おしつける	押しつける	pilit(mag、i)
おしっこ	おしっこ	ihi
（をする）	（をする）	ihi(um、mag-)
おしむ	惜しむ	sisi(mag)
おしゃべりする	御喋りする	daldal(mag、i、mag+an)
おしゃべりな	御喋りな	madaldal、masalita
おしゃれな	お洒落な	sunod sa moda、[人] pusturyoso[a]
おしゃれをする	お洒落をする	pustura(um、maka)
おじょうちゃん！	お嬢ちゃん！	Nene！
おしろい	白粉	pulbos sa mukha
おす	押す	tulak(mag、i)、
		[カメラシャッター] pindot(um、mag、i、in)

	雄	lalaki
おせいじ	お世辞	bola- bola、panghihibo、panghihibok
（をいう）	（を言う）	bola(mang→mambola、in→bolahin)
おせっかいな	おせっかいな	mapakialam
（ひと）	（人）	pakialamero[a]
おせんする	汚染する	dumi(magpa→magparumi、maka、an→
		dumhan)
おそい	遅い	［時間］huli、［動き］mabagal、mahinay
おそう	襲う	salakay(um、an)
おそくなる	遅くなる	huli(ma)
おそらく	恐らく	marahil、malamang
おそれしらずの	恐れ知らずの	mapusok
おそれる	恐れる	takot(ma)
おそろしい	恐ろしい	nakakatakot、nakasisindak
おたかくとまる	お高くとまる	【形容詞】splado[a]
おだてる	煽てる	puri(in→purihin) nang labis- labis
おたふくかぜ	お多福風邪	biki、baiki
オタマジャクシ	オタマジャクシ	butete、uluulo
おだやかな	穏やかな	kalma、tahimik
おちついた	落ち着いた	【形容詞】mapakali、mapalagay、
		［静かになった］mahinahon
おちつかない	落ち着かない	【形容詞】balisa、di- mapakali、di-
		mapalagay、【動詞】balisa(mang→
		mambalisa)
おちゃ	お茶	tsa
おちる	落ちる	hulog(ma)、lagpak(um、ma)、bagsak(um、ma)
おっと	夫	asawa
おつや	お通夜	lamay
おつり	お釣	sukli
おでき	おでき	pigsa
おでこ	おでこ	noo
おてつだい	お手伝い	katulong
おと	音	tunog
おとうさん	お父さん	ama、tatay、itay
おとうと	弟	batang kapatid ng lalaki
おどかす	脅かす	bala(um、mag、an)、takot(mang→manakot)
おとぎばなし	お伽話	kuwento tungkol sa mga engkanto
おどけた	戯けた	makakatawa、katawa- tawa
おとこ	男	lalaki

（あそびをする）	（遊びをする）	lalaki(mang→manlalaki)
（まさり）	（まさり）	amasona
（らしさ）	（らしさ）	pagkalalaki
おとしあな	落し穴	pabusulutan、kahuhulugan
おとしもの	落し物	nawalang gamit
おとす	落す	hulog(mag、i)、[木の葉等] bagsak(mag、i)
おとずれる	訪れる	bisita(um、in→bisitahin)、dalaw(um、in)
おととい	一昨日	kamakalawa
おととし	一昨年	noong isa pang taon
おとな	大人	matanda、adulto
（げない）	（げない）	isip-bata
おとなしい	おとなしい	tahimik
おとり	囮	pangati
おどり	踊り	sayaw
（こ）	（子）	mananayaw
（～より）おとる	（～より）劣る	mababa kaysa～
おどる	踊る	sayaw(um、mag、i)
おとろえた	衰えた	mahina
おとろえる	衰える	hina(um、mang)
おどろかす	驚かす	taka(magpa、pag＋in→pagtakahin)、gulat(um、mang、in)
おどろく	驚く	gulat(ma)、taka(mag)
おなか	お腹	tiyan
（がいっぱいになる）	（が一杯になる）	busog(ma)
（がすく）	（が空く）	gutom(ma)
（～と）おなじくらい	（～と）同じ位	[量] kasing-dami ng～、大きさならdami→laki にする
おなじの	同じの	pareho
おなら	おなら	utot
おに	鬼	taya、ogoro
（ごっこ）	（ごっこ）	habulan
おね	尾根	tagaytay
おねがいする	お願いする	hingi(um、in→hingin、an→hangan)
おねがいにいく	お願いに行く	hingi(mang→manghingi)
おの	斧	palakol
おばあさん	お祖母さん	lola
おばさん	叔母さん・伯母さん	tiya
	おばさん	tita、ale、aling
おばけ	お化け	multo

おはよう！	お早よう！	Magandang umaga！
おび	帯	bigkis、sas
おびえる	怯える	takot(ma)、sindak(ma)
おひとよし	お人好し	mapaniwalaing tao
おひや	お冷や	malamig ng tubig
おひる	お昼	tanghali
オブザーバー	オブザーバー	tagamasid
オプション	オプション	opsyon
オペラ	オペラ	opera
おぼえている	覚えている	tanda (ma+an)
おぼえる	覚える	saulo(mag、i、in→sauluhin)
おぼれる	溺れる	lunod(um、ma)、[酒に] gumon(um)
おまえ	お前	ikaw
おまけ	おまけ	ekstra、dagdag、labis
(～の)おまけに	(～の)おまけに	bukod sa～、tangi sa～
おまもり	お守	anting-anting
おみやげ	御土産	pasalubong
オムツ	オムツ	lampin
オムレツ	オムレツ	torta
おめでとう！	お目出とう！	Maligayang bati！
おもい	重い	mabigat
おもいあがった	思い上がった	mapagmataas、makaako
おもいがけない	思いがけない	【形容詞】di-inaasahan、di-inaakala
おもいだす	思い出す	alaala(um、ma、in→alalahanin)、gunita(um、ma、in)
おもいちがい	思い違い	maling pagkakaintindi or pagkaunawa
おもいで	思い出	alaala、gunita
おもいやりのある	思い遣りのある	【形容詞】maalalahanin、mapagbigay
おもう	思う	isip(um、mag-、in)
おもくなる	重くなる	timbang(um)、bigat(um)
おもさ	重さ	timbang
(をはかる)	(をはかる)	timbang(mag)
おもしろい	面白い	nakakaaliw
おもちゃ	玩具	laruan
(や)	(屋)	tindahan ng mga laruan
おもて	表	[着物などの] harap、harapan [貨幣の] unahan、ulo、 [表面] balat、ibabaw
おもな	主な	pinakagitna、bahaging prinsipal

おもり	錘	talaro、batong pabigat
おや	親	magulang
（ゆび）	（指）	hinlalaki
おやつ	おやつ	meryenda、minandal
おやぶん	親分	amo、bos
おゆ	お湯	mainit na tubig
およぐ	泳ぐ	langoy(um、in→languyin)
およそ	凡そ	mga、halos
（～）および	（～）及び	～at saka
およぶ	及ぶ	abot(ma、maka)
おり	檻	kalungan、karsel
オリーブ	オリーブ	oliba
おりかさなる	折り重なる	sanib(um、mag、i)
オリジナル	オリジナル	orihinal
おりまげる	折り曲げる	lagot(um、ma、in→lagutin)
おりめ	折目	markang tiklop
おりもの	織物	tela、kayo
おりる	降りる	baba(um)、panaog(um、ma→manaog)
おる	折る	bali(um、in)、[ボキン] bakli(um、in)、[紙等を] tiklop(mag、i、in→tiklupin)
	織る	habi(um、mag、i)
オルガン	オルガン	organo
おれ	俺	ako
おれる	折れる	[木の枝] bakli(um、in)、[骨] bali(um、ma、in)
オレンジ	オレンジ	dalanghita
おろかな	愚かな	bobo、tanga、ulol
おろしうり	卸売	pakyaw、pakyawan
おろす	降ろす	[荷物等] karga(mag、in→kargahin)、lapag(mag、i)
	卸す	pakyaw(um)
	堕ろす	kunan(ma)
おろそかにする	疎かにする	hindi asikaso (in→asikasuhin)、kulang (mag、an)
おわり	終り	tapos、katapusan、wakas
おわる	終る	tapos(ma)
おんがく	音楽	musika
（か）	（家）	musiko
（かんしょう）	（鑑賞）	pakikinig ng magtugtugin

おんきょう	音響	dagundong
おんけんな	穏健な	katamtaman、kainaman
おんしらず	恩知らず	walang-utang-na-loob
おんじん	恩人	tagaampon、tagapag-ampon
おんせん	温泉	bukal ng tubig
おんち	音痴	sintonado
おんどけい	温度計	termometro
おんどり	雄鶏	tandang
おんな	女	babae
（ぎらい）	（嫌い）	galit sa babae
（ぐるい）	（狂い）	mapanlimbang
（ざかり）	（盛り）	kasariwang babae、kalakasang babae
（ずきな）	（好きな）	babaero
（たらし）	（たらし）	palikero
（らしさ）	（らしさ）	pagka-babae
おんにきせる	恩に着せる	suyo(um、mang→manuyo、in→suyuin)
おんぶする	おんぶする	pasan(mag、in) sa likod

か

カ	蚊	lamok
ガ	蛾	paparo、aliparo
ガーターベルト	ガーターベルト	garter、ligas
カーテン	カーテン	kurtina
カード	カード	kard
ガードマン	ガードマン	guwardiya
ガードル	ガードル	pamigkas
カーブ	カーブ	hubog
カーペット	カーペット	alpombra
かい	貝	kabibi
	回	beses、ulit
	階	baitang
がい	害	kasiraan、pinsala
（のある）	（のある）	nakakasama
（のない）	（のない）	di-makaano
かいいん	会員	kasapi、miyembro
かいが	絵画	larawan

かいがい	海外	ibang bansa
かいかく	改革	pagbabago
（する）	（する）	bago(mag)、buti(magpa、pa＋in→pabutihin)
かいかする	開花する	［花］bulaklak(mang→mamulaklak)
かいがら	貝殻	kontsa
かいかん	快感	kaluguran、kasiyahan
（をあたえる）	（を与える）	bigay-lugod(mag、an→bigyan-lugod)
かいがん	海岸	tabing dagat、baybay
がいかん	外観	anyo、mukha、hitsura
かいぎ・かいごう	会議・会合	pulong、pagpulong、miting
（する）	（する）	pulong(mag、pag＋an→pagpulungan)
かいきゅう	階級	ranggo、grado
かいきょう	回教	Mohamedanismo
（と）	（徒）	Mahometana
	海峡	paagusan
かいぎょうする	開業する	simula(mag) ng trabaho
かいぐん	海軍	hukbong-dagat
かいけいがかり	会計係	peymaster、kahero
かいけつする	解決する	lutas(um、ma、i、in)、
		ayos(mag-、i、in→ayusin)
かいげんれい	戒厳令	batas-militaly
がいこうかん	外交官	diplomatiko
がいこうてき	外交的	diplomatik
がいこく	外国	ibang bansa
（かわせ）	（為替）	pagpapadala ng pera sa ibang bansa
（ご）	（語）	wikang-banyaga
（じん）	（人）	dayuhan
かいこする	解雇する	tiwalag(mag、i)
がいこつ	骸骨	kalansay
かいさいする	開催する	daos(mag、i)
かいさんする	解散する	lansag(um、in)
かいしゃ	会社	korporasyon、kompanya
かいじゅう	怪獣	halimaw
かいしゅうする	回収する	kuha(ma、in→kunin) muli
がいしゅつする	外出する	labas(um)
かいじょする	解除する	［契約等］kansela(um、in→kanselahin)、
		［武装］alis(mag-、an) ng sandata
かいせいする	改正する	wasto(mag、i)
かいせつする	解説する	liwanag(magpa、ipa、in)、linaw(magpa、

		ipa、in)
かいぜんする	改善する	buti(magpa、pa＋in→pabutihin)
かいそう	海草	damong-dagat
かいそうする	改装する	bago(mag) ng ayos、
		bago(in→baguhin) ang ayos
かいぞうする	改造する	muling-tatag(mag)、muling-itayo(mag)
かいぞく	海賊	pirata、tulisang dagat
かいたいする	解体する	putul-putol(mag、
		pag＋in→pagputul-putulin)
かいたくする	開拓する	linang(um、mag、in)
かいだん	階段	hagdaan
	怪談	istorya ng multo
	会談	komperensiya、panayam
かいちゅうでんとう	懐中電燈	plaslayt
かいてきな	快適な	maginhawa
かいてんする	回転する	ikot(um、in→ikutin)
ガイド	ガイド	giya、gabay
（する）	（する）	turo(mag、i)
かいとうする	回答する	tugon(um)
かいならされた	飼い慣らされた	maamo
かいにゅうする	介入する	pagitan(mang→mamagitan、
		pa＋an→pamagitanan)
がいねん	概念	konsepto
かいはつ	開発	debelop
（しゃ）	（者）	debeloper
（する）	（する）	debelop(mag)、rebela(mag)
かいひする	回避する	iwas(um、an)
がいぶ	外部	labas
かいふくする	回復する	［地位等］bawi(um、ma、in)、
		［病気等］galing(um)、bati(um)
かいほうする	解放する	laya(magpa、pa＋in→palayahin)
かいぼうする	解剖する	autopsiya(mag-)
がいむだいじん	外務大臣	Minstro sa bansa
かいもの	買い物	pamimili
（する）	（する）	bili(mang→mamili)
かいりつ	戒律	utos、kautusan
がいりゃく	概略	balangkas、banghay
かいりょうする	改良する	buti(magpa、pa＋in→pabutihin)
がいろ	街路	karsada

かいわ	会話	pag- uusap、usapan、pagsasalitaan
（しゅう）	（集）	librong usapan
かう	買う	bili(um、in→bilihin)
	飼う	amo(mag-)、alaga(mag-) ng hayop
かえす	返す	［借物等］balik(mag、i、an)、sauli(mag- 、i)、［恩］ganti(um、in→gantihin)
カエル	蛙	palaka
かえる	変える	bago(um、mag、in→baguhin)
	帰る	uwi(um)
	換える	［物］palit(mag、ipag、an)、［お金］palit (magpa、i、an)
かお	顔	mukha
（をあらう）	（を洗う）	hilamos(mag)
かおいろ	顔色	kutis
かおつき	顔つき	pammumukha、pagmumukha
かおり	香り	amoy
（がよい）	（が良い）	mabango
（がする）	（がする）	amoy(um、mag-)
かかく	価格	presyo、halaga
かがく	科学	siyensiya
（ぎじゅつ）	（技術）	teknolohiya
（しゃ）	（者）	siyentipiko
	化学	kimiko
かかし	案山子	balian
かかと	踵	［靴の］takong、［足の］sakong
かがみ	鏡	salamin
かがむ	屈む	yuko(um)
かがやかしい	輝かしい	maluwalhati、marilag、maringal
かがやく	輝く	luningning(mag)
かかり	係	alaga
かかわらず	拘わらず	【接続詞】bagaman、kahit na
（〜に）かかわる	（〜に）係る	kailangan magkaroon ng〜、pakialam〜
カキ	牡蠣	talaba
かぎ	鍵	susi
（あな）	（穴）	butas ng susian
（をかける）	（をかける）	susi(mag、i、an)
かきうつす	書き写す	kopya(um、i、in→kopyahin)
かきかえる	書き換える	sulat(in) ng muli→sulating muli、sulat(i) na muli

かきかた	書き方	panunulat
かきとる	書き取る	dikta(mag､an→diktahan)
かぎられた	限られた	【形容詞】may-takda､natatakdaan
かぎる	限る	takda(mag､i､an)
かく	書く	sulat(um､in､an)
	搔く	kamot(um､in→kamutin)
かぐ	家具	muwebles､mga kasangkapan sa bahay
かくげん	格言	kasabihan､salawikain
かくご	覚悟	resulusyon
（をきめる）	（をきめる）	resulusyon(mag)､pasiya(mag､i､an→
		pasiyahan)
かくじつな	確実な	tiyak､sigurado
がくしゃ	学者	iskolar
がくしゅうする	学習する	aral(mag-､pag-＋an)
かくしんする	確信する	kumbinsi(um､ma､in→kumbinsihin)
かくす	隠す	tago(mag､i)､lihim(mag､i)
がくせい	学生	estudyante
かくだいする	拡大する	lawak(um)
かくちょうする	拡張する	haba(magpa､pa＋in)
カクテル	カクテル	kaktel
かくど	角度	anggulo
かくとうぎ	格闘技	martial-art
かくにんする	確認する	tunay(magpa､pa＋an)､
		totoo(magpa､pa＋an→patotohanan)
がくねん	学年	baitang
がくぶち	額縁	kuwadro
かくめい	革命	rebolusyon､himagsikan
（をおこす）	（を起こす）	himagsikan(mag､mang､pag＋an)
がくもん・がくりょく	学問・学力	karunungan､kaalaman
かくりする	隔離する	hiwalay(mapa､i)
かくりつ	確率	probabilidad
かくれが	隠れ家	kublihan
がくれき	学歴	karera ng paaralan
かくれる	隠れる	tago(um､mag)､kubli(um､mag)
かくれんぼ	隠れんぼ	taguan
かけ	賭け	pusta､taya
かげ	陰	[日陰] anino
	影	[建物等の] lilim
がけ	崖	tangwa

（っぷち）	（っぷち）	gulod、gilid
かけい	家計	pag-aalaga ng bahay
	家系	lahi
かけおちする	駆け落ちする	tanan(um、mag)、layas(um)
かげき	歌劇	opera
かげきな	過激な	radikal
かけきん	賭金	pusta
かけごえ	掛声	sigaw
かけごと	賭事	taya
かけざん	掛算	multiplikasyon
かけひき	駆け引き	taktika
かけら	かけら	piraso、kapiraso
かける	掛ける	[服等] sabit(mag、i)、
		[算数] multiplika(mag、in→multiplikahin)
	駆ける	takbo(um)
	賭ける	taya(um、mag、an)、pusta(um、mang→
		mamusta)
かこ	過去	ang nagdaan、ang lumipas
（けい）	（形）	pangnagdaan
かご	籠	bayong、basket
かこう	河口	bungad ng ilog
かこむ	囲む	paligid(um、pa＋an→paligiran)、
		kulong(um、ma、in→kulungin)
かさ	傘	payon
かさなる	重なる	sanib(ma)
かさぶた	かさぶた	langib
かさねる	重ねる	sanib-sanib(mag、i)、[たくさん] kasanib
		(mag)
かざみどり	風見鶏	pabiling、girimpula
かざり	飾り	palamuti、dekorasyon、ornamento
かざる	飾る	palamuti(mag、an→palamutihan)
かざん	火山	bulkan
かし	菓子	mamon、[甘い物] matamis
かじ	火事	sunog
（になる）	（になる）	sunog(ma)
	舵	ugit
（とり）	（取り）	tagaugit
かしこい	賢い	matalino
がしする	餓死する	patay(mang→mamatay) ng gutom

かしつ	過失	depekto、pagkakamali
かして！	貸して！	Pahilam！
カジノ	カジノ	kasino
かしや	貸家	paupahang-bahay
かじや	鍛冶屋	panday
かしゅ	歌手	mang-aawit、singar
かじゅえん	果樹園	looban
かじる	嚙る	ngatngat (um、in)
かしをつくる	貸しをつくる	[重要な] may utang na loob
かす	貸す	hilam (magpa、ipa、pa＋in)
	粕	latak、tining
かず	数	numero
ガス	ガス	gas
かすりきず	掠り傷	gasgas、galos
かする	課する	[税金等] pataw (mag、i、an)、lapat (mag、i、an)
	掠る	galos (ma＋an→magalusan、an→galusan)
かすんだ	霞んだ	malabo
かぜ	風	hangin
（がある）	（がある）	【形容詞】mahangin
	風邪	sipon
（をひく）	（をひく）	sipon (magka、in→sipunin)
かぜいする	課税する	buwis (magpa)
かせき	化石	posil、abok sa bato
かせぐ	稼ぐ	kita (um、in)、tubo (um、mag、in→tubuin)
かせん	化繊	himaymay
かそう	火葬	pagsusunog ng bangkay
かぞえきれない	数え切れない	【形容詞】napakarami、hindi mabilang
かぞえる	数える	bilang (um、mag、in)
かぞく	家族	pamilya
ガソリン	ガソリン	gasolina
（スタンド）	（スタンド）	gasolinahan
（をいれる）	（を入れる）	gasolina (magpa)
かた	肩	balikat
（がこる）	（がこる）	tigas (mang→manigas) ang balikat
	型	modelo、padron、tularan
かたあし	片足	isang binti
かたい	固い	matigas
かたきをうつ	仇を打つ	higanti (um、mag、an→higantihan)
かたくする	固くする	tigas (magpa、pa＋in)

かたくなる	固くなる	tigas(um、mang→manigas)
かたことまじりの	片言交じりの	mali-maling magsalita
かたち	形	hugis、porma
かたづける	片付ける	alis(mag-、an)、ligpit(mag、i)
かたつむり	蝸	suso
かたて	片手	isang kamay
かたな	刀	patalim、espada
かたほう	片方	isa sa isang paris
かたまり	塊	tipak、kimpal
かたまる	固まる	buo(mang→mamuo)、lapot(um)
かたみ	形見	alaala
かたむく	傾く	hapay(um)、kiling(um)
かたむける	傾ける	［関心を］hilig(ma)、
		［身体を］kiling(um、i)
かたよった	偏った	【形容詞】parsyal、pumapanig、kumakampi
かたる	語る	kuwento(mag、i)、salaysay(mag、i)
かたりあう	語り合う	kuwento(mag＋an→magkuwentuhan)
カタログ	カタログ	katalog
かだん	花壇	mabulaklak na harden
かちのある	価値のある	karapat-dapat、may-halaga、nagkakahalaga
かちょう	課長	pinuno ng seksyon hepe
ガチョウ	ガチョウ	gansa
かつ	勝つ	talo(mang→manalo)
カツオ	鰹	katsurita
がっかい	学会	instituto
がっかりする	がっかりする	bigo(ma)
がっき	学期	semestre
	楽器	instrument
かっきのある	活気のある	masigla
かつぐ	担ぐ	pasan(um、in)
かっけ	脚気	manas
かっこ	括弧	panaklong
がっこう	学校	eskuwelahan、paaralan
かっこうのよい	恰好の良い	pusturyoso[a]、mabikas
かっしゃ	滑車	tangkalag
がっしょう	合唱	koro
かっしょくの	褐色の	kayumanggi
がったいする	合体する	anib(mag-)、isa(magka)
かってなまねをする	勝手な真似をする	【形容詞】makasarili

かってに	勝手に	［無断で］walang-pahintulot
カット	カット	［服］tabas
かつどうてきな	活動的な	aktibidad
かっぱつな	活発な	malikot、maliksi
カップ	カップ	［コーヒー等］tasa
がっぺいする	合併する	sama(mag、pag＋an→pagsamahan)
かつら	鬘	peluka
かつれいする	割礼する	toli(mag)
かてい	家庭	kataong lamang、pamamahay
	仮定	palagay、pagpapalagay
（する）	（する）	palagay(mag、i、ipag)
かど	角	［街］kanto、［部屋の］sulok
かとうな	下等な	hamak
かとりせんこう	蚊取線香	katol
カトリックきょう	カトリック教	Katolisismo
（と）	（徒）	Katoliko
かなきりごえ	金切り声	tili
かなしくなる	悲しくなる	dalamhati(um)、lungkot(ma)
かなしみ	悲しみ	dalamhati、pighati
かなしむ	悲しむ	dalamhati(mag)、daing(um)、taghoy(um)
かなづち	金槌	martilyo
かならず	必ず	sigrado、tiyak
かならずしも～でない	必ずしも～でない	hindi palaging～
かなり	かなり	masyado
カニ	蟹	［黒］alimago、［青］alimasag
ガニマタ	蟹股	sakang
かね	金	pera
（がない）	（がない）	walang pera
	鐘	kampanaryo
かねかし	金貸	pagpapahiram or pagpapautang ng pera
かねもち	金持	mayaman
かねる	兼ねる	sama(mag、pag＋in→pagsamahin)
かのう	可能	posibilidad、pagkamaaari
（せい）	（性）	kakayahan、posibilidad
（な）	（な）	makakaya
かのうする	化膿する	nana(mag)
かばう	庇う	takip(mag、i)
かばん	鞄	bagahe
かび	黴	amag

（くさい）	（臭い）	maamag
がびょう	画鋲	hilbana、tutos
かびん	花瓶	plorera、masetera、saro
かぶ	株	stok、istak、sosyo
	下部	ibaba
かぶしきがいしゃ	株式会社	korporasyon
カプセル	カプセル	kapsula
カブトムシ	甲虫	salagubang
カブラ	蕪	singkamas
かぶれ	かぶれ	singaw sa balat、butlig-butlig
かぶれる	かぶれる	singaw(an) ng mga butlig-butlig
かぶる	かぶる	［帽子等］suot(mag、i)
かふん	花粉	polen
（しょう）	（症）	bahing ng bahing sanhi ng mga palen
かべ	壁	dindin
かほう	家宝	mana't manang gamit
カボチャ	南瓜	kalabasa
かま	鎌	karit、lingkaw
カマキリ	カマキリ	sasamba
かまど	竈	hurno
かまれる	嚙まれる	kagat(ma)
がまん	我慢	pagtitiis
（する）	（する）	tiis(mag、in)
（つよい）	（強い）	mapagtiis
かみ	神	diyos、panginoon
	紙	papel
	髪	buhok
カミキリムシ	紙切虫	longgikorn
カミソリ	剃刀	pang-ahit
かみなり	雷	kulog
（がなる）	（がなる）	kulog(um)
かむ	嚙む	［口の中で］nguya(um)、 ［歯と歯で］kagat(um、in、mang→mangagat)
ガム	ガム	pepsin
カムフラージュする	カムフラージュする	balatkayo(mag、pag＋an→ pagbalatkayuhan)
かめ	亀	pangon
	瓶	banga
カメラ	カメラ	kamera

カメレオン	カメレオン	hunyango
(〜)かもしれない	(〜)かも知れない	baka〜、marahil〜
かもつ	貨物	kargada、kargamento
かや	蚊帳	klambo
かやく	火薬	pulbura
かゆい	痒い	makati
かよう	通う	balik-balik(magpa)
かようび	火曜日	Martis
(〜)から	(〜)から	mula〜、buhat〜
からい	辛い	［味］maanghang、［匂い］masangsang
からかう	からかう	tawa(mag、an→tawanan)、libak(um、in)、
		［悪意］hamak(um、mang、in)、
からし	辛子	mustasa
カラス	烏	uwak
ガラス	ガラス	kristal、bubog
からだ	身体	katawan
(〜)からなる	(〜)から成る	binubuo ng〜
からの	空の	walang-laman、basiyo、hungkag
からむ	絡む	［巻き付く］pulpot(um、i)、ikid(um、i)、
		［糸等］gulo(um、in→guluhin)、sali-salimuot
		(mag、pag＋in→pagsali-salimuutin)
カリキュラム	カリキュラム	kurikulum
かりの	仮の	temporero、pansamantala
かりる	借りる	hiram(um、mang、in)
かりをする	狩をする	baril(mang→mamaril)
かる	刈る	［稲等］ahi(mag-)、［草を］gapas(um、in)
かるい	軽い	magaan
かるくなる	軽くなる	gaan(um)
かれ・かのじょ	彼・彼女	siya、【丁寧】sila
(の)	(の)	niya、【丁寧】nila
(のもの)	(のもの)	sa kaniya、【丁寧】sa kanila
(へ)	(へ)	kaniya、【丁寧】kanila
かれら・かのじょら	彼等・彼女等	sila
(の)	(の)	nila
(のもの)	(のもの)	sa kanila
(へ)	(へ)	kanila
カレイ	鰈	dapa
カレー	カレー	kari
かれる	枯れる	lanta(ma)

カレンダー	カレンダー	kalendaryo
かろう	過労	labis na trabaho、sobrang trabaho
かろうじて	辛うじて	bahagya na
かわ	川	ilog
	皮	balat、[なめし] katad、kuwero
（ひも）	（紐）	kurdong katad
（をむく）	（を剝く）	balat(mag、an)
かわいい	可愛い	makiyut、kaakit-akit
かわいがる	可愛がる	hagpos(um、in→hagpusin)
かわいそう	可哀相	wawa
（な）	（な）	kawawa、nakakaawa、kaawa-awa
（におもう）	（に思う）	awa(ma)
かわいた	乾いた	【形容詞】tuyo
かわかす	乾かす	tuyo(magpa、pa＋in→patuyuin)、[太陽で] bilad(mag、i)
かわく	乾く	tuyo(ma)
かわり	代り	kapalit
（〜の）かわりに	（〜の）代りに	sa halip ng〜
かわりやすい	変わりやすい	pabagu-bago
かわる	変わる	bago(um、ma)
かわるがわるに	代る代るに	salitan、salit-salit
かん	罐	lata
	管	tubo
ガン	癌	kansar
かんえん	肝炎	hepatitis
かんおけ	棺桶	kabaong
かんがい	灌漑	patubig
かんがえ	考え	akala、pag-isip、idea
（る）	（る）	akala(mag-、in→akalahin)、isip(um、mag-、in)
かんがえつく	考えつく	isip(ma)
かんかく	感覚	dama、damdam
	間隔	pagitan
かんき	乾期	tagtuyot
かんきゃく	観客	ang mga nanonood
かんきょう	環境	paligid
かんきり	罐切り	abre-lata
かんきんする	監禁する	bilanggo(mag、i)
かんけい	関係	ukol、kaugnayan、relasyon

（しゃ）	（者）	kasali
（する）	（する）	kaugnay(mag、ma)、ukol(ma)
（ない）	（ない）	walang pakialam、walang kaugnayan
かんげいする	歓迎する	tanggap(um、in) nang malugod、 salubong(um、in→salubungin)
かんげきする	感激する	timo(um、pa＋in→patimuin、pa＋an→ patimuan)
かんこう	観光	sight-sine
かんこく	韓国	Korea
かんごく	監獄	bilangguan
かんごする	看護する	alaga(mag-) ng maysakit、alaga(an) ang maysakit
がんこな	頑固な	matigas ang ulo、malikit
かんごふ	看護婦	nars
かんさつする	観察する	obserba(mag-、an→obserbahan)、 siyasat(mag、in)
かんしする	監視する	bantay(um、mag、an)
かんしゃ	感謝する	salamat(magpa、pa＋an)
かんじゃ	患者	pasyente
かんじやすい	感じやすい	madaling makaramdam or makadama、 【慣用句】balat-sibuyas
かんじょう	感情	damdamin、emosyon
（てきな）	（的な）	maramdamin
	勘定	bil、kuwenta
かんしょうする	干渉する	alam(maki)
かんしょうてきな	感傷的な	sentimental、maramdamin
かんしょく	間食	meryenda
かんじる	感じる	dama(um、ma、in→damhin)、 damdam(maka、ma＋an→maramdaman)
かんしん	関心	pangwili、interes、hilig
（のある）	（のある）	【形容詞】interesado
かんしんする	感心する	hanga(um、an)
かんぜい	関税	kostoms、bayad sa adwana
かんせいする	完成する	tapos(um、ma、in→tapusin)、 buo(um、in→buuin)
かんせつえん	関節炎	artritis、kasukasuan
かんせつてき	間接的	hindi tuwiran、di-tuwiran
かんせつもくてきご	間接目的語	dituwirang layon
かんせんする	感染する	hawa(maka、ma＋an→mahawahan)

かんぜんな	完全な	lubos、kompleto、perpekto、ganap
かんそう	感想	sapantaha、paniwala、palagay
かんぞう	肝臓	tagay
かんそうする	乾燥する	tuyo(ma)
かんそくする	観測する	obserba(mag-、an→obserbahan)、siyasat (mag、in)
かんだいな	寛大な	mapagpasunod、【慣用句】bukas ang palad
かんたんな	簡単な	payak、madali、simple
かんちがいする	勘違いする	mali(magka) ng pag-unawa
かんちょう	官庁	gobarmenta na opsina
	干潮	pagkati
	かん腸	labatiba、rektal na inksyon
かんづめ	缶詰	de-lata
かんてん	寒天	gulaman
かんでんち	乾電池	bateriya、batirya
かんどうされる	勘当される	huwag or hindi mana(pa+an→pamanahan)、alis(mag-) ng mana
かんどうする	感動する	impres(ma)
かんとく	監督	direktor
（する）	（する）	manihala(pa+an)
かんな	鉋	katam
カンニングする	カンニングする	kopya(mang→mangopya)
かんぱい！	乾杯！	Mabuhay！
かんばつ	干魃	tagtuyot
がんばる	頑張る	sikap(mag、in)
かんばん	看板	karatula
かんぱん	甲板	kubyerta
かんびする	完備する	husto(ma、in→hustuhin)
かんびょうする	看病する	alaga(mag-、i)
かんぶ	幹部	lider
がんぼう	願望	sabik
かんめいする	感銘する	kintal(mag、i)
かんようく	慣用句	wikain
かんり	管理	pagmamahala、pagsisiwa
（する）	（する）	siwa(mang)、bahala(ma→mamahala)
（にん）	（人）	tagapamahala ng bahay
かんりょう	完了	tapos、wakas
	官僚	burukrasya
かんれい	慣例	kaugalian

| かんろくがある | 貫禄がある | may dignidad、may kalangalan |
| かんわする | 緩和する | ［気候］ginhawa(magpa、maka、pa＋in→ paginhawain)［痛み］bawas(mag、ma＋ an、maka) |

き

き	木	puno、punong-kahoy
ギア	ギア	kambyo
きあつ	気圧	atomospera ng presyon
きいて！	聞いて！	Pakinggan！
きいろ	黄色	dilaw
きえる	消える	panaw(um)、wala(ma)
きおん	気温	temporatura
きおく	記憶	memorya、gunita
（する）	（する）	memorya(ma)、gunita(um、in)
きか	帰化	naturalisasyon
きがあう	気が合う	kasundo(mag、ma) ng mabuti
きかい	機械	makina
	機会	pagkakataon
ぎかい	議会	parlamento
きがえ	着替え	bihis
（る）	（る）	bihis(mag)、palit(mag) ng damit
きがかりな	気掛かりな	balisa
きがかわる	気が変わる	bago(mag) ng isip
きがきく	気が利く	matalino
きかく	規格	pamantayan、sukatan
きかくする	企画する	gawa(um) ng banghay
きがすすまない	気が進まない	di-gusto、walang-gana
きかする	帰化する	tanggap(ma) ang mamamayan sa isang bansa
きかせる	聞かせる	kinig(ipa→iparinig、maipa→maiparinig)
きがちる	気が散る	hindi puwede harap(um、in) nang lubusan
きがつく	気がつく	pansin(um、ma、in)、puna(um、ma、in→ punahin)
きがとおくなる	気が遠くなる	hilo(ma)

きがぬける	気が抜ける	matamlay
きがるな	気軽な	madali
きかん	期間	panahon
	器官	bahagi、sangkap
きかんしえん	気管支炎	brongkitis
きき	危機	krisis
（いっぱつ）	（一髪）	gabuhok na paligtas sa kamatayan
ききとれない	聞き取れない	di-marinig
ききん	飢饉	pagkakagutom
きく	聞く	kinig(ma、pa＋an→pakinggan)
	利く	［効果のある］may-bisa
	菊	krisatemo
きぐ	器具	gamit、aparato
きげき	喜劇	komedya
きけん	危険	panganib、peliguro
（な）	（な）	mapanganib、derikado
（にさらす）	（にさらす）	sapanganib(mag、i)
きげん	期限	taning、takda
（のすぎた）	（の過ぎた）	【形容詞】lampas sa taning
きげん	機嫌	lagay na loob
（がよい）	（が良い）	mabute ang lagay na loob
（がわるい）	（が悪い）	masama ang lagay na loob
きこう	気候	klima
きごう	記号	tanda
きこえる	聞こえる	dinig(ma→marinig)
ぎこちない	ぎこちない	padaskul-daskol
きこり	樵夫	mangangahoy
きこんしゃ	既婚者	may-asawa
ぎざぎざのある	ぎざぎざのある	kutab、gatgat
きざし	兆し	sintomas
きざむ	刻む	tadtad(um、mag、in→tadtarin)
きし	岸	pampang
きじ	記事	artikulo、lathala
ぎしき	儀式	seremonya
きしゃ	汽車	tren、perokaril
	記者	peryodista、mamahayag
きしゅ	騎手	hinte
きしゅくしゃ	寄宿舎	dormitoryo
ぎじゅつ	技術	paraan、pamamaraan

（しや）	（者）	tekniko
きじゅつする	記述する	larawan(mag、i)
きじゅん	基準	huwaran、tularan、modero、saligan
きしょう	気象	panahon
キス	キス	halik
（する）	（する）	halik(um、an)
きず	傷	sugat、[打撲] pasa
（あと）	（跡）	peklat
（ついた）	（ついた）	masugatan
（つきやすい）	（つきやすい）	matatalban
（つける）	（つける）	sakit(mang→manakit、an→saktan)、[感情を] dungis(um、an、ma＋an)、batik(um、an、ma＋an)、【慣用句】sirang-puri(mang→manirang-puri、an→siraan ng puri)
きすう	奇数	gansal
きせいする	規制する	pigil(um、mag、in)
きせいせいぶつ	寄生生物	dapo
きせいちゅう	寄生虫	parasite
ぎせいにする	犠牲にする	kasakit(magpa)、sakripisyo(mag)
きせいの	既成の	yari na
きせき	奇跡	himala
（てきな）	（的な）	mapaghimala
きせつ	季節	panahon
きぜつする	気絶する	himatay(um、in)
きせる	着せる	suot(magpa)、damit(mag、an)
きそ	起訴	pagsasakdal、pag-uusig
（じょう）	（状）	papeles ng pagsasakdal
（する）	（する）	usig(mag-、in、pag-＋in)、sakdal(mag、i)
	基礎	saligan、batayan、simulain、[建物の] pundasyon
（の）	（の）	salig、pansimulain、basiko
きそう	競う	lahok(um) sa paligsahan、ligsa(magpa＋an→magpaligsahan)
ぎぞうする	偽造する	huwad(um、mang、an→huwaran)
きそく	規則	[個人や団体の規律] tuntuin、alituntuin [組織の] regla、reglamento、regulasyon
（ただしい）	（正しい）	areglado
（をやぶる）	（を破る）	labag(um、in)
きた	北	hilaga

ギター	ギター	gitara
ぎだい	議題	paksa
きたいする	期待する	asa(um、an→asahan)
きたえる	鍛える	sanay(mag、i)
きたくする	帰宅する	uwi(um)
きたない	汚い	marumi、[顔が] madungis
きち	基地	beis、base
ぎちょう	議長	pangulo
きちょうな	貴重な	mahalaga
きちょうめんな	几帳面な	puntuwal、eksakto
きちんとした	きちんとした	maayos
きつい	きつい	[法律等] mahigpit、[狭い] masikip
きつくなる	きつくなる	[法律等] higpit(mag)
きつけぐすり	気付け薬	pampanauli or pampasauli or pambawi ng gamot
きって	切手	selyo
きっと	きっと	【副詞】tiyak、sigurado
キツネ	狐	sora
きっぷ	切符	tiket、bilyete
きていの	規定の	pinagkaugalian
きてき	汽笛	sipol
きにいる	気に入る	tuwa(ma)、siya(ma＋an→masiyahan)
きにしない	気にしない	hindi na bale
きにするな！	気にするな！	Huwag kang mag-abala！
きになる	気になる	balisa(mang→mambalisa)
きぬ	絹	seda
きね	杵	pambayo
きねん	記念	alaala
（きって）	（切手）	selyong paggunita
（する）	（する）	alaala(mag-)
（に）	（に）	bilang alaala
（ひ）	（碑）	monumento
（び）	（日）	anibersaryo
きのすすまない	気の進まない	urong-sulong、atubili
きのせい	気のせい	imahinasyon
きのう	昨日	kahapon
	機能	gawain、ginagawa、tungkulin
キノコ	茸	[食用] kabute、[非食用] mamarang
きのどくな	気の毒な	nakaaawa、kaawa-awa

きば	牙	pangil
きびしい	厳しい	［法律等］mahigpit
きふ	寄付	ambag
きふるした	着古した	【形容詞】gamit na gamit na
きぶん	気分	pakirandam、lagay ng loob
（がよい）	（が良い）	mabuting pakirandam
（がわるい）	（が悪い）	masamang pakirandam
きぼ	規模	iskala、eskala
きぼう	希望	asa、pag-asa
（する）	（する）	asa(um、an→asahan)
きほん	基本	【名詞】batayan、saligan
（てきな）	（的な）	【形容詞】batayan、saligan
きまえのよい	気前のよい	mapagkaloob、mapagbigay、
		【慣用句】bukas ang palad
きまぐれな	気紛れな	salawahan
きままにさせる	気儘にさせる	layaw(magpa、pa+in)
きまり	決まり	alituntunin
きみどりいろ	黄緑色	berde-mansanas
きみょうな	奇妙な	kakaiba
ぎむ	義務	tungkulin
きむずかしい	気難しい	masungit、sumpungin、maselang
きめる	決める	pasya(mag、i、an→pasyahan)
きもち	気持ち	pakirandam
（よい）	（良い）	masarap na pakirandam
（わるい）	（悪い）	masamang pakirandam
きもの	着物	damit、pananamit
ぎもん	疑問	duda、alinlangan
（ぶん）	（文）	pangungusap na nagtatanong
きゃく	客	kostmar
ぎゃくきょう	逆境	kasawian
ぎゃくこうか	逆効果	kontra sa epekto
ぎゃくしゅうする	逆襲する	gantina-salakay(um)
ぎゃくせつ	逆説	kabalintunaan
ぎゃくたいする	虐待する	malupit(mag、pag+an)
ぎゃくの	逆の	salungat、baliktat
キャバレー	キャバレー	kabaret
キャベツ	キャベツ	repolyo
ギャラリー	ギャラリー	galeriya
キャリア	キャリア	karera

キャンプ	キャンプ	kampo
キャンペーン	キャンペーン	kampanya
きゅう	九	siyam、nuwebe
きゅうか	休暇	bakasyon
きゅうくつな	窮屈な	masikip
きゅうけい	休憩	pahinga
（じかん）	（時間）	oras ng pahinga
（しつ）	（室）	pahingahan
（する）	（する）	pahinga(mag、mang→mamahinga)
きゅうけつき	吸血鬼	bampiro
きゅうこう	急行	ekspres
きゅうこんする	求婚する	alok(mag-) na pakasal
きゅうしきな	旧式な	makaluma
きゅうじつ	休日	araw na pahiga
きゅうじゅう	九十	siyamnapu、nobenta
きゅうしゅうする	吸収する	sipsip(um、ma、in)
きゅうしゅつする・	救出する・	ligtas(mag、i)、sagip(um、in)
きゅうじょする	救助する	
きゅうしょ	急所	pambuhay
きゅうしんてき	急進的	sukdulan
きゅうす	急須	tsarera
きゅうそくする	休息する	pahinga(mag、mang→mamahinga)
きゅうでん	宮殿	palasyo
きゅうに	急に	bigla
ぎゅうにく	牛肉	karneng baka
ぎゅうにゅう	牛乳	gatas
きゅうにゅうする	吸入する	langhap(um、in)
きゅうはん	急坂	matarik
きゅうよう	急用	madaling lakad
キュウリ	胡瓜	pipino
きゅうりょう	給料	suweldo、sahod
（をはらう）	（を払う）	suweldo(mag、an→suwelduhan)
（をもらう）	（を貰う）	suweldo(um)、tanngap(in) ang suweldo
きょう	今日	ngayon、kasalukuyan
きょうあくな	兇悪な	napakalupit
きょういく	教育	edukasyon、karunungan、pinag-aralan
きょうかい	境界	hangganan
	教会	simbahan
きょうかしょ	教科書	aklat na panparalan、teksto

きょうぎじょう	競技場	estadio、istadyum
きょうかする	強化する	tibay(magpa、an、pa＋in)、
		tatag(magpa、an、pa＋in)
きょうき	凶器	mapanganib na mga armas or sandata
きょうぎ	競技	laro、paligsahan sa laro
	協議	pagpulungan、komperensiya
（する）	（する）	pulong(mag、pag＋an→pagpulungan)、
		usap(mag-、pag-＋an)
きょうきゅうする	供給する	tustos(mag、i、an→tustusan)
きょうけんびょう	狂犬病	rabis
きょうこう	恐慌	gulo
きょうこうする	強行する	tupad(magpa、ipa)
きょうこく	峡谷	bangin
きょうさんしゅぎ	共産主義	komyunisum
きょうさんとう	共産党	lapiang komunista
きょうし	教師	guro
ぎょうじ	行事	pagdiriwang
きょうしつ	教室	silid-aral
ぎょうしゃ	業者	negosyante
きょうじゅ	教授	propesor
ぎょうしょうにん	行商人	maglalako、tagapaglako
きょうせい	強制	pagpipilit
（する）	（する）	pilit(mag、i)
（そうかんな）	（送還）	pagdedeport
（てきな）	（的な）	sapilitan
ぎょうせい	行政	pangasiwaan
きょうそう	競争	paligsahan、kompetensiya
（する）	（する）	ligsa(magpa＋an→magpaligsahan)
	競走する	karera(mag、makipag)
きょうだい	兄弟	kapatid na lalaki
（かんけい）	（関係）	kapatiran
	鏡台	tokador
きょうちょうする	強調する	bigay-diin(mag、an→bigyan-diin)
きょうてい	協定	kasunduan
きょうどうでする	共同でする	kasama(mag)
きような	器用な	mapangatha
きょうばい	競売	subasta
きょうはくする	脅迫する	takot(mang→manakot、in→takutin)
きょうふ	恐怖	kilabot、kasindakan

きょうぼうする	共謀する	sabwatan(mag、pag+an)
きょうぼうな	凶暴な	gahasa
きょうみ	興味	gana、interesado
（のある）	（のある）	nakawiwili、may interesado、may gana
きょうよう	教養	kaltura、kalinangan
きょうようする	強要する	pilit(magpa、i)
きょうり	郷里	probinsya
きょうりょくな	強力な	malakas
きょうりょくする	協力する	tulong(um、an→tulungan)、[互いに] tulong(mag、mag+an→magtulungan)
きょうわこく	共和国	republika
きょえいしんのつよい	虚栄心の強い	banidoso[a]
きょか	許可	pahintulot
（しょ）	（書）	lisensiya
（する）	（する）	pahintulot(mag、in→pahintulutin)、payag(um、an)
きょくたんな	極端な	labis
きょじゅうしゃ	居住者	maninirahan
きょじん	巨人	higante
きょせい	去勢	pagkakapon
（された）	（された）	【形容詞】makapon
（する）	（する）	kapon(mag、in→kapunin)
きょぜつする	拒絶する	takwil(mag、i)
きょくせん	曲線	kurba、liko
きょだいな	巨大な	malaking-malaki
きょねん	去年	noong isang taon
きょひする	拒否する	tanggi(um、i、an→tanggihan)
きよめる	清める	dalisay(mag、in)
きよらかな	清らかな	malinaw
きょり	距離	agwat、kalayo
きらいな	嫌いな	nakakayamot、makakasuya
（ふりをする）	（ふりをする）	【形容詞】pakipot
きらう	嫌う	ayaw(um、an)、【助動詞】ayaw、ayaw koの場合ayokoと短縮される。(私は嫌いである)、[ひどく] poot(ma、ka+an)
キラキラひかる	キラキラ光る	dikit(ma→marikit)
きらくな	気楽な	[楽天的] optimista、palaasa sa mabuti、[生活] maginhawa、[仕事] madali

きらびやかな	きらびやかな	makintab
きり	霧	ulap
	錐	barena
ぎり	義理	tungkulin
きりかえる	切り替える	palit(mag、an)、bago(mag、in→baguhin)
きりがない	切りがない	walang-wakas
きりかぶ	切株	tuod
きりすてる	切り捨てる	laktaw(um、an)、kaltas(mag、in)
キリストきょうと	キリスト教徒	Kristiyano
きりたおす	切り倒す	sibak(um、mag、in→sibukin)
きりつ	規律	disiplina
きりぬき	切り抜き	kliping
ぎりの	義理の	[兄弟] bayaw、[姉妹] hipag、[父母] biyenan、[息子、娘] manugang
きる	切る	[ナイフで] hiwa(mag、in)、[薄く] gayat(um、in)、[縁を] hiwalay(mag)、kasira(mag)、[髪の毛] gupit(um、mag、in、an)、[木等] sibak(um、mag、in→sibukin)、[ハサミで] gupit(um、mag、in、an)
	着る	suot(mag、i)、damit(mag、an)
きれい	奇麗	ganda、paglilinis
（な）	（な）	[水等] malinis、[景色・顔等] maganda
（にする）	（にする）	[顔等] ganda(magpa、an→gandahan)、[部屋等] linis(mag、in)
（になる）	（になる）	[部屋等] linis(um)、[顔等] ganda(um)
きれながの	切れ長の	singkit
きれる	切れる	hiwa(ma)
きろく	記録	talaan
（がかり）	（係）	tagatala
（する）	（する）	tala(mag、i)、lista(mag、i)
（ぼ）	（簿）	aklat-talaan
キログラム	キログラム	kilo
キロメートル	キロメートル	kilometro
ぎろんする	議論する	talakay(um、in)、talo(mag、makipag)
ぎわく	疑惑	alinlangan、duda、pagdududa
きわめて～	極めて～	～sa kasukdulan
きをうしなう	気を失う	himatay(mag、in)
きをきかす	気を利かす	taktika(ma)

きをつかう	気を使う	intindi(mag-、in→intindihin)、
		asikaso(mag-、in→asikasuhin)
きをつけて！	気をつけて！	Mag-ingat ka！
きをつける	気をつける	ingat(mag-、in)
きん	金	gintoo
ぎん	銀	pilak
（がみ）	（紙）	palara
きんいつな	均一な	magkakatulad、magkakapareho
きんえんする	禁煙する	pigil(mag) sa paninigarilyo
きんきゅうな	緊急な	emerhensiya
きんぎょ	金魚	goldpis
きんこ	金庫	kabang-bakal
ぎんこう	銀行	bangko
（いん）	（員）	kawani sa bangko
きんし	近視	di-makita sa malayo
	禁止	pagbabawal
（する）	（する）	bawal(mag、ipag、pag＋an)
（の）	（の）	bawal
きんしゅする	禁酒する	pigil(mag) sa pag-inom ng alak
きんじょ	近所	kapit-bahay
きんせい	金星	benus
きんぞく	金属	metal
きんだい	近代	modernong panahon
きんたま	金玉	bayag
きんちょう	緊張	nerbiyos
（した）	（した）	【形容詞】ninerbiyos
（じょうたい）	（状態）	malubhang kalagyan
きんとうに	均等に	［2つ］pareho、［3つ以上］pare-pareho
きんにく	筋肉	laman
（のある）	（のある）	【形容詞】malaman
きんぱつ	金髪	olandes na buhok、blonde
（のおんな）	（の女）	olandesa、rubya
きんべんな	勤勉な	masipag、masikap、masigasig
きんむする	勤務する	lingkod(mag、pag＋an→paglingkuran)
きんゆうぎょう	金融業	trabaho ng nauukol sa pananalapi
きんようび	金曜日	Biernes
きんよく	禁欲	asetisismo
（しゃ）	（者）	asetiko[a]
きんり	金利	interes

く

グアバ	グアバ	bayabas
くい	杭	uraug、istake、tulos
くいき	区域	sona、pook
クイズ	クイズ	pagsusulit、iksamen
くうき	空気	hangin
くうぐん	空軍	hukbong-panghimpapawid
くうこう	空港	paliparan、eaporto
ぐうすう	偶数	tukol or paris na mga numero
くうせき	空席	bakanteng upuan or silya
ぐうぜんに	偶然に	di-sinasadya
ぐうぞう	偶像	idolo
くうそうてきな	空想的な	hindi kapani-paniwala
くうちゅう	空中	himpapawid
くうふくな	空腹な	gutom、nagugutom
くがつ	九月	Setyembre
くき	茎	tangkay
くぎ	釘	pako
（ぬき）	（抜き）	pansipit
くぎる	区切る	bantas(mag、an)
くさ	草	damo
くさい	臭い	mabaho
くさくなる	臭くなる	bantot(um)
くさび	楔	kalang
くさり	鎖	kadena、tanikala
くさりやすい	腐り易い	masirain
くさる	腐る	sira(ma)、bulok(ma)
くし	串	spit
	櫛	suklay
くじ	くじ	lote
くじく	挫く	balian(ma)
くじける	挫ける	hina(pa+in) ang loob
クジャク	孔雀	pabureal
くしゃみ	くしゃみ	hatsing
くじょうをいう	苦情を言う	habla (mag)、daing (um)、reklamo (mag、i)

クジラ	鯨	dambuhala、balyena
くしんする	苦心する	sikap(mag、in)
くず	屑	basura
（かご）	（籠）	basurahan
（や）	（屋）	basureso
くすぐったい	くすぐったい	makilitiin
くすぐる	くすぐる	kiliti(mang→mangiliti、in)、kili(in)
くずす	崩す	[山を] guho(magpa)、[金を] barya(magpa)
くすり	薬	gamot、[抗生物質]"anti-biotics"、
		[丸薬] pil、
		[塗り薬] pinapahid na gamot、pamahid
		[水薬]"liquid" na gamot
（や）	（屋）	botika
くすりゆび	薬指	palasingsingan
くずれる	崩れる	guho(um)
くせ	癖	ugali、kaugalian、asal
くそ	糞	tae、dumi、ipot
ぐたいてきに	具体的に	tunay、tiyak
くだく	砕く	durog(um、in→durugin)
くだけた	砕けた	【形容詞】basag na basag
くだけやすい	砕けやすい	basagin、madaling mabasag
くだける	砕ける	basag(ma)、kabasag-basag(mag)、durog
		(ma)、kadurog-durog(mag)
くだもの	果物	prutas、bunga
くだらない	くだらない	hindi-mahalaga、walang kuwenta
くだり	下り	pagbaba
くだる	下る	baba(um)、panaog(um)
くち	口	bibig
（がうまい）		masarap or magaling magsalita、
		【慣用句】matamis ang dila
（がうまい）		
（がすべる）	（が滑る）	sabi(ma) nang hinai sinasadya
（をとがらす）	（を尖らす）	labi(um、an)
くちうるさくいう	口うるさくいう	mura(mag、in→murahin)
くちぐせ	口癖	ugaling sabihin
くちこみでつたえる	口込みで伝える	lipat-lipat(mag、i) sa maraming bibig
くちばし	嘴	tuka
くちびる	唇	labi
くちぶえ	口笛	sipol

（をふく）	（を吹く）	sipol(um、an→sipulan)
くちべに	口紅	lipstik
くちやくそく	口約束	pangako sa salita
くちる	朽ちる	bulok(ma)、sira(ma)
ぐちをこぼす	愚痴を溢す	ungol(um)、bulong(mag)
くつ	靴	sapatos
（ひも）	（紐）	sintas ng sapatos
（べら）	（べら）	kalsador
（みがき）	（磨き）	limpyabota
（や）	（屋）	magsasapatos
（をはく）	（を履く）	sapatos(mag)
くつう	苦痛	sakit
クッキー	クッキー	kukis
くつした	靴下	medyas
くつじょくてきな	屈辱的な	kahiya-hiya、nakahihiya
くっついている	くっついている	【形容詞】nakadikit
くっつく	くっつく	dikit(um、ma)
くっつける	くっつける	dikit(mag、i、an)
くどい	くどい	makulit、maulit
くどく	口説く	ligaw(um、mang→manligaw、an)
	句読	bantas
くに	国	bansa
くばる	配る	bigay(mang→mamigay)
くび	首	leeg
（にする）	（にする）	tiwalag(mag、i)、alis(magpa、pa＋in)
（をしめる）	（を締める）	sakal(um、in)
（をつる）	（を吊る）	bigti(mag)
くびきり	首切り	pagpapaalis、pagtitiwalag
くびわ	首輪	kuwintas、[動物用] kulgar
くふうする	工夫する	gawa(um) ng paraan
くべつする	区別する	kita(ma) or kilala(ma) or sabi(ma) ang kaibhan
くぼみ	窪み	[道路等] hukay、guwang、lubak、[ほおや目のまわり] humpak
くぼんだ	窪んだ	【形容詞】may-guwang、[形状] malukong
くま	熊	oso
くみあい	組合	samahan、asosasyon、kapisanan
くみあわせ	組み合わせ	pagsasama
くみたてる	組み立てる	buo(mag、in→buuin)、

		kabit-kabit(mag、pag＋in)
くむ	組む	［仲間と］sama(mag、pag＋in→pagsamahin)、[相手と］pareha(mag、i)
	汲む	［液体］salok(um、in→salukin)
クモ	蜘蛛	gagamba
（のす）	（の巣）	agiw
くも	雲	ulap、
くもりの	曇りの	maulap
くやしい	悔しい	［いらだち］nakayayamot、nakaiinis、[残念な］kahina-hinayang
くやむ	悔む	sisi(mag、pag＋an→pagsisihan)
くら	鞍	siya
くらい	暗い	madilim
	位	grado
クラクション	クラクション	busina
くらくなる	暗くなる	dilim(um)
クラゲ	クラゲ	dikya
くらし	暮らし	pamumuhay
クラシック	クラシック	klasik
くらす	暮す	buhay(um、mang→mamuhay)
グラス	グラス	baso
クラスメート	クラスメート	kaklase
クラブ	クラブ	klub
グラフ	グラフ	grap、talaguhitan
くらべる	比べる	hambing(mag、i)
グラマーな	グラマーな	kaakit-akit、kahali-halina
グラム	グラム	gramo
くり	栗	kastanyas
クリーニングや	クリーニング屋	laundry、palabahan
クリーム	クリーム	［色］kulay-gatas、[顔用]krim、kurema
くりかえす	繰り返す	ulit(um、mag-、in)
クリスマス	クリスマス	pasko
（イブ）	（イブ）	bisperas na pasko
（プレゼント）	（プレゼント）	aginaldo
（をすごす）	（を過ごす）	pasko(mang→mamasko)
クリップ	クリップ	ipit
くる	来る	parito(um、an→parituhan)、dating(um)
くるう	狂う	baliw(ma)、loko(ma)
グループ	グループ	grupo、lipon

くるしい	苦しい	[生活] mahirap、[呼吸] mahirapang huminga
くるしむ	苦しむ	[悩み] dusa(mag)、tiis(mag、pag＋an)、
くるしめる	苦しめる	hirap(magpa) na mabuti、hirap(pa＋an＋
		ng継詞→pahirapang) mabuti、dusa(magpa
		＋ng継詞→magparusang mabuti
くるった	狂った	baliw、ulol、【慣用句】sira ang ulo
くるぶし	踝	bukung- bukong
くるま	車	kotse
グレープフルーツ	グレープフルーツ	suha、lukban
クレジットカード	クレジットカード	kredito- kard
クレヨン	クレヨン	krayon
くろ	黒	itim
（い）	（い）	maitim
くろうする	苦労する	hirap(mag、ma＋an)
くろうと	玄人	eksperto、dalubhasa
くろくなる	黒くなる	itim(um)
くわ	鍬	asarol
くわえる	加える	dagdag(mag、i、an)
くわしい	詳しい	madetalye、masusi
くわわる	加わる	sama(um、maki)
ぐん・ぐんたい	軍・軍隊	hukbo
ぐんかん	軍艦	bapor na pandigma
くんしょう	勲章	medalya
くんせい	薫製	tinapa
くんれん	訓練	disiplin、disiplina
（する）	（する）	disiplina(um、mag、in→disiplinahin)

け

け	毛	[体の] balahibo、[髪] buhok
（をむしる）	（を毟る）	himulmul(mag、an)
げい	芸	katangian
けいえいする	経営する	bahala(mang→mamahala、pa＋an→
		pamahalaan)
けいか	経過	kaunlaran
けいかいする	警戒する	tanod(um、mag、an→tanuran)、
		bantay(mag、an)

けいかいな	軽快な	maliksi、mabilis
けいかく	計画	balak、plano
（する）	（する）	balak(um、in)
けいかん	景観	sight- sing、tanawin
	警官	pulis、【慣用句】alagad ng batas
けいき	景気	kalagyan ng hanapbuhay、 "business condition"
	刑期	taning na bilangguan
けいけん	経験	karanasan、eksperyensiya
（する）	（する）	danas(ma＋an→maranasan)
けいご	敬語	pamitagang katawagan
けいこう	傾向	hilig
けいこうとう	蛍光灯	ploresent
けいこくする	警告する	babala(mag、an、i)、bala(mag、an)
けいこする	稽古する	sanay(mag、in)、praktis(mag、in)
けいざい	経済	ekonomiya、iknomiks
（がくしゃ）	（学者）	ekonomista
（じょうきょう）	（状況）	kalagayang pang- ekonomiko
（てきな）	（的な）	［節約］matipid
けいさつ	警察	pulis
（かん）	（官）	pulis
（しょ）	（署）	puwesto ng pulis
けいさん	計算	kaluklata、pagtutuos
（する）	（する）	kalukla(mag、in→kaluklahin)、 tuos(mag、in→tuusin)
けいじ	刑事	detektib na pulis
	掲示	paunawa、patalastas
（する）	（する）	paunawa(mag、i、an)、patalastas(mag、i)
（ばん）	（板）	panpaunawang tabla
けいしき	形式	pormalidad
（てきな）	（的な）	pormal
けいしゃ	傾斜	libis
げいじゅつ	芸術	arte、kasiningan
（か）	（家）	artista
けいしょう	軽症	bahagyang sugat、hindi lubhang sugat
けいしょうする	継承する	halili(um)、sunod(um、an→sundan)、 palit(um、an)
けいぞくする	継続する	tuloy(mag、magpa、i)
けいたいよう	携帯用	bitbitin

けいと	毛糸	lana
げいにん	芸人	artista
けいば	競馬	karera ng kabayo
（じょう）	（場）	karerahan
けいはくな	軽薄な	parak
けいばつ	刑罰	parusa、parusahan
けいひ	経費	gastos
けいび	警備	pagbabantay
（いん）	（員）	guwardya
（する）	（する）	bantay(mag、an)
けいひん	景品	premyo、gantimpala
けいべつ	軽蔑	hamak、paghamak、pagdusta
（した）	（した）	【形容詞】mahamak
（する）	（する）	libak(mang→manlibak)、
		hamak(um、mang→manhamak、in→hamakin)
けいほう	警報	hudyat ng panganib
けいむしょ	刑務所	bilibid、bilangguan
けいもうする	啓蒙する	turo(mag、anturuan)
けいやく	契約	kontrata
（する）	（する）	kontrata(um、makipag、in→kontratahin)
けいようし	形容詞	pang-uli
けいりん	競輪	karera ng bisikleta
けいれき	経歴	matagumpay na buhay
けいれん	痙攣	pulikat、kalambre
（する）	（する）	pulikat(magka、in)、
		kalambre(mag、in→kalambrihin)
けいろうのひ	敬老の日	Araw ng pagrespeto
ケーキ	ケーキ	keik
ケーブル	ケーブル	kable
ゲーム	ゲーム	laro、paligsahan sa laro
けおりもの	毛織物	mga lanang kagamitan
けが	怪我	sugat
（する）	（する）	sugat(um、an)
けがす	汚す	dungis(um、an)
けがれる	汚れる	dungis(ma＋an)
けがわ	毛皮	balahibo
げき	劇	dura
（じょう）	（場）	teatro
げきどする	激怒する	galit(ma) ng labis

げきれいする	激励する	sigla（magpa、pa＋in→pasiglahin）
けさ	今朝	kaninang umaga、ngayon umaga
げざい	下剤	laksatibo、[強力] purga
けしかける	けしかける	sulsol（mag、an→sulsulan）
けしき	景色	tanawin
けしゴム	消しゴム	pambura
げしゃする	下車する	baba（um）、ibis（um）
げしゅく	下宿	nangaserahan
（にん）	（人）	nangasera
けしょう	化粧	merk-up、meykap
（する）	（する）	merk-up（mag）
（ひん）	（品）	kosmetiko
ケジラミ	毛虱	lisa
けす	消す	[字等] bura（um、mag、in→burahin）、pawi
		（um、in）、[電気・火等] patay（um、in）
げすい	下水	alunod
けずる	削る	[板] katam（mag、in）、
		[鉛筆] tasa（mag、an→tasahan）
げた	下駄	bakya
けだもの	獣	hayop
けだるい	気怠い	unsyami
けちな	けちな	kripot
ケチャップ	ケチャップ	ketsap
けちる	けちる	imot（mag-）
けつあつ	血圧	presyon ng dugo
けつい	決意	pagtitika、matibay na hangad
けつえき	血液	dugo
（がた）	（型）	uri ng dugo、tipo ng dugo
（けんさ）	（検査）	pagsusuri ng dugo
けっか	結果	kinahangganan、resulta、kinalabasan
（～の）けっかとなる	（～の）結果となる	tapos（mag）or wakas（mag）sa～
けっかく	結核	tisis
けっかん	血管	ugat
けっきょく	結局	sa kabila ng lahat
けつごう	結合	pagkakasama
（する）	（する）	sama（mag、pag＋in→pagsamahin）
げっこう	月光	liwanag ng buwan
けっこうです！	結構です！	[否定] Hindi salamat！、Di-kailangan！
けっこん	結婚	kasal、pag-aasawa、【慣用句】mahabang

		- dulang
（しき）	（式）	kasalan、pag- iisang- dibdib
（する）	（する）	kasal(magpa、ipa、i)
けっさくな	傑作な	pinakamahusay、masterpis
けっさん	決算	pagbabayad ng mga utang
けっして〜でない	けっして〜でない	hinding- hindi〜、talagang hindi〜
けっしんする	決心する	pasiya (mag、i、an→pasiyahan)
けっせきする	欠席する	liban(um、an)
けっちゃくをつける	決着をつける	tibay (magpa、pa＋in)
けってい	決定	pasiya (mag、i、an→pasiyahan)
（する）	（する）	pasiya (mag、i、an→pasiyahan)
（てき）	（的）	napakamahalaga、napakaimportante
けってん	欠点	depekto、kapintasan
けっとうする	決闘する	duwelo(mag)
げっぷ	げっぷ	dighay
	月賦	hulugan、buwan- hulog
けんぶつする	見物する	libot(mag) ng mga tanawin
けつぼう	欠乏	kasalatan
げつようび	月曜日	Lunes
けつろん	結論	pagtatapos
（をくだす）	（を下す）	tapos(mag、in)
けねんする	懸念する	gamba(mang→mangamba、ipang→ ipangamba)
げひんな	下品な	mahalay、bastos、masagwa
けぶかい	毛深い	balbon、mabalahibo
けむい	煙い	mausok、maaso
けむし	毛虫	higad、uod
けむり	煙	usok
けもの	獣	hayop
げり	下痢	diyariya
（する）	（する）	tae(mag)、sira(ma) ang tiyan
ゲリラ	ゲリラ	gerilya
ける	蹴る	sipa(um、mang→manipa、in)
けれども	けれども	【接続詞】gayuman
けわしい	険しい	matarik
けん	県	lalawigan
	券	tiket
	剣	tabak
けんい	権威	autoridad、kapangyarihan

（のある）	（のある）	dapat paniwalaan、kapani- paniwala
げんいん	原因	dahilan
けんえき	検疫	kuwarentenas
けんえつかん	検閲官	sensor
けんか	喧嘩	away
（ずきな）	（好きな）	palaaway
（する）	（する）	away(mag-、in)
げんかい	限界	takda
けんがく	見学	pag- oobserba、pagsisiyasat、pag- aaral
（する）	（する）	obserba(mag-、an→obserbahan)、siyasat(mag、in)
げんかく	幻覚	kahibangan
げんかくな	厳格な	mahigpit、mabagsik、【慣用句】matigas ang mukha
げんかん	玄関	harapan
げんき	元気	sigla
（がない）	（がない）	matamlay
（づける）	（づける）	sigla(magpa、pa＋in→pasiglahin)、lakas(pa＋in) ang loob
（な）	（な）	masigla、mabuti
けんきゅう	研究	saliksik、pagsasaliksik、pagsusuri
（しょ）	（所）	surian
（する）	（する）	saliksik(mang→manaliksik、ma) suri (mag、in)
けんきょな	謙虚な	mapagpakumbaba
げんきん	現金	kas
げんご	言語	wika、lengguwahe、salita
けんこう	健康	kalusgan
（しんだん）	（診断）	pagtsek ng kalusugan
（てきな）	（的な）	malusog
げんこう	原稿	manuskrito
けんこうこつ	肩甲骨	paypay
げんこく	原告	maysakdal、ang nagsakdal、demandante
けんさ	検査	ispekto、inspeksiyon、pagsisiyasat
（かん）	（官）	ispektor、inspektor
（する）	（する）	ispekto(mag-)、inspeksiyon(mag-、in→inspeksiyunin)、siyasat(mag、in)
げんざい	現在	kasalukuyan、ngayon
（けい）	（形）	pangkasalukuyan

けんさつかん・けんじ	検察官・検事	tagausig、piskal
げんじつ	現実	katunayan
げんしばくだん	原子爆弾	bomba-atomika
げんじゅうみん	原住民	taal
げんしょう	現象	pagbabalaghan
げんしょうする	減少する	bawas(um、ma+an)
けんじょうする	献上する	handog(mag、i)
げんしょく	原色	saligang kulay
けんせいする	牽制する	pigil(mag、in)
けんせつ・けんちく	建設・建築	konstruksiyon、pagtatayo
（か）	（家）	arkitekto
（ぎょうしゃ）	（業者）	kontratista
（する）	（する）	tayo(mag、i)
けんぜんな	健全な	malusog
げんぞうする	現像する	dibelop(mag、in→dibelupin)
げんそうてきな	幻想的な	kinikita
げんそくとして	原則として	ayon sa alituntunin
げんだい	現代	moderno、makabago
けんたいき	倦怠期	nakakapagod na panahon
けんちょな	顕著な	kapuna-puna
げんていする	限定する	turing(mag、an)
けんとうする	検討する	siyasat(mag、in)、iksamen(mag-)
げんど	限度	limitasyon、takda
けんびきょう	顕微鏡	mikroskopyo
けんぶつする	見物する	liwaliw(mag)
けんぽう	憲法	konstitusyon
（きねんび）	（記念日）	Araw ng saligang batas
げんめつ	幻滅	talugimpan
けんやくてき	倹約的	matipid
けんり	権利	karapatan
けんりょく	権力	kapangyarihan
（しゃ）	（者）	makapangyarihan

こ

ご	五	lima、singko
こい	鯉	karpa

	濃い	［液体］malapot
	恋	pag-iibig、pagmamahal
（する）	（する）	mahal(mag、in)、sinta(um、in→sintahin)、ibig(um、in)
（びと）	（人）	nobiyo[a]、irog、kasintahan
こうしん	行進	martsa
こう	香	insenso
こうい	好意	pabor、kabutihang-loob
こういしつ	更衣室	kuwartong bihisan
こううんな	幸運な	masuwerte、maligaya
こうえいな	光栄な	marangal
こうえん	公園	parke
こうえん	講演	panayam
（する）	（する）	bigay(mag) ng panayam、panayam(mag)
こうか	効果	epekto、bisa
（のある）	（のある）	【形容詞】mabisa
（のない）	（のない）	【形容詞】walang-bisa
（をはっきする）	（を発揮する）	bisa(magka)、talab(um)
こうかい	航海	lakbay-dagat、paglalayag
（する）	（する）	layag(um)
	後悔する	sisi(mag、pag+an→pagsisihan)
	公開する	tambad(mag、i)、lantad(mag、i)
こうがい	郊外	suburban、kanugnog
	公害	polusiyon
ごうかくする	合格する	pasa(um、maka)
ごうかな	豪華な	［贅沢］maluho、marangya、［壮大］malaki at maganda
こうかん	交換	pagpapalit
（する）	（する）	palit(mag、ipag、an)
（レート）	（レート）	halaga ng palitan
こうがん	睾丸	bayag
ごうかんする	強姦する	gahasa(um、mang、in)
こうきしんのつよい	好奇心の強い	mausisa
こうぎする	抗議する	tutol(um、an→tutulan)
	講義する	panayam(mag)、bigay(mag) ng panayam
こうきな	高貴な	maharlika
こうきゅうな	高級な	mataas ang uri、superyor
こうぎょう	工業	industriya
	鉱業	mineral na industriya

こうきようの	公共の	panlahat、pubulik
こうぐ	工具	kasangkapan
こうくうびん	航空便	ermeyl
こうけい	光景	panoorin
ごうけい	合計	kabuuan、suma
（する）	（する）	suma(um、mag、in→sumahin)
こうけいしゃ	後継者	kahalili
こうげきする	攻撃する	lusob(um)、salakay(um、an)
こうけつあつ	高血圧	mataas ang presyon ng dugo、
		alta-presyon
こうげん	高原	talampas
こうけんする	貢献する	ambag(um、mag-)
こうご	口語	kolokiyal na salita、
		pangkaraniwang salita
こうこう	高校	haiskul、mataas na paaralan
こうごうに	交互に	salit-salit
こうこく	広告	anunsiyo
（する）	（する）	anunsiyo(mag-、magpa、i、ipa)
こうこつじょうたい	恍惚状態	kawalang-pakirandam
こうざ	口座	akaunt
こうさいする	交際する	sama(um、maki、i)
こうさてん	交差点	krosing
こうざん	鉱山	mina
こうさんする	降参する	suko(um、i)
こうし	仔牛	guya
こうじ	工事	［道路の補修等］work、［建設］pagtatayo
こうしき	公式	pormula
こうしじょう	格子状	dama-rama
こうじつ	口実	pagpapaumanhin
こうしゅう	口臭	nakapandidiri ng higa
こうしゅうでんわ	公衆電話	pubulik na telepone
こうしょう	交渉	pag-aayos、pag-aareglo、usapan
（する）	（する）	alam(makipag-)、areglo(makipag-)
こうじょう	工場	pabrika
（ちたい）	（地帯）	kapabrikan
こうじょうする	向上する	buti(um)、galing(um)
こうしんする	更新する	bago(um、in→baguhin)
	行進する	martsa(mag)
こうしんりょう	香辛料	panrekado

こうすい	香水	pabango
こうずい	洪水	baha、［大型］dilubyo
（になる）	（になる）	baha(um)
こうせいする	構成する	tatag(mag、i)
こうせいな	公正な	katarungan
ごうせいな	豪勢な	marilag、marikit
ごうせいの	合成の	sintetiko
こうせん	光線	sinag
こうぞう	構造	anyo、kaanyuan、yari、kayarihan
こうそくする	拘束する	gapos(um、i、in→gapusin)
こうそくどうろ	高速道路	haywey、daan-bayan
こうそする	控訴する	apela(um、in→apelahin)
こうたいする	後退する	urong(um、i、pa+in→paurungin)
	交代する	halili(mag、i)
こうたくのある	光沢のある	makinang、makislap
こうちゃ	紅茶	tsaa
こうちょう	校長	prinsipal
こうつう	交通	trapiko
（じゅうたいのある）	（渋滞のある）	【形容詞】matrapiko、matrapik
こうつごうな	好都合な	napapanahon
こうていする	肯定する	tibay(magpa、pag+in、pag+an)
こうてきな	公的な	opisyal
こうでん	香典	abuloy
こうど	高度	tayog
ごうとう	強盗	holdaper、panloloob
ごうどうの	合同の	magkasama、pinagsama
こうばしい	香ばしい	malutong
こうはん	後半	huling kalahati
こうばん	交番	presinto
こうひょうする	公表する	hayag(mag、i)
こうふく	幸福	ligaya
（な）	（な）	maligaya
こうふくする	降伏する	suko(um、i)
こうぶつ	好物	paborito ng pagkain
こうふん	興奮	pagpukaw
（させる）	（させる）	pukaw(um、in)
（しやすい）	（しやすい）	madaling mapukaw、gitlahin
（する）	（する）	ekisite(ma)、pukaw(ma)
こうへいな	公平な	pare-pareho、makatarungan

ごうほうてきな	合法的な	legal、ayon sa batas
こうほうの	後方の	panlikuran
こうほしゃ	候補者	[選挙] kandidato
こうま	小馬	bisiro ng kabayo
こうまんな	高慢な	mapagmataas、mapagmalaki
ごうまんな	傲慢な	suplado[a]、palalo
こうみんかん	公民館	bulwagang pangmadla
こうむいん	公務員	puno、pinuno、opisyal
コウモリ	コウモリ	paniki
こうもん	肛門	puwit
ごうもん	拷問	labis na pagpapahirap
（する）	（する）	hirap(magpa、pa＋an) nang labis
こうりつがっこう	公立学校	paaralang- bayan
こうりつの	公立の	pambayan、～ng bayan
ごうりてきな	合理的な	makatiwaran
ごうりゅうする	合流する	sanib(mag、i)、kaisa(mag)
こうりょう	香料	palabog
こうりょする	考慮する	konsidera(mag、in→konsiderahin)
こうろんする	口論する	alit(mag-)、taltal(mag＋an)
こえ	声	boses
ごえい	護衛	bodigard
こえた	肥えた	mataba
こえる	超える	higit(ma)
コート	コート	[外套] sako
コード	コード	[電気] kurdon
コーヒー	コーヒー	kape
コーラ	コーラ	koku
コーラス	コーラス	koro
こおり	氷	yelo
こおる	凍る	yelo(mag)
コオロギ	コオロギ	kerwe
ごかいする	誤解する	kamali(mag) ng pag- unawa
ごがく	語学	lingguwistika、palawikaan
ごがつ	五月	Mayo
コガネムシ	コガネムシ	palaginto
こがらな	小柄な	maliit
ごきげんいかが？	御機嫌いかが？	Kumusta ka?
こきざみに	小刻みに	unti- unti、utay- utay
ゴキブリ	ゴキブリ	ipis

こぎって	小切手	tseke
こきゃく	顧客	kliyente
こきゅうする	呼吸する	hinga(um)
こきょう	故郷	lupang tinubuan
こぐ	漕ぐ	sagwan(um、mag、an)
こくがい	国外	ibang bansa
こくご	国語	pambansa ng wika
こくさいてき	国際的	internasyonal
こくさん	国産	lokal na produkto
こくじん	黒人	Negro[a]
こくする	濃くする	lapot(magpa、pa＋in→palaputin、an→laputan)
こくせいちょうさ	国勢調査	senso
こくせき	国籍	lahi、nasyonalidad
こくそする	告訴する	sakdal(mag、i、ipag)、demanda(mag、i)
こくないの	国内の	panariling- bansa
こくはくする	告白する	kumpisal(mag、i)
こくはつする	告発する	sakdal(mag、lipag)、demanda(mag、i)
こくばん	黒板	pisara
ごくひんの	極貧の	hikahos、napakadukha、dukhang- dukha
こくみん	国民	nakakabayan
（せい）	（性）	kabansahan
（とうひょう）	（投票）	plebisito
（の）	（の）	nasyonal、pambansa
こくもつ	穀物	butil
こくりつの	国立の	nasyonal
こけ	苔	lumot
こげちゃ	焦げ茶	ilam
コケティッシュな	コケティッシュな	kiri、makiri
こげる	焦げる	sunog(um、in→sunugin)、[狐色に] pula(um、mang→mamula)
ここ	ここ	dito
（にある）	（にある）	【形容詞】heto
（にいる）	（にいる）	【動詞】narito
（へ）	（へ）	paparito
ごご	午後	hapon
ココア	ココア	kakaw
ココナッツミルク	ココナッツミルク	gata
こころ	心	puso

（から）	（から）	buong puso
（がわり）	（変り）	bago(mag) ng isip
こころづかい	心使い	pagkabalisa、pag-aalala、pag-aalaala
こころざす	志す	ukol(mag-、i)、laan(mag、i)
こころみる	試みる	subok(um、mag、an→subukan)、
		tangka(mag、in)
ごこん	語根	【文法】ugat ng salita
ござ	ござ	banig
こさくにん	小作人	kasama
こさめ	小雨	ambon
こし	腰	baiwang
こじ	孤児	ulila
（いん）	（院）	ampunan ng mga ulila、asilo
こじき	乞食	pulubi
こじする	誇示する	rangya(magpa、ipagpa)、
		sikat(magpa、ipagpa)
こしつする	固執する	pilit(mag、pag＋an)
ゴシップ	ゴシップ	tsismis
（ずきな）	（好きな）	tsismoso[a]、【慣用句】mahaba ang dila
ごじゅう	五十	limampu、singkuwenta
こしょう	故障	sira、kasiraan
（する）	（する）	sira(ma)
	胡椒	paminta
こじん	個人	sarili
（しゅぎ）	（主義）	indibidwaliso、pagkamakasarili
（の）	（の）	pansarili、panarili
こす	越す	［越えて行く］tuwid(um、an→tuwiran)、
		bagtas(um、in)、［通り過ぎる］lampas(um、
		an)
	漉す	sala(mag、ma、in)
こする	擦る	kuskos(um)、［ごしごし］kuskos(mag、in→
		kuskusin)
こせい	個性	kasarilihan
こせこせした	こせこせした	maselang
こぜに	小銭	barya
ごぜん	午前	umaga
こたい	固体	bagay na buo at matigas
こだいの	古代の	sinauna
こたえ	答え	sagot、tugon

（る）	（る）	sagot(um、in→sagutin)
こだま	木霊	alingaw-ngaw
ごちそう	ご馳走	putahe
ごちそうさま！	ご馳走様！	Salamat sa magiliw na pagtanggap！
こちょうする	誇張する	labis(magpa、pa＋an、pa＋in)、
		laki(magpa、pa＋in→palakihin)
こつ	こつ	kasanayan、talino
こっか	国家	bansa
（てきな）	（的な）	nasyonal、pambansa
	国歌	pambansang awit
こづかい	小遣	"pocket money"、dyantor
こっき	国旗	pambansang bandila
こっきょう	国境	hanggahan
コック	コック	tagaluto、kusinero
こっけいな	滑稽な	nakakatawa
ごつごうしゅぎしゃ	御都合主義者	oportunista、mapagsamantala
こっせつする	骨折する	bali(ma、ma＋an)
こっとうひん	骨董品	antiko、abalabal
ゴッドファーザー	ゴッドファーザー	ninong
ゴッドマザー	ゴッドマザー	ninang
コップ	コップ	baso
こづつみ	小包	pakete、parsela、balutan
こていする	固定する	kabit(mag、i、an)
コテージ	コテージ	bahay-bakasyunan、amak
こどう	鼓動	［心臓］tibok ng puso
こどくな	孤独な	［寂しい］malungkot、
		［一人の］nag-iisa、mag-isa
ことし	今年	itong taon
ことなった	異なった	iba、iba-iba
ことなる	異なる	iba(magka)
ことば	言葉	salita、pagsasalita、wika、lengguwahe
（づかい）	（遣い）	prase
こども	子供	bata
（のひ）	（の日）	Araw ng mga bata
（をうむ）	（を生む）	ganak(mang→manganak)
ことわざ	諺	kasabihan
ことわる	断わる	tanggi(um、an→tanggihan)、ayaw(um、an)
こな	粉	pulbos
こなごなになる	粉々になる	durog(ma)

こにもつ	小荷物	pakete、parsela、balutan
こね	捏ね	kaugnayan
こねこ	子猫	kuting
こねる	捏ねる	masa(mag、in→masahin)
この	この	nito
このあいだ	この間	noon isang beses
このごろ	この頃	kamakailan、kailan man
このましい	好ましい	kanais- nais、kaibig- ibig
このみ	好み	paborito
このむ	好む	【助動詞】gusto、ibig、nais 【動詞】gusto (magka、in→gustuhin)、ibig(um、in)、nais (mag、in)
このように	この様に	ganito
こばむ	拒む	tanggi(um、an→tanggihan)、ayaw(um、an)
ごはん	御飯	kanin
（をたく）	（を炊く）	kanin(mag)、sain(mag)
こびと	小人	duwende
こぶ	瘤	bukol
こふうな	古風な	laos
ごふくや	呉服屋	almasen
ごぶごぶの	五分五分の	hati、tigkalahati
こぶし	拳	kamao
こぶた	小豚	biik
こぶね	小舟	bangka
コブラ	コブラ	ulupong
こぶん	子分	tagasunod
こぼす	溢す	ligwak(um、ma、i)
こま	駒	turumpo
ごま	胡麻	linga
コマーシャル	コマーシャル	komersiyal、paalala
こまかい	細かい	[髪や肌] pino、[小さい] maliit
ごまかす	誤魔化す	[嘘] sinungaling(mag)、[取り繕う] takip(pag＋an→pagtakpan)
こまぎれにする	細切れにする	tadtad(um、mag、in→tadtarin)
こまく	鼓膜	salamin ng tenga
ごますり	胡麻すり	bola- bola、manghihibo
ごまする	胡麻する	bola(mang、in→bolahin)、hibo(um、mang)
こまった	困った	【形容詞】lito、nalilito
こまらせる	困らせる	lito(um、maka、in→lituhin)、

		taranta(um、maka、in→tarantahin)
こまる	困る	lito(ma)
ゴミ	ゴミ	basura、[目に入った] puwing
（ばこ）	（箱）	basurahan
こみあう	混み合う	sikip(um、mag、pag＋in)、puno(ma、in→
		punuin)、[大変に]【慣用句】di
		- mahulugang karayom
コミック	コミック	komika
コミュニティ	コミュニティ	komunidad
ゴム	ゴム	goma
（わ）	（輪）	lastiko
こむぎ	小麦	trigo
（こ）	（粉）	arina
こめ	米	bigas
（や）	（屋）	magbibigas
こめかみ	こめかみ	sintido、pilipisan
コメディ	コメディ	komedya
コメディアン	コメディアン	komedian
こめる	込める	[弾] bala(mag)、[含める] sama(mapa、i)
こもり	子守り	yaya、tagapag- alaga ng bata
（うた）	（歌）	awit na pang- alo、oyayi
こもん	顧問	tagapayo
こや	小屋	kubo
こゆうの	固有の	katutubo
こゆび	小指	kalingkingan、hinliliit
こようけいやくしょ	雇用契約書	kasunduan sa pag- empleyo
こらえる	堪える	tiis(maka)
ごらく	娯楽	libangan、pag- aaliw、aliwan
こらしめる	懲らしめる	parusa(mag、an→parusahan)
こりごり	懲り懲り	punung- puno
こりしょうの	凝り性の	iisa ang iniisip
こりつする	孤立する	hiwalay(mapa、i)、bukod(mapa、i)
こる	凝る	[熱中] buhos na buhos ang isip
コルク	コルク	tapon
コルセット	コルセット	kurset
これ	これ	ito
これから	これから	mula ngayon
これによって	これによって	sa bisa nito
コレラ	コレラ	kolera

これら	これら	mga ito
(～)ごろ	(～)頃	mga～：～に日付、時間等を入れる
ころがす	転がす	gulong(mag)
ころがる	転がる	gulong(um)
ころす	殺す	patay(um、in)
ころぶ	転ぶ	tumba(um、ma)、buwal(um、ma)
こわい	恐い	nakatatakot、[非常に] takot-takot
こわがらせる	恐がらせる	sindak(um、in)
こわがりやの	恐がりやの	matatakutin
こわがる	恐がる	takot(ma)
こわす	壊す	sira(um、in)、pinsala(um、in)、
		[粉々に] durog(um、in→durugin)
こわれた	壊れた	sira
こわれる	壊れる	sira(ma)、[粉々に] durog(ma)、basag(ma)
こんき	根気	tiyaga、pagtitiyaga
こんきょのある	根拠のある	may-katwiran、makatwiran
コンクール	コンクール	patimpalak
コンクリート	コンクリート	konkreto
こんけつ	混血	mestiso[a]
こんげつ	今月	itong buwan
こんげん	根源	pinagmulan
こんごうした	混合した	【形容詞】tambalan
コンサート	コンサート	konsiyerto
こんざつする	混雑する	sikip(um、mag、pag+in)、
		puno(ma、in→punuin)
こんしゅう	今週	itong linggo
こんじょうのある	根性のある	matigas ng loob、matibay ng loob
こんぜつする	根絶する	lipol(um、an、in→lipulin)、puksa(um、in)
こんだて	献立	menu、taraan ng mga putahe
こんちゅう	昆虫	kulisap
コンテスト	コンテスト	kontesta、timpalak
こんど	今度	sa susunod na pagkakataon
コントロール	コントロール	kontrol
こんとんとした	混沌とした	magulo
こんなん	困難	kahirapan
こんにちは！	今日は！	[午後のみ] Magandang hapon！
		[日中いつでも] Magandang araw！
こんばんは！	今晩は！	Magandang gabi！
こんぼう	棍棒	pambambu、pamugbog

こんぽんてきな	根本的な	pabatayan
コンマ	コンマ	koma、kuwit
こんやく	婚約	pangako sa kasal
（しゃ）	（者）	nobyo[a]
こんらん	混乱	gulumihan
（した）	（した）	magulo、[考え] magulo ang kaisipan
（する）	（する）	gulo(um、maka)
こんろ	こんろ	kalan

さ

さ	差	diperensya、labis
サーチライト	サーチライト	sulong
サービス	サービス	serbisyo、paglilingkod
（する）	（する）	silbi(mag、an→silbihan)、lingkod(mag、pag ＋an→paglingkuran)
さいがい	災害	sakuna
さいかいする	再会する	kita(ma) uli
さいきん	最近	kamakailan、kailan lamang
	細菌	mikrobyo
さいけつする	採決する	boto(um、an→botuan)
さいけんする	再建する	muling tatag(mag)、muling tayo(i)
さいげんする	再現する	muling litaw(um)
さいご	最後	ang wakas
（の）	（の）	wakas
（まで）	（まで）	hanggang sa wakas
さいこうさいばんしょ	最高裁判所	Korte Suprema
さいこうの	最高の	pinakmataas、higit sa lahat
ざいさん	財産	ari、pag-aari、ari-arian
さいじつ	祭日	pista-opisyal
さいしゅうする	採集する	ipon(mag-、in→ipunin)、tipon(mag、in→tipunin)
さいしゅうの	最終の	ultimo、pinakahuli、pinal
さいしょの	最初の	una
さいしょうの	最小の	pinakamaliit
さいしんの	最新の	pinakabago
サイズ	サイズ	sukat

ざいせい	財政	palasalapi、gugulan
さいそくする	催促する	mahigpit na rekomenda(i)
さいだいの	最大の	pinakamalaki
さいちょうの	最長の	pinakamahaba
さいていの	最低の	pinakamababa
さいてんする	採点する	iskor(mag-、an)、tala(mag) ng iskor
さいなん	災難	sakuna、kalamidad
さいのうがある	才能がある	marunong
さいばいする	栽培する	tanim(mag、i、an→tanman)
ざいばつ	財閥	pananalaping pangkat or grupo
さいはつする	再発する	ulit(um)、balik(um、mag)
さいばん	裁判	litis、paglilitis、paghatol、paghuhukom
（かん）	（官）	hukom、huwes
（しょ）	（所）	hukuman、husgado
さいふ	財布	pitaka、walet
さいぶ	細部	bahagi
さいぼう	細胞	selula
さいほうする	裁縫する	tahi(um、mang→manahi、i、in)
さいみんじゅつ	催眠術	hipnotismo
ざいりょう	材料	materyales
サイレン	サイレン	sirena
サイン	サイン	pirma、lagda
さえない	冴えない	[色・光等] mapanglaw
（～）さえも	（～）さえも	bukod sa～、maliban sa～
さえる	冴える	maging matalino
さお	竿	[竹等] tikin
さか	坂	dahilig、talibis
さかい	境	hangganan
さかえた	栄えた	【形容詞】malago、mayabong、masagana
さかえる	栄える	lago(um)、yabong(um)、sagana(um)
さかさまの	逆さまの	baliktad、nakabaligtad、pabaligtad、
		taob、nakataob
さがす	探す	hanap(um、mag、i、in、an)、
		[手探りで] kapa(um、in)
さかな	魚	isda
（や）	（屋）	mag-iisda
	肴	pulutan
さかば	酒場	bar、kantina
さからう	逆らう	laban(um、an)

さがる	下がる	［後ろに］urong(um)
さき	先	［尖った］tulis、［端］dulo
サギ	鷺	tikling
さぎ	詐欺	daya
（し）	（師）	praude
さきに	先に	muna
（する）	（する）	una(ma)
さぎょう	作業	gawahin
（ば）	（場）	gawaan
さく	咲く	bulaklak(mang→mamulaklak)
	柵	bakod
さくいてきな	作意的な	sadya、sinasadya、kusa、kinukusa
さくいん	索引	indeks
さくしゃ	作者	may-akda
さくしゅする	搾取する	samantala(mag、pag+an→pagsamantalahan)
さくじょする	削除する	alis(mag-、in)
さくせん	作戦	pagpapaandar
さくばん	昨晩	kagabi
さくもつ	作物	mga tanim、pananim
さくら	桜	puno ng seresa
サクランボ	サクランボ	seresa
さぐる	探る	hanap(mag、in)、kapa(um、in)
サケ	鮭	salmon
さけ	酒	alak
さけぶ	叫ぶ	sigaw(um、an)
さける	避ける	iwas(um、an)、ilag(um、an)
さげる	下げる	baba(mag、i)
さこつ	鎖骨	babagat
ささいなこと	些細な事	maliit na bagay
ささえる	支える	［重い物］tukod(mag、an→tukuran)、alalay(um、mag-、an)、［家族を］tustos(mag、an→tustusan)
ささげる	捧げる	handog(mag、i、an→handugan)、alay(mag-、i、an)
ささやく	囁く	bulong(um、i)
ささる	刺さる	tusok(ma)
さじ	匙	kutsara、［小型］kutsarita
さしおさえる	差し押さえる	kamkam(mang→mangamkam、in)
さしこむ	差し込む	［間に］singit(mag、i)、

		［鍵等］pasok(mag､i)、suksok(mag､i)、
		［内部に］loob(magpa､ipa)
さしずする	指図する	utos(mag-､an→utusan)、atas(mag-､an)
さしせまった	差し迫った	【形容詞】nagbabala
さす	指す	［指で］turo(mag､i)、himatong(mag､i)
	刺す	saksak(um､in)
さずける	授ける	［物を］bigay(mag､i､an→bigyan)
ざせつする	挫折する	bigo(um､ma､in→biguin)
さそう	誘う	anyaya(mag-､an→anyayahan)
サソリ	サソリ	alakdan
さだめる	定める	tatag(mag､i)
さつ	札	papel ng pera
	冊	sipi
さつえいする	撮影する	［写真］kuha(um) ng retrato、kuha(in+
		kunin) ang retrato、［映画］pelikula(isa)
ざつおん	雑音	ingay
さっか	作家	manunulat
ざっか	雑貨	miselanes、sari-sari
（や）	（屋）	sari-sari-istor
さっかく	錯覚	guniguni
さっき	さっき	kanina
さっきょく	作曲	pagkatha ng tugtugin or musika
（か）	（家）	kompositor
（する）	（する）	katha(um) ng tugtugin or musika
ざっし	雑誌	magasin
さつじん	殺人	pagpaslang
（しゃ）	（者）	mamamatay-tao
ざっそう	雑草	damo
さっそく	早速	agad、kaagad
さっちゅうざい	殺虫剤	pamatay-kulisap
ざっとう	雑踏	pagsisikip
サツマイモ	薩摩芋	kamote
サディスティックな	サディスティックな	sadistika
サディスト	サディスト	sadista
さとう	砂糖	asukal
サトウキビ	サトウキビ	tubo
さなぎ	蛹	higad
サナダむし	サナダ虫	ulyabid
サバ	鯖	tanggigi

さばく	砂漠	disyerto、ilang
さび	錆	kalawang
（ている）	（ている）	makalawang
さびしい	淋しい	[気持] malungkot、[場所・表情] mapanglaw、[飾りなどが] malumbay、[顔]【慣用句】mukhang-Biyernes Santo
サファィア	サファィア	sapiro
ざぶとん	座布団	almuwada
さべつ	差別	pagtatangi-tangi
（する）	（する）	tanggi(mag、i)
（てきな）	（的な）	mapagtangi、magtatangi
サボタージュ	サボタージュ	sabotahe、pamiminsala
サボテン	サボテン	kaktus、hagdambato
さぼる	さぼる	tamad(mag、in→tamarin)
さまざま	様々	iba-iba、sari-sari
さます	冷ます	lamig(magpa、pa＋in)
さまたげる	妨げる	hadlang(um、an)、harang(um、an)
さまよう	さ迷う	gala(um、mag)、libot(um、mag、i)、libut-libot(um、magpa)、lakad-lakad(um、magpa)
さみしい	さみしい	malungkot
さむい	寒い	maginaw
さむくなる	寒くなる	maging maginaw
サメ	鮫	pating
さめる	冷める	lamig(um)
サヤエンドウ	サヤエンドウ	sitsaro
さよう	作用	pagkilos
さよなら！	さよなら！	Adiyos！、Paalam！
さら	皿	plato、[小さい] platito、[盛付用] bandehado
ざらざらした	ざらざらした	magaspang、maligasgas
さらす	晒す	[危険に] lantad(um、mag、i)、[太陽に] bilad(mag、i)、[熱・火等に] darang(mag、i)
サラダ	サラダ	ensalada
さらに	更に	dagdag pa 例：更に沢山 marami pa
サル	猿	unggoy
さる	去る	alis(um、in)
さわぎ	騒ぎ	abala、gambala
さわぐ	騒ぐ	ingay(um、mag-、pa＋in)

さわやかな	爽やかな	presko
さわる	触る	hipo(um、in→hipuin)
さん	三	tatlo、tres
さんかく	三角	triyanggulo
さんかする	参加する	sari(um、maki)、lahok(um、maki)
さんがつ	三月	Marso
さんぎょう	産業	industriya
ざんぎょう	残業	obertaim
（する）	（する）	obertaim(mag-)
ざんげ	懺悔	kumpisal、pagkukumpisal
サンゴ	珊瑚	sagay、gasang
さんこう	参考	reperensya、tukoy
（しょ）	（書）	aklat na sanggunian
（になる）	（になる）	may itinituro
ざんこくな	残酷な	malupit
さんじゅう	三十	tatlumpu、treinta
さんじゅうの	三重の	tatlong- sapin
さんすう	算数	artimetika
さんせいする	賛成する	payag(um、an)、sang-ayon(um)
さんそ	酸素	oksiheno
サンダル	サンダル	sandalyas
さんち	産地	lugar ng paggawa
さんちょう	山頂	tugatog、taluktok
さんとう	三等	tersera- klase
ざんねん！	残念！	Sayang！
さんばい	三倍	tatlong ibayo
さんばし	桟橋	piyer
さんぱつする	散髪する	gupit(magpa、pa)
さんびか	讃美歌	imno、himno
さんふじんか	産婦人科	hinekologo
さんぷする	散布する	sabog(mag、i、an→sabugan、pa＋in→pasabugin)
さんぶんのいち	1／3	isang katlo
さんぽする	散歩する	pasyal(mag、mang→mamasyal)
さんみゃく	山脈	kabundukan
さんらんする	産卵する	itlog(um、mang)

し

し	死	pagkamatay、kamatayan
	氏	ginoon
	市	siyudad
	詩	tula
	四	apat、kuwatlo
じ	字	titik
	痔	almoranas
しあい	試合	game、laban、labanan
しあわせ	幸せ	ligaya、kaligayahan
（な）	（な）	maligaya
（になる）	（になる）	ligaya(um)
しいくする	飼育する	amo(magpa)
じいさん	爺さん	lolo
シーツ	シーツ	sapin
ジーパン	ジーパン	maong
しいる	強いる	pilit(magpa、i)、giit(magpa、i)
しいん	子音	katinig、konsonante
じえい	自衛	pagtatanggol sa sarili
（する）	（する）	tanggol(mag、ipag) sa sarili
ジェスチャー	ジェスチャー	amba、aster
しお	塩	asin
（からい）	（からい）	maalat
しおから	塩辛	bagoon
しおくりする	仕送する	dala(magpa、ipa) ng pera
しおれる	萎れる	lanta(ma)
しか	鹿	uso
（～）しか	（～）しか	【副詞】～lang、～lamang
しかい	歯科医	dentista
しかいする	司会する	pangulo(mang→mangulo、an→panguluhan)、puno(mang→mamuno、pa＋an→pamunuan)
しかえしする	仕返しする	higanti(mag、ipag)
しかく	四角	parisukat
	資格	katangian
（のある）	（のある）	karapat-dapat
しかし	しかし	pero、ngunit、subalit
しかしながら	しかしながら	gayunman、gayon pa man
じかせいの	自家製の	yaring sarili
しかた	仕方	paraan

（がない）	（がない）	walang magagawa
しがつ	四月	Abril
しがみつく	しがみつく	kapit(um、mag、i、an)
しかめる	しかめる	simangot(um、an→simangutan)
じかようしゃ	自家用車	pribadong kotse、pansariling kotse
しかる	叱る	mura(mag、in)、sisi(mang→manisi)
じかん	時間	oras
（がかかる）	（がかかる）	tagal(mag)、lawig(um)
（たい）	（帯）	sona ng oras
（ぴったりに）	（ぴったりに）	tamang-tama sa oras
しがんする	志願する	kusa(mag、in)
しき	式	seremonya
じき	磁気	magnetismo
しきかん	指揮官	komandante
しきする	指揮する	utos(mag-、i、an→utusan)
しききん	敷金	nakakadeposito na salapi
しきべつりょく	識別力	diskriminasyon
しきもう	色盲	kulay-bulag
しきゅう	子宮	bahay-bata
しきゅうの	至急の	madalian
じぎょう	事業	proyekto
しきん	資金	puhunan
ジグザグの	ジグザグの	pakilu-kilo
しけい	死刑	parusang kamatayan、pagbitay
しげき	刺激	pagpapasigla
（する）	（する）	pukaw(um、in)、sigla(magpa、pa＋in→ pasiglahin)
（てきな）	（的な）	nakapupukaw、nakagugulo、estimulante
しけん	試験	test、iksamen
（する）	（する）	iksamen(um、in→iksaminin)、sulit(um、in)
じけん	事件	pangyayari
じこ	事故	aksidente、disgrasiya
じごく	地獄	impiyerno
しごと	仕事	trabaho、gawa
（ば）	（場）	gawaan
（をする）	（をする）	trabaho(mag、in→trabahuin)、 gawa(um、in→gawin)
じこまんぞくな	自己満足な	nasisiyahan sa sarili
じさ	時差	pagkakaibang oras

じさつする	自殺する	kamatay(magpa)、tiwakal(magpa)、[毒で] lason(mag)
しじ	指示	pag-uutos、indikasyon
（する）	（する）	utos(mag-、an→utusan)、atas(mag-、an)
	支持する	tangkilik(um、in)、taguyod(mag、i)
じじつ	事実	katotohanan、katunayan
シジミ	シジミ	tulya
ししゃ	使者	mensahero
じしゃく	磁石	batu-balani
ししゅう	詩集	antolohiya
ししゅうをする	刺繍をする	burda(mag、an→burdahan)
じしゅくする	自粛する	pigil(mag、i) sa sarili
ししゅつする	支出する	gastos(um、in→gastusin)
じしゅてきに	自主的に	kusang-loob、kusa
ししゅんき	思春期	[男] pagbibinata、[女] pagdadalaga
じしょ	辞書	diksiyonario
じじょ	次女	pangalawang anak na babae
じじょう	事情	sirkumstansiya
ししょくする	試食する	tikim(um、an→tikman)
じしょくする	辞職する	bitiw(mag) sa tungkulin、bitiw(an) ang tungkulin、retiro(un、mag)
しじん	詩人	makata
じしん	自身	sarili、mismo
	地震	lindol
じしんがある	自信がある	may-tiwala
しずく	滴	patak
システム	システム	sistema
しずむ	沈む	lubog(um)、baba(um)
しずめる	沈める	lubog(magpa、in→lubugin)
しせい	姿勢	pustura
しせいじ	私生児	bastardo
しせき	歯石	tartar
しせつ	施設	institusyon
しぜん	自然	kalikasan
（の）	（の）	natural、likas
じぜんじぎょう	慈善事業	kawanggawa
しそう	思想	idea、hinula
しそん	子孫	angkang-sunod
した	舌	dila

	下	baba
（に）（へ）	（に）（へ）	［机等の］sa ilalim、［方向］sa baba
シダ	羊歯	pako
したい	死体	bangkay
（～）したい	（～）したい	gusto kong gawin～
（～）しだい	（～）次第	［直ぐに］sa sandali、［任せる］bahala～
じだい	時代	panahon
じたいする	辞退する	ayaw(um、an)
したう	慕う	sabik(mang→manabik)
したがう	従う	sunod(um、in→sundin)
（～に）したがって	（～に）従って	【接続詞】ayon sa～、alinsunod sa～
したぎ	下着	kalsunsilyo、damit na panloob
したくする	仕度する	handa(mag、i)、［食事の］hain(mag、i)
したくちびる	下唇	nguso
したしい	親しい	matalik
したじきになる	下敷になる	dagan(ma＋an)
したしくなる	親しくなる	talik(um)
したたる	滴る	patak-patak(um)、tulo(um)
したてや	仕立て屋	sastre
したばら	下腹	tiyan
しち	七	pito、siete
	質	sangla、piyon
（にいれる）	（に入れる）	sangla(mag、i)
（や）	（屋）	bahay-sanglaan、pawn-shop
じち	自治	panariling-pamahalaan
しちゃくする	試着する	sukat(mag、i、in)
しちょう	市長	alkalde、mayor
しつ	質	uri、［品質］kalidad
じっかんする	実感する	tanto(ma、mapag、in→tantuin)、unawa (um、ma＋an、in)
しつぎょう	失業	disempleo
（しゃ）	（者）	pagkawala ng trabaho or hanapbuhay
（する）	（する）	kawala(mag) ng trabaho or hanapbuhay
じつぎょうか	実業家	negosyante、komersyante
しつけ	躾	disiplina
じっけん	実験	pagsubok、eksperimento
（しつ）	（室）	laboratoryo
（する）	（する）	subok(um、in→subukin)、eksperimento(mag-)
じつげんする	実現する	tupad(ma、in→tuparin)、ganap(ma、in)、

		katotoo(mag)
しつこい	しつこい	maklit
しっこうする	執行する	[死刑] bitay(um、in)
しっこうゆうよ	執行猶予	probation
じっこう・じっし	実行・実施	pagtupad、pagsasagawa、pagganap
（する）	（する）	tupad(um、in→tuparin)、sagawa(mag、i)、
		ganap(um、in)、[強調] tupad(magpa、ipa)、
		ganap(magpa、ipa)
じっこうりょくのある	実行力のある	mapanupad
しっしん	失神	himatay
（する）	（する）	himatay(um、in)
しっそな	質素な	lisding
しったかぶりをする	知ったか振りをする	kunwari(mag) ng malaman
しっている	知っている	[事] alam(ma＋an→malaman)、[人]
		kilala(ma、in→kilalanin)、【形容詞】
		alam、maalam、
しっと	嫉妬	selos
（する）	（する）	selos(mag)
（ぶかい）	（深い）	seloso[a]
じつは	実は	sa katunayan
ジッパー	ジッパー	siper
しっぱいする	失敗する	bagsak(um、ma)、lagpak(um、ma)
しっぷする	湿布する	tapal(an) na pomento
しっぽ	尻尾	buntot
しつぼうする	失望する	bigo(um、ma、in→biguin)
しつもんする	質問する	tanong(mag、in→tanungin)
じつようてき	実用的	mapakikinabangan
じつりょくのある	実力のある	dalubhasa、esperto、eksperto
しつれいな	失礼な	bastos
しつれん	失恋	bigo or sawi sa pag-ibig
していする	指定する	takda(mag、i)
していせき	指定席	nakataang or reserbadong upuan
（〜）していらい	（〜）して以来	mula nang〜
（〜）しているあいだ	（〜）している間	samantala〜、habang〜
してきする	指摘する	turo(mag、i)
してきな	私的な	pripado、pansarili
してん	支店	sangay
じてんしゃ	自転車	bisikleta
しどう	指導	pagpuno、pag-aakay、[精神的] pagpatnubay

（しゃ）	（者）	lider、konduktor、puno
（する）	（する）	puno(mang→mamuno、pa＋an→pamunuan)、
		akay(um、in)、[精神的] patnubay(um、an)
じどうし	自動詞	katawanin
じどうしゃ	自動車	kotse、auto
じどうてき	自動的	automatiko、otomatiko
じどうはんばいき	自動販売機	bendo- mashin
しなければならない	しなければならない	【助動詞】 kailangan、dapat
しなびる	萎びる	lanta(ma、maka、in→lantahin)
しなもの	品物	bagay
じなん	次男	pangalawang anak na lalaki
しぬ	死ぬ	patay(mang→mamatay)
じぬし	地主	kasero[a]、may- ari ng lupa
しば	芝	lupang- damuhan
しばい	芝居	tanghal、dula、drama
しはい	支配	pamamahala、pangangasiwa
（する）	（する）	pangyari(maka)、bahala(mang→mamahala、
		pa＋an→pamahalaan)
（にん）	（人）	tagapangasiwa
しばしば	しばしば	kalimit、malimit
じはつてき	自発的	kusa、kusang- loob
（にする）	（にする）	kusa(mag)
しはらい	支払い	kabayaran
しはらう	支払う	bayad(mag、ipag、an→bayaran)
しばらく	暫く	[長い間] matagal na panahon、
（して）・（すれば）	（して）・（すれば）	mamaya、[まもなく] mayamaya
（は）	（は）	pansamantala
しばる	縛る	tali(mag、i、an→talihan)、
		[手足を] gapos(i、in→gapusin)
じひぶかい	慈悲深い	makatao
じびょう	持病	talamak
しびれた	痺れた	【形容詞】 manhid
しびれる	痺れる	ngawit(ma)、manhid(magpa、pa＋in→
		pamanhirin)
しびん	尿瓶	arinora
しぶい	渋い	mapait
しぶき	飛沫	tilamsik、wisik
じぶん	自分	sarili
（かってな）	（勝手な）	makasarili、sakim、masakim、maramot

（じしん）	（自身）	akomismo
しぼう	脂肪	taba
しぼうする	死亡する	patay(mang→mamatay)
	志望する	nais(mag、in)、gusto(um、in→gustuhin)
しぼる	絞る	pisil(um、in)
しほん	資本	puhunan
しま	島	pulo、isla
	縞	stolipe、guhit
（じょうの）	（状の）	guhitan
シマアジ	縞鰺	talakitok
しまい	姉妹	kapatid na babae
しまった	締まった	［ロープ等］maigting、［筋肉等］matibay
しまった！	しまった！	Naku！
しまる	閉まる	sara(um、ma)
しまっている	閉まっている	【形容詞】sarado、nakakasarado
じまんする	自慢する	malaki(mag)
しみ	染み	mantsa、lahid
しみだす	滲み出す	daloy(um)
しみる	染みる	tagos(um、an→tagusan)、
		［傷が］【形容詞】mahapdi
しみん	市民	mamamayan
（けん）	（権）	pagkamamamayan
じむ	事務	mga trabahong pang-opisina
（いん）	（員）	klerk、eskribyente
（しょ）	（所）	opisina、opis
しめい	氏名	buong pangalan
しめいする	指名する	hirang(um、in)
しめす	示す	［見せる］kita(magpa、ipa、an)、
		［指し示す］turo(mag、i)
しめだす	締め出す	sara、sara(pag＋an→pagsarahan)
しめった	湿った	basa-basa、halumigmig
しめる	占める	okupa(um、an→okupahan)、saklaw(um、in)
	締める	higpit(mag、i)
	閉める	［ドア等］sara(mag、i、an→sarhan)、
		［蓋等］lapat(mag、i)
	絞める	sakal(um、in)、bigti(um、in→bigtihin)
じめん	地面	lupa
しもん	指紋	tatak na daliri
しゃいん	社員	empleado[a]、empleyado[a]

（りょこう）	（旅行）	taunang paglalakbay
しゃかい	社会	lipunan、sosyedad
（がく）	（学）	sosyalohiya
（しゅぎ）	（主義）	sosyalismo
（てき）	（的）	sosyal、panlipunan
ジャガイモ	馬鈴薯	patatas
しゃがむ	しゃがむ	tingkayat(um、mang→maningkayat)
しやくしょ	市役所	munisipio
じゃぐち	蛇口	gripo
しゃくほうする	釈放する	laya(magpa、pa＋in)
しゃくようしょ	借用書	bono ng utang
しゃげきする	射撃する	baril(um、ma、maka、in)
しゃこ	車庫	garahe
しゃこうてき	社交的	sosyal
しゃざいする	謝罪する	hingi(um) ng tawad
しゃしょう	車掌	konduktor
しゃしん	写真	retrato、pikture
（か）	（家）	retratista、potograpo
（をとる）	（を撮る）	retrato(mag、i、in→retratuhin)、pikture (mag、i)、kuha(um、in→kunin) ng retrato
ジャズ	ジャズ	diyas
しゃせいする	写生する	dibuho(um、mag、i)
しゃちょう	社長	presidente ng kompaniya
シャツ	シャツ	baro
しゃっきん	借金	utang
（する）	（する）	utang(um、in、an)
ジャックフルーツ	ジャックフルーツ	langka
しゃっくり	吃逆	sinok
シャッターをきる	シャッターを切る	pindot(mag、i)
しゃぶる	しゃぶる	sipsip(um、in)、supsop(um、in→supsupin)
しゃべる	喋る	salita(mag、in)、sabi(mag、in→sabihin)
シャベル	シャベル	pala
じゃま	邪魔	pag-abala、paggambala
（する）	（する）	abala(um、mang、in→abalahin)、 gambala(um、in)
（もの）	（者）	balakid
ジャム	ジャム	halea
しゃめん	斜面	salupa、paraw
しゃもじ	杓文字	sandok

じゃり	砂利	graba
しゃりん	車輪	gulong
しゃれ	洒落	biro、sisti
シャワー	シャワー	ligo
（ルーム）	（ルーム）	banyo、paliguan
（をあびる）	（を浴びる）	ligo(ma→maligo)
ジャングル	ジャングル	gubat、kagubatan
ジャンパー	ジャンパー	diyaket
ジャンプ	ジャンプ	lukso、paglukso、lundag、paglundag
シャンペン	シャンペン	tsampen
しゅう	週	linggo
じゅう	十	sampu、dyes
	銃	baril
（をうつ）	（を撃つ）	baril(um、in)
じゆう	自由	kalayaan
（な）	（な）	malaya
じゅうい	獣医	beterinaryo
じゅういち	十一	labing isa、onse
じゅういちがつ	十一月	Nobyembre
じゅういちじ	十一時	alas onse
しゅうかい	集会	pagtatagpo
しゅうかく	収穫	ani
（き）	（期）	anihan
（する）	（する）	ani(um、mag-、in→anihin)
じゅうがつ	十月	Oktubre
しゅうかん	習慣	gawi、ugali
（てきな）	（的な）	pangkaugalian
しゅうかんの	週間の	lingguhan
しゅうき	周期	siklo、ikot
しゅうぎ	祝儀	pabuya
じゅうきょ	住居	tahanan
しゅうきょう	宗教	relihiyo
じゅうぎょういん	従業員	empleyado[a]、empleado[a]
しゅうきんにん	集金人	kubrador
じゅうく	十九	labing- siyam、disinuwebe
しゅうげきする	襲撃する	salakay(um、in)
じゅうご	十五	labing- lima、kinse
しゅうごうする	集合する	katipunan(mag)
しゅうさい	秀才	kadalubhasaan、likas na kakayahan

じゅうさん	十三	labing- tatlo、trese
じゅうし	十四	labing- apat、katorse
じゅうじ	十時	alas dyes
じゅうじか	十字架	kurus、krus
しゅうしゅう	収集	pag- iipon、pag- titipon
（か）	（家）	kolektor、palaipon
（する）	（する）	ipon(mag-、in→ipunin)、
		tipon(mag、in→tipunin)
じゅうじゅんな	従順な	masunurin
じゅうしょ	住所	adres
じゅうしょう	重傷	lubha、malala
しゅうしょくご	修飾語	panturing、panuring
しゅうしょくする	就職する	kuha(um) ng trabaho or hanapbuhay
		kamit(mag、ma) ng trabaho or hanapbuhay
しゅうじん	囚人	preso、bilanggo
しゅうせい	修正	susog、rebisyon
（する）	（する）	susog(um、an→susugan)、wasto(mag、i)
	習性	ugali、asal
しゅうぜんする	修繕する	kumpuni(mag、in→kumpunihin)、
		sulsi(mag、an→sulsihan)
じゅうたい	渋滞	trapiko
（する）	（する）	trapiko(ma)
じゅうだいな	重大な	matindi、importante、lubha
じゅうたん	絨毯	karpet、alpombra
しゅうちしん	羞恥心	pagkamahiyahin
しゅうちゅうする	集中する	tipon(mag、in→tipunin)、
		sama- sama(mag、i)
しゅうてん	終点	terminal、hanggahan
じゅうてん	重点	diin、pagpapahalaga
しゅうと	舅	biyanang-lalaki
しゅうどういん	修道院	monasteryo
しゅうとくする	習得する	tuto(ma、ma＋an→matutuan)
しゅうとめ	姑	biyanang-babae
じゅうに	十二	labing dalawa、dose
じゅうにがつ	十二月	Disyembre
じゅうにじ	十二時	alas dose
じゅうにしちょう	十二指腸	duwodeno
しゅうにゅう	収入	kita、kinikita
じゅうねん	十年	sampung taon、dekada

しゅうねんぶかい	執念深い	mapaghiganti
じゅうはち	十八	labing-walo、disiotso
じゅうはちばん	十八番	pinakapalalo
じゅうぶんな	十分な	husto na、sapat
しゅうぶんのひ	秋分の日	Araw ng taglagas
しゅうまつ	週末	Sabado at Linggo、pagtatapos ng linggo
じゅうまん	十万	sangyuta、siyento mil
じゅうみん	住民	naninirahan
じゅうやく	重役	direktor ng kompaniya
じゅうような	重要な	importante、mahalaga
しゅうり	修理	pagsasaayos、pagkukumpuni
（こう）	（工）	mekaniko
（こうじょう）	（工場）	talyer
（する）	（する）	ayos(i) ang mga sira、ayos(mag-) ng mga sira、kumpuni(mag、in→kumpunihin)
しゅうりょうする	終了する	tapos(mag、in→tapusin)
じゅうりょく	重力	bunto ng bigat
じゅうろく	十六	labing-anim、disiseis
じゅえき	樹液	dagta、katas
しゅかく	主格	palagyo
しゅぎ	主義	doktrina、prinsipyo
じゅぎょう	授業	liksyon
（りょう）	（料）	matrikula
じゅくご	熟語	idyum、idyoma、kawikaan
じゅくこうする	熟考する	isip-isip(mag)、limi(mag、in)
じゅくした	熟した	［実など］hinog
しゅくしゃく	縮尺	iskala、eskala、proporsiyon
しゅくしょうする	縮小する	bawas(mag、an)
じゅくする	熟する	hinog(ma)
しゅくだい	宿題	gawaing bahay、asignatura
しゅくはくする	宿泊する	tira(um、ma+an→manirahan)
しゅくふく	祝福	bendisyon、pagpapala
（する）	（する）	pala(mag、pag+an)
しゅくめいてきな	宿命的な	nakasasawi
じゅくれんした	熟練した	mabihasa
しゅげい	手芸	sining ng pagyari sa kamay
しゅご	主語	simuno
しゅじゅつ	手術	opera

（をうける）	（を受ける）	opera（magpa）
しゅしょう	首相	Prime Minister
しゅじん	主人	esposo、[旦那] asawa、[女] kasera
しゅだん	手段	paraan、kaparaanan
しゅちょうする	主張する	giit（um、i）
しゅっけつする	出血する	dugo（um、mag）
じゅつご	述語	panaguri
しゅっさん	出産	panganganak
（する）	（する）	anak（mang、ipang）
		silang（mag）ng sanggol
しゅっしする	出資する	puhunan（mang→mamuhunan、in）
しゅっしゃする	出社する	pasok（um）、may-pasok
（～の）しゅっしん	（～の）出身	taga-出身地
しゅっせきする	出席する	dalo（um、an→daluhan）
しゅっぱつする	出発する	alis（um、an）、lisan（um）
しゅっぱんする	出版する	lathala（magpa、ipa、i）、limbag（magpa、ipa、i）
しゅっぴする	出費する	gugol（um、in→gugulin）、
		gasta（um、in→gastahin）
しゅと	首都	punong-lungsod、kabisera
しゅび	守備	pagtatanggol
じゅひ	樹皮	upak
しゅふ	主婦	may-bahay
しゅみ	趣味	libangan、hilig、interes
じゅみょう	寿命	buhay
じゅもん	呪文	orasyon
しゅやく	主役	pangunahing tauhan sa dula
じゅよう	需要	kailangan、pangangailangan
しゅような	主要な	prinsipal、pangunahin、pinakamahalaga
しゅるい	種類	klase、uri
じゅわき	受話器	awditibo
（がはずれている）	（が外れている）	【形容詞】naka-"hang-up"
（をおく）	（を置く）	baba（i）ang telepono
（をあげる）	（を上げる）	angat（i、in）ang telepono
しゅんかん	瞬間	saglit、isang saglit、isang sandali
じゅんかんする	循環する	lipat-lipat（magpa）、gala（um）
じゅんさ	巡査	【慣用句】pulis、alagad ng batas
じゅんじょうな・	純情な・純粋な	wagas、naibe、walang-pakunwari、dalisay
じゅんすいな		
じゅんちょうな	順調な	nakasisiya、kasiya-siya

じゅんばん	順番	turno
（に）	（に）	palitan、turnuhan、halinhinan
じゅんびする	準備する	handa(mag、i、ipag、pag＋an)
しゅんぶんのひ	春分の日	Araw ng primaberal
ショー	ショー	palabas
（タイム）	（タイム）	oras na palabas
しょう	小	liit
	賞	gawad
	章	kabanata
しよう	使用	paggamit、kagamitan
（する）	（する）	gamit(um、in)
じょういん	上院	senado
（ぎいん）	（議員）	senador
しょうか	消化	pagkatunaw
（ふりょう）	（不良）	di-pagkatunaw、impatso
しょうが	生姜	luya
じょうか	浄化	purga、laksatiba
しょうがい	障害	istorbo
（ぶつ）	（物）	hadlang、sagabal
しょうかいする	紹介する	kilala(magpa、ipa)
しょうがつ	正月	bagong taon
しょうがっこう	小学校	eskuwelahan、mababang paaralan
しょうかんする	召喚する	tawag(um、an)
じょうき	蒸気	singaw
じょうぎ	定規	reglador、ruler
じょうきゃく	乗客	pasahero
しょうきゅうする	昇給する	dagdag(ma) na sahod
しょうぎょう	商業	komersiyo
じょうきょう	状況	sirkumstansiya、lagay、kalagayan
しょうきょくてき	消極的	patanggi、pasalansang
しょうきん	賞金	gantimpalang salapi
しょうぐん	将軍	heneral
しょうげき	衝撃	bangga、banggaan、salpok
じょうけん	条件	kalagayan、kondisyon
しょうこ	証拠	katunayan、ebidensiya
しょうご	正午	tanghali
しょうこう	将校	opisyal
しょうこりもない	性懲りもない	matigas ang ulo
しょうさいな	詳細な	madetalye

じょうし	上司	bos
じょうじ	情事	romansa
じょうしき	常識	sentido-komun、sintidu-kumun
（はずれな）	（はずれな）	kataka-taka
しょうじきな	正直な	matapat、sinsero
しょうしつする	消失する	laho(mag)、pawi(ma)、param(ma)
しょうじょ	少女	dalagita
しょうじょう	症状	［徴候］ sintomas
じょうしょうする	上昇する	paitaas(um、mag)
しょうしんする	昇進する	taas(mag、ma、i) sa ranggo
じょうずな	上手な	mahusay
じょうずになる	上手になる	maging mahusay
しょうすうてん	小数点	desimal na punto or puldok
しょうせつ	小説	nobela、katha
（か）	（家）	nobelista
じょうたい	状態	lagay、kalagayan、kondisyon
しょうたいする	招待する	anyaya(um、mag、an→anyayahan)
しょうだくする・	承諾する・	payag(um、an)、sang-ayon(um、an→
しょうちする	承知する	sang-ayunan)
じょうたつする	上達する	buti(magpa、mapa、pa＋in→pabutihin)
じょうだん	冗談	dyoku、biro
（がすきな）	（が好きな）	mapagbiro
（をいう）	（を言う）	biro(um、mag、in→biruin)
しょうちょう	小腸	maliit na butika
	象徴	sagisag、simbolo
（する）	（する）	sagisag(um、in)
しょうてん	焦点	pokus
しょうてんがい	商店街	pamilihan
じょうとうな	上等な	mataas na uri
しょうどくする	消毒する	disimpekta(mag、in→disimpektahin)
しょうとつする	衝突する	［壁等に］ bangga(um、ma、mapa)、
		［2つのものが］ bangga(magka)
しょうにか	小児科	pediatrika
しょうマヒ	小児マヒ	polio
しょうにん	商人	negosyante、mangangalakal
	証人	saksi、testigo
しようにん	使用人	kawani
しょうにんする	承認する	hintulot(magpa、pa＋an→pahintulutan)、
		payag(um、an)

じょうねつてきな	情熱的な	maramdamin
しょうねん	少年	batang lalaki、binatilyo
（じだい）	（時代）	panahong batang lalaki
しようの	私用の	pribado、pansarili
しょうばい	商売	kalakalan、pangangalakal
じょうはつする	蒸発する	singaw(um)
しょうひする	消費する	sayang(mag、in)、
		aksaya(mag-、in→aksayahin)
しょうひん	賞品	gantimpala、premyo
	商品	paninda
（もくろく）	（目録）	imbentaryo
じょうひんな	上品な	desente、elegante、makisig、matikas
しょうぶ	勝負	laban、reto
（する）	（する）	laban(um、i、an)
じょうふ	情夫	kaapid、kalunya
じょうぶに	上部に	itaas
じょうぶな	丈夫な	matibay、matatag
しょうべん	小便	ihi
（する）	（する）	ihi(um)
じょうほう	情報	impormasyon
しょうぼうし	消防士	bumbero
しょうぼうじどうしゃ	消防自動車	bomba sa sunog
しょうぼうしょ	消防署	istasyon ng bantay-sunog
じょうほする	譲歩する	suko(um、i)
じょうみゃく	静脈	ugat
しょうめい	照明	ilaw
	証明	ebidensiya、katunayan、katibayan
（しょ）	（書）	katibayan、sertipiko
（する）	（する）	tunay(magpa、pa+an)、tibay(magpa、pa+an)
しょうめつする	消滅する	laho(mag)、wala(ma)、pawi(ma)
しょうめんに	正面に	sa harap
じょうやく	条約	kasunduan
しょうゆ	醤油	toyo
しょうらい	将来	hinaharap、haharapin
（せいのある）	（性のある）	inaasahan
しょうり	勝利	tagumpay
（しゃ）	（者）	panalo、ang nagtagumpay
（する）	（する）	tagumpay(mag、pag+an)、
		talo(um、mang→manalo)

じょうりくする	上陸する	baba(um)、lunsad(um)
しょうりゃくする	省略する	laktaw(um、an)
じょうりゅう	上流	kontra sa agos
しょうりょう	少量	munti、[極く] katiting
しょうれいする	奨励する	sigla(magpa、pa＋in→pasiglahin)
じょうれんきゃく	常連客	suki
ジョーク	ジョーク	dyoku、biro
ショール	ショール	alampay
じょがいする	除外する	liban(um)
じょきょする	除去する	alis(mag-、i、in)
しょくいん	職員	mga katulong、mga kawani
しょくぎょう	職業	trabaho
しょくじ	食事	pagkain
しょくちゅうどく	食中毒	lason sa pagkain
しょくどう	食道	lalamunan
しょくひ	食費	gugol na pagkain
しょくひん	食品	pagkain
（てん）	（店）	groseri、komestibles
しょくぶつ	植物	halaman
（がく）	（学）	botanika
しょくみんち	植民地	kolonya
しょくようの	食用の	makakain、nakakain
しょくよく	食欲	ganang kumain
しょくりょう	食料	pagkain
じょげんする	助言する	payo(mag、i)
じょさんぷ	助産婦	komadrona、hilot
じょしゅ	助手	asistante、pangalawa
しょじょ	処女	birhen
（まく）	（膜）	himen
しょしんしゃ	初心者	baguhan
じょせい	女性	babae
（よう）	（用）	panbabae
しょっかく	触角	galamay
しょっき	食器	kubyertos
（だな）	（棚）	paminggalan、platera
ショック	ショック	dagok
しょとくぜい	所得税	buwis sa kita
しょほうせん	処方箋	reseta
しょめいする	署名する	pirma(um、an→pirmahan)

しょゆうしゃ	所有者	may-ari
しょゆうする	所有する	ari(mag-)、mayroon
じょゆう	女優	aktres
しょりする	処理する	ayos(mag-、i,in→ayusin)
しょるい	書類	kasulatan、dokumento
しらが	白髪	uban
シラス	シラス	dilis
しらせる	知らせる	balita(mag、i)、batid(magpa、ipa)、sabi(mag、in→sabihin)、alam(ipa)
しらない	知らない	【動詞】［人以外］hindi alam(ma+an→malaman)、［人］hindi kilala(ma、in)、【慣用句】ewan、【形容詞】［人以外］hindi alam、［人］hindi kilala
しらべる	調べる	siyasat(mag、in)、suri(mag、in)、saliksik(mang→manaliksik、ma)
シラミ	虱	kuto
しり	尻	bulakan
（にしかれた）	（に敷かれた）	【形容詞】dominado ng asawa、taluntalunan ng asawa
しりあい	知合い	kakilala
しりあう	知合う	kilala(magka)
しりあえる	知り会える	kilala(maka)
しりぞく	退く	urong(um)
しりつがっこう	私立学校	paaralang privado
じりつする	自立する	sarili(mag、i)
しりょう	資料	bagay-bagay、datos
しりょぶかい	思慮深い	maingat、may-isip、mahinahon
しる	知る	［人以外］alam(ma+an→malaman)、［人］kilala(ma、in)
	汁	katas
（のおおい）	（の多い）	makatas
しるし	印	bakas、［残された］tanda
しれいかん	司令官	komandante、komander
ジレンマ	ジレンマ	dilema
（におちる）	（に落ちる）	pili(ma) ang mamili sa dalawang bagay na kapwa hindi gusto
しろ	城	kastilyo、palasyo
シロアリ	白蟻	anay
しろ	白	puti

（い）	（い）	maputi
（くなる）	（くなる）	puti(maka)
しろうと	素人	amatyur、baguhan
しわ	しわ	［皮膚］kulubot、［服］lukot
（がよる）	（がよる）	［皮膚］kulubot(ma)、kusot(ma、in→ kusutin)、［服］lukot(ma)
しん	芯	ubod
しんか	進化	ebolusyon
じんかく	人格	pagkatao
しんきろう	蜃気楼	kinikita
しんけい	神経	nerbiyos
（しつな）	（質な）	nerbiyoso[a]、ninenerbiyos
しんげつ	新月	bagong buwan
じんけん	人権	karapatang tao
しんげんち	震源地	episenter
しんけんな	真剣な	maalab
しんごう	信号	senyas、hudyat、［交通］hudyat ng trapik
じんこう	人口	populasyon
しんこうする	進行する	sulong(um)
	信仰する	tiwala(mang→maniwala)
じんこうてき	人工的	atipisyal
しんこくする	申告する	hiling(um、in)
しんこくな	深刻な	malubha
しんこん	新婚	bagong kasal
（りょこう）	（旅行）	pulutgata、pulot-gata
しんさする	審査する	iksamen(um、in→iksaminin)、sulit(um、in)
しんさつする	診察する	suri(um、in)
しんし	紳士	ginoo
（てきな）	（的な）	maginoo
しんしつ	寝室	silid-tulugan、kuwartong tulugan
しんじつ	真実	katunayan、katotohanan
しんじゃ	信者	mananampalataya
じんじゃ	神社	surine
しんじやすい	信じ易い	mapaniwalain
しんじゅ	真珠	perlas
しんしゅつする	進出する	una(magpa)
しんじられない	信じられない	hindi makapaniwala
しんじる	信じる	tiwala(ma→maniwala)
しんじんぶかい	信心深い	mabanal

しんせい	申請	paghiling、pag-aplay
（しょ）	（書）	aplikasyon
（する）	（する）	hiling(um、in)、aplay(um、an)
（にん）	（人）	aplikante、ang humihiling
じんせい	人生	buhay ng tao
しんせいな	神聖な	banal
しんせき	親戚	kamag-anak
しんせつ	親切	pabor、kabaitan
（な）	（な）	mabait
しんせんな	新鮮な	saliwa
しんぞう	心臓	puso
（ほっさ）	（発作）	atake sa puso
じんぞう	腎臓	bato
しんたいけんさ	身体検査	pagkapkap
しんたい	身体障害者	lumpo
しょうがいしゃ		
しんだんしょ	診断書	panayam
しんちょう	身長	taas
しんちょうな	慎重な	maingat、masinop、mapaghanda
じんつう	陣痛	magdamdam sa panganganak
しんどうする	振動する	kinig(mang→manginig)、
		katal(mang→mangatal)、
		［振子］tayun-tayon(um)
しんにゅうする	進入する	pasok(um、an→pasukan)
しんねん	信念	paniniwala
	新年	bagong taon
しんぱい	心配	balisa、pagkabahala、pag-aalala
（する）	（する）	alala(mag-)、alalahan(in)、balisa(ma)、
		bahala(ma)
しんぱんいん	審判員	tagahatol、tagapapasiya
しんぴてきな	神秘的な	mahiwaga
しんぷ	神父	pari
しんぶん	新聞	diyaryo、pahayagan
（きしゃ）	（記者）	peryodista
しんぽ	進歩	progreso、pagsulong、kaunlaran
（した）	（した）	【形容詞】masulong、maunlad
（する）	（する）	sulong(um)、unlad(um)
しんぼうする	辛抱する	tiis(mag、in)
じんましん	じんま疹	singaw sa balat

しんみょうな	神妙な	adomirable
じんみん	人民	sambayanan
しんや	深夜	hatinggabi
しんゆう	親友	matalik na kaibigan
しんよう・しんらい	信用・信頼	kredito、katiwala
（する）	（する）	tiwala(mag、mang→maniwala、i、ipag)
（できる）	（できる）	matiyak、maaasahan
しんりがく	心理学	sikolohiyo
しんりゃくする	侵略する	lusob(um、in→lusubin)
しんりょうしょ	診療所	klinika
しんりょく	新緑	kaluntian
しんりん	森林	gubat
（ちたい）	（地帯）	kakahuyan
しんるい	親類	kamag-anak
じんるい	人類	sangkatauhan
しんろう	新郎	nobyo
しんわ	神話	alamat

す

す	巣	pugad
	酢	suka
ずあん	図案	disenyo
すいえい	水泳	paglalangoy
スイカ	スイカ	pakwang
すいがい	水害	baha
すいがら	吸殻	upos、beha
すいぎゅう	水牛	kalabaw
すいぎん	水銀	asoge
すいこうする	遂行する	ganap(um、in)、sagawa(um、in)、
		tupad(um、in→tuparin)
すいじ	炊事	luto
すいしょう	水晶	kristal、bubog
すいしんする	推進する	unlad(magpa、pa＋in→paunlarin)
すいせい	彗星	kometa
すいせんする	推薦する	tagubilin(mag、i)、rekomenda(mag、i)
すいそ	水素	hydrogen

すいぞくかん	水族館	palaisdaan
すいそくする・	推測する・	hula(um、an)
すいていする	推定する	
すいちょくの	垂直の	patirik、patayo、patindig
スイッチ	スイッチ	suwits
すいでん	水田	palayan
すいとう	水筒	prasko ng tubig
すいとりがみ	吸い取り紙	sikante
ずいひつ	随筆	sanaysay
すいへい	水兵	marino
すいへいせん	水平線	abot-tanaw、guhit-tagpuan
すいへいの	水平の	pahiga、halang
すいみん	睡眠	tulog、pagtulog
すいようび	水曜日	Miyerkules
すいりする	推理する	hulo(ma、in→huluin)、hinuha(ma、in)
スイレン	水蓮	nila
すう	吸う	supsop(um、in→supsupin)、sipsip(um、in)
すうがく	数学	matematika
すうじ	数字	numero、bilang
ずうずうしい	図々しい	makapal ang mukha
すうはいする	崇拝する	samba(um、in→sambahin)
スープ	スープ	sabaw
すえ	末	katapusan
すえっこ	末っ子	bunso
スカート	スカート	palda
スカーフ	スカーフ	bandana、bupanda
ずがいこつ	頭蓋骨	bungo
スカウト	スカウト	iskaut
すがた	姿	anyo、hugis
すき	鋤	araro
スキーをする	スキーをする	ski(mag)
すききらいがおおい	好き嫌いが多い	napakapikan sa pagkain
すぎさる	過ぎ去る	lipas(um)
すきである	好きである	【助動詞】gusto、ibig、nais【動詞】gusto (magka、in→gustuhin)、ibig(um、in)、nais (mag、in)
すきとおった	透き通った	malinaw
すきな	好きな	[好み] paborito
すきま	隙間	pagitan

スキャンダル	スキャンダル	iskandalo、alingasngas
（な）	（な）	maalingasngas
すぎる	過ぎる	[時間] daan(um、mag)、lipas(um)、
		[程度] masyado、napaka＋形容詞の語幹
すく	空く	bakante(ma)
すくう	掬う	[液体] salok(um、in→salukin)、
		[スプーンで] kutsara(um、in→kutsarahin)、
		[固体] sandok(um、in→sandukin)
	救う	ligtas(mag、i)
すくない	少ない	kaunti
すくなくとも～	少なくとも～	～man lamang
すぐに	直ぐに	agad、kaagad
スクラップ	スクラップ	iskrap
すぐれた	優れた	nakatataas
スケートをする	スケートをする	skert(mag)
スケッチ	スケッチ	krokis、dibuho
すけべえな	助平な	malibog
すけた	透けた	【形容詞】nanganganinag、naaaninag
すごい	凄い	[素晴らしい] kahanga- hanga、kaakit-
		akit、[程度が著しい] napakalakas
スコール	スコール	unos、sigwada
すこし	少し	[程度] medyo、bahagya、hindi masyado、
		[量] kaunti、kakaunti、bahagya
（だけ）	（だけ）	kaunti lang
（ずつ）	（ずつ）	unti- unti
すこしも～ない	少しも～ない	hindi～sa ano man paraan
すごす	過ごす	daan(magpa→magparaan、pa＋in→
		paraanin)、lipas(magpa、pa＋in)
すじ	筋	guhit、[筋肉] litid
ずしする	図示する	larawan(mag、i)
すす	煤	agiw
すず	鈴	kuliling
すずしい	涼しい	presko
すすむ	進む	sulong(um、pa＋in→pasulungin)、sugod
		(um、in→sugurin)
スズメ	雀	maya
すすめる	勧める	payo(mag、i、an→payuhan)
	進める	sulong(um、pa＋in→pasulungin)、[促進]
		bilis(magpa、pa＋in、an)

すすりなく	啜り泣く	hikbi(um)
すする	啜る	sipsip(um、in)、higop(um、in→higupin)
すそ	裾	［婦人服］kola、［山の］gulod
スターアップル	スターアップル	kaimito
スタイル	スタイル	istilo、estilo
スタミナ	スタミナ	lakas、tibay
スタンド	スタンド	［照明用］ilaw ng pangmesa
スタンプ	スタンプ	pantatak、panatak
スチュワーデス	スチュワーデス	istuwardes、serbidora
ずつう	頭痛	sakit ng ulo
すっきりする	すっきりする	sariwa(um、in、pa＋in)
ずっと	ずっと	［遠く］higit na malayo、
		［続いて］sa lahat ng oras
すっぱい	酸っぱい	maasim
ステージ	ステージ	entablado
すてきな	素適な	maganda
すてご	捨子	batang-pulot、batang-tapon
ステッキ	ステッキ	baston、tungkot
すでに	既に	na 例：既に終わりました。tapos na
すてる	捨てる	tapon(mag、i)、［家族等を］baya(magpa、
		pa＋an)
ステレオ	ステレオ	estereoponiko
ストーブ	ストーブ	kalan、pugon
ストッキング	ストッキング	medyas
ストライキする	ストライキする	aklas(um、mag-)、welga(mag)
ストレス	ストレス	tindi
（をかいしょうする）	（を解消する）	bawa(magpa、makapagpa) ng tindi
ストロー	ストロー	bansi
すな	砂	buhangin
すなおな	素直な	maamo
すなわち	すなわち	alalaong baga'y、tulad ng sumusunod
すねる	拗ねる	tampo(mag)、mukmok(mag)
スパイ	スパイ	espiya
スパゲッティ	スパゲッティ	espageti
すばしこい	すばしこい	maliksi
すばらしい	素晴らしい	kahanga-hanga
スピーチ	スピーチ	pananalita、pagsasalita
スピード	スピード	tulin、bilis
ずひょう	図表	balangkas

スプーン	スプーン	kutsara、[小さい] kutsarita
ずぶぬれの	ずぶ濡れの	basang-basa、tigmag
スプリング	スプリング	muwelye
(～)すべきである	(～)すべきである	【助動詞】kailangan～、dapat～
スペイン	スペイン	Kastila、Espanya
(ご)	(語)	Kastila
(じん)	(人)	Kastila、Espanyol、Espanyola
すべすべした	すべすべした	makinis
すべての	すべての	buo、lahat、panay
すべりやすい	滑りやすい	madulas
すべる	滑る	dulas(um、ma)
スポーツ	スポーツ	isport、palakasan、pampalakasan
ズボン	ズボン	pantalon
(した)	(下)	karsonsilyo
スポンサー	スポンサー	isponsor、tagatangkilik
(になる)	(になる)	tangkilik(um、in)
スポンジ	スポンジ	espongha
スマートな	スマートな	makisig
すましている	すましている	kunwari(mag)
すみ	炭	uling
	隅	[部屋の] sulok
スミレ	スミレ	lila
すむ	住む	tira(um、an→tirahan)
(のにてきした)	(のに適した)	matitirahan
	済む	tapos(ma)
	澄む	liwanag(um、mag)
スムーズな	スムーズな	[会話等] magaling magsalita、[なめらかな] makinis
スラックス	スラックス	islak
スラム	スラム	eskwater
すられる	掏られる	dukot(ma＋an→madukutan、in→dukutin)
スラング	スラング	salitang balbal
すり	掏摸	mandurukot、【慣用句】malikot ang kamay
すりこぎ	摺りこ木	pandikdik
スリッパ	スリッパ	tsinelas、sinelas
スリップ	スリップ	kamison
すりつぶす	すり潰す	giling(um、in)
すりむく	擦り剥く	gasgas(ma＋an)
スリル	スリル	kilig、pangingilig sa tuwa

する	摺る	kuskos(um、in→kuskusin)
	掏る	dukot(mang→mandukot)
	する	gawa(um、ipa、in→gawin)
ずるい	ずるい	maraya、madaya、
するどい	鋭い	matalim、hasa
するどくする	鋭くする	hasa(mag、i)、talim(magpa、pa＋in)
するな！	するな！	Huwag!
（〜）するやいなや	（〜）するやいなや	kapagdakang〜、sa sandaling〜、sa oras na〜
ズロース	ズロース	kalsunsilyo
すわる	座る	upo(um、ma)、[日本式] salampak(um)
すんぽう	寸法	sukat
（をはかる）	（を計る）	sukat(um、in)

せ

せ	背	taas
（がたかい）	（が高い）	matangkad
（がひくい）	（が低い）	pandak
（をのばす）	（を伸ばす）	tuwid(um)
せい	姓	apelyido
	性	tauhin
（きょういく）	（教育）	seksuwal na edukasyon
（せいかつ）	（生活）	seksuwal na buhay
（どうとく）	（道徳）	seksuwal na moral
（にめざめる）	（に目覚める）	matauhan sa seks
（〜）せい	（〜）製	gawa sa〜、yari sa〜
せいいある	誠意ある	tapat、matapat
せいいき	聖域	santuwaryo
せいえき	精液	sperma
せいかく	性格	ugali
せいかくな	正確な	ganap、[時間に] maagap
せいかつ	生活	buhay、mamuhay
（する）	（する）	buhay(mag、mang→mamuhay)、[一人で] sarili(mag)
（ようひん）	（用品）	kasangkapan
ぜいかん	税関	kustoms、adwana

せいき	世紀	dantaon、siglo
	性器	［男］titi、utin、［女］kiki、puki、nene
せいぎ	正義	katarungan
せいきの	正規の	palagian、panayan、pirmihan
せいきゅうする	請求する	singil(um、mang→maningil、in)
せいきゅうな	性急な	padalus-dalos
ぜいきん	税金	buwis
（をはらう）	（を払う）	buwis(mag)
せいけつ	清潔	paglilinis
（な）	（な）	malinis
（にする）	（にする）	linis(um、mag、in)
せいけん	政権	pangasiwan、kapangyarihan ng politika
せいこう	性交	seks、suksok、pagtatalik
（する）	（する）	seks(mag)、lagay(magpa+an) na sekswal、
		talik(mag)、kantod(an→kantutan)
	成功する	tagumpay(mag)
せいこうな	精巧な	maingat na pagkakagawa
せいざいしょ	製材所	palagarian
せいさく	政策	patakaran、palakad、pasunod
せいさんする	生産する	gawa(um、in→gawin)、yari(um、in)
	清算する	likida(in→likidahin)
せいじ	政治	politika
（か）	（家）	politiko
（てきな）	（的な）	pampolitika
せいしきな	正式な	pormal
せいしつ	性質	［効果］katangian、bisa［気質］loob、kalooban
せいじつな	誠実な	mataimtim
せいじゅくする	成熟する	hinog(ma)
せいしゅん	青春	kabataan
せいしょ	聖書	biblya
せいじょうな	正常な	normal
せいしん	精神	kaluluwa
（てきな）	（的な）	pandiwa
（びょう）	（病）	sira ang isip
（びょういん）	（病院）	ospital para sa mga loko
せいじん	聖人	santo
	成人	adulto
（のひ）	（の日）	Araw ng pagka-adulto
せいせき	成績	marka

せいぞうする	製造する	yari(um、in)、gawa(um、in→gawin)
せいたいがく	生態学	ekolohiya
ぜいたくな	贅沢な	maluho、marangya
せいちょうする	成長する	[ビジネス等] unlad(um)、[子供等] laki(um)、
		tubo(um)、sibol(um)
(～の)せいで	(～の)せいで	dahil sa～
せいてきかんけい	性的関係	seksuwal na ukol
せいど	制度	sistema
せいとう	政党	partidong pampolitika
せいとうかする	正当化する	katwiran(mang→mangatwiran)、
		bigay(mag)-matwid
せいねんがっぴ	生年月日	petsa ng pagsilang or pagkasilang
せいのう	性能	kakayahan、kasanayan
(のよい)	(の良い)	may-kakayahan sa paggawa
せいびする	整備する	bigay(mag) ng kagamitan
せいびょう	性病	sakit sa babae
せいふ	政府	pamahalaan、gobyerno
せいふく	制服	uniporme
せいふくする	征服する	lupig(mang→manlupig、in)
せいぶつがく	生物学	biyolohiya
せいぶん	成分	ingredient
せいほうけい	正方形	kudrado、parisukat
せいほんする	製本する	tahi(um、in)
せいみつな	精密な	masusi、eksakto
せいめい	生命	buhay
(ほけん)	(保険)	seguro sa buhay
せいようする	静養する	pahinga(mag、mang→mamahinga)
せいよく	性欲	seksuwal na hangad
せいり	生理	[女性の] regla、bisita
(がく)	(学)	pisyolohiya
せいりする	整理する	ayos(mag-、i、in→ayusin)
せいりょく	精力	sigla、sikap
	勢力	poder、kapangyarihan
セールスマン	セールスマン	despatsador[a]
せおう	背負う	pasan(um、in)
せかい	世界	daigdig、mundo
(たいせん)	(大戦)	digmaang pangdaigdig
せき	席	upuan
	籍	listahan na pamiliya

	咳	ubo
（をする）	（をする）	ubo(um)
せきじゅうじ	赤十字	Krus ng Pula
せきたん	石炭	karbon
せきどう	赤道	ekwador
せきにん	責任	gampan、pananagutan
（がある）	（がある）	may- pananagutan
（をかいひする）	（を回避する）	iwas(an) ang pananagutan
（をとる）	（をとる）	gampan(um)、sagot(mang→managot)
せきゆ	石油	petrolyo
せきり	赤痢	disinterya、iti
せけん	世間	mundo
せっかい	石灰	apog
せっかちな	せっかちな	mapusok、marahas
せっきょうする	説教する	sermon(mag、i)、aral(mang、ipang)
せっきょくてき	積極的	positibo、pasulong
せっきんする	接近する	lapit(um、an)
せっけいする	設計する	banghay(mag、in)、plano(mag、i)
せっけん	石鹸	sabon
せっこう	石膏	yeso
ぜっこうする	絶交する	kasira(mag、makipag)
せつじつな	切実な	matalas
せっしょくする	接触する	［交際］alam(makipag-)、kita(makipag)
せつぞくし	接続詞	pang- atonig
せつぞくする	接続する	kabit(mag)
せったいする	接待する	istima(um、in→istimahin)
ぜったいな	絶対な	lubos、ganap、absoluto
せっちゅうあん	折衷案	plano ng kasunduan
ぜっちょう	絶頂	tugatog
せっていする	設定する	tatag(mag、i)、tayo(mag、i)
せっとうじ	接頭辞	unlapi
せっとくする	説得する	hikayat(mang→manghikayat、in)
せっとくりょくのある	説得力のある	mapanghikayat
せつび	設備	mga kagamitan、kasangkapan
ぜっぺき	絶壁	tangwa、bangin、matarik na dalisdis
ぜつぼう	絶望	pagkawala
（てきな）	（的な）	wala nang pag- asa、kawalang- pag- asa
せつめいする	説明する	liwanag(magpa、ipa、in)、linaw(magpa、ipa)
せつやくする	節約する	tipid(um、in→tipirin)

せつりつする	設立する	tatag(mag､i)､tayo(mag､i)
ぜっりんの	絶倫の	walang- katulad､walang- kapantay
せなか	背中	likod
ぜひ	是非	tama man o hindi
（とも）	（とも）	tiyak､huwag ang hindi
せびろ	背広	amerikana
せぼね	背骨	gulugod
せまい	狭い	makitid
せまくなる	狭くなる	kitid(um)
せまる	迫る	［目的地］lapit(um､an)､
		［強いる］hikayat(um､in)
セミ	蟬	kuliglig
セミナー	セミナー	seminar､pantas- aral
せむし	せむし	kuba
せめる	攻める	salakay(um､in)
	責める	sisi(um､mang→manisi､in→sisihin)
セメント	セメント	simento
せり	競	almoneda､subasta
ゼリー	ゼリー	halea
せりふ	台詞	diyalogo
セレナーデ	セレナーデ	harana､serenata
ゼロ	零	sero
セロテープ	セロテープ	transparent teyp
セロリ	セロリ	kintsay
せろん	世論	panlahat na palagay
せわ	世話	pag- aalaga
（になる）	（になる）	alaga(an→alagaan)
（をする）	（をする）	alaga(mag-､an)､lingap(um､in)
せん	線	guhit
（をひく）	（をひく）	guhit(um､an)
	千	sanlibo､mil
	栓	pasak
せんい	繊維	himaymay
せんいん	船員	tripulante ng bapor
せんきょ	選挙	halalan､eleksiyon
（けん）	（権）	karapatang bumoto
せんきょうし	宣教師	misyonaryo
せんげつ	先月	noong isang buwan
せんげんする	宣言する	saysay(mag､i)

せんご	戦後	pagkaraan ng digmaan
せんこうする	専攻する	espesyalista(mag-、
		pag＋an→pag-espesyalistahan)
		dalubhasa(magpaka、pag＋an)
せんし	戦士	manlalaban
せんしつ	船室	kamarote
せんしゅ	選手	manlalaro、atleta
せんしゅう	先週	noong isang linggo
せんじゅつ	戦術	taktika
せんしゅつする	選出する	halal(mag、ma、i)
せんじょう	戦場	larangan
ぜんしん	全身	buong katawan
ぜんしんする	前進する	sulong(um、pa＋in→pasulungin)、
		sugod(um、in→sugurin)
センス	センス	sentido、pandama
せんせい	先生	guro、titser
せんせいする	宣誓する	sumpa(um、i)
センセーショナル	センセーショナル	sensasyonal
せんぞ	先祖	ninuno
せんそう	戦争	gera、digmaan
（する）	（する）	gera(mag、in→gerahin)、
		digma(mag、mag＋an、in)
ぜんそく	喘息	hika
ぜんたいの	全体の	buo
せんたく	選択	pili、pagpili
（する）	（する）	pili(um、mang→mamili、in)、hirang(um、in)
	洗濯	laba
（き）	（機）	wasing masin、makinang panlaba
（する）	（する）	laba(mag、an→labhan)
（ふ）	（婦）	labandera
（もの）	（物）	labahin
ぜんちし	前置詞	pang-ukol
センチメートル	センチメートル	sentimetro
せんちょう	船長	kapitan ng barko
せんでんする	宣伝する	propaganda(mag、i、ipag)
セント	セント	［お金の単位］sentimos
せんとう	先頭	una
せんどうしゃ	煽動者	manunulsol
せんどうする	煽動する	udyok(mag-、mang、an→udyukan)、

		sulsol(mag､an→sulsulan)
せんどうしゃ	先導者	taliba
せんにゅうかん	先入観	haka､akala
せんぬき	栓抜き	[コルク用] tribuson､
		[ビン用] pambukas ng bote
せんねんする	専念する	laan(mag､i)､ukol(mag､i)
ぜんのうな	全能な	makapangyarihan
せんばい	専売	monopolyo
せんぱい	先輩	nakakatandaang kasosyo
ぜんはん	前半	unang kalahati
ぜんぶ	全部	lahat
せんぷうき	扇風機	bentilador
ぜんぽうの	前方の	pasulong
ぜんめつする	全滅する	puksa(ma)､lipol(ma)
ぜんめん	前面	ang harapan
	全面	buong kaibabahan
（てきに）	（的に）	ganap､lubos
せんめんき	洗面器	palanggana
せんめんだい	洗面台	hugasan､lababo
せんもん	専門	espesyalidad
（か）	（家）	espesyalista､eksperto
（の）	（の）	espesyal
せんゆうする	占有する	okupa(um､an→okupahan)､saklaw(um､in)
せんようの	専用の	pribado､pansarili
せんりょう	占領	pananakop､pagsakop
（する）	（する）	sakop(um､in→sakupin)
	染料	dampol
せんりゃく	戦略	estratehiya
ぜんりょくをつくす	全力を尽くす	gawin ang buong kaya
せんれい	洗礼	binyag
（をうける）	（を受ける）	binyag(an)
ぜんれい	前例	pagkakasumundan､pamarisan

そ

| （～に）そいねする | （～に）添い寝する | higa(mag､i) sa tabi ng～ |
| | | tabi(um､i､an→tabihan)､siping(um､i､an) |

ゾウ	象	elepante
そうおん	騒音	ingay
ぞうげ	象牙	ibory、garing
ぞうかする	増加する	dagdag(um、an)、dami(um、an→damihan)
そうかつする	総括する	buo(mag、in→buuin)
ぞうきん	雑巾	pamunas
そうきんする	送金する	dala(magpa、ipa) ng pera
そうげん	草原	kapatagan
そうこ	倉庫	bodega
そうごうてき	総合的	sintetiko、binuo
そうごうの	相互の	resiproko、gantihan、tugunan
そうさする	操作する	andar(magpa、pa+an)
そうじ	掃除	paglilinis
（き）	（機）	panlinis
（する）	（する）	linis(mag、in)
そうしき	葬式	libing
そうじゅうする	操縦する	piloto(mag、an→pilotohan)
そうしょくひん	装飾品	palamuti、dekorasyon
そうしんぐ	装身具	mga dagdag ng gamit
そうぞう	想像	imahinasyon、guniguni
（する）	（する）	larawan(mag) sa loob、 guniguni(ma、in→gunigunihin)
	創造する	lalang(um、mag)、likha(um)
そうぞうりょくのある	創造力のある	【形容詞】mapaglikha
そうぞくする	相続する	mana(mag、ma、in→manahin)
そうぞくにん	相続人	tagapagmana
そうだん	相談	kunsulta
（いん）	（員）	tagapayo
（する）	（する）	kunsulta(um、i、in→kunsultahin)、 sangguni(um、i、in→sanggunihin)
そうとうな	相当な	lubha、malaki、hindi mumunti
そうなんする	遭難する	tagpo(mag) ng sakuna
そうにゅうする	挿入する	loob(magpa、ipa)
そうびする	装備する	bigay(mag) ng kagamitan
そうべつかい	送別会	despedida
ぞうもつ	臓物	goto
そうりだいじん	総理大臣	Kataas-taasang Ministro
そうりょう	送料	［郵便］bayad sa koreo
そうろう	早漏	maagang pagtulo

ソース	ソース	sarsa
ソーセージ	ソーセージ	tsoriso
ゾーン	ゾーン	sona
そくせきの	即席の	istante、di-handa
そくたつ	速達	nagtatanging paghahatid
そくていする	測定する	sukat(um、in)
そくど	速度	tulin、bilis、kabilisan
そくばくする	束縛する	pigil(mag、i)
そくりょうぎし	測量技師	agrimensor
そくりょうする	測量する	sukat(um、in) sa lupa
ソケット	ソケット	saket ng ilaw
そこ	底	ilalim
	そこ	diyan
そこにいる・ある	そこにいる・ある	【動詞】narian
そしきする	組織する	tatag(mag、i)、buo(um、in→buuin)、
		pundar(mag、i)
そしする	阻止する	dakip(um、in)
そしつ	素質	likas na talino、katutubong kakayahan
そして	そして	at saka
そしょう	訴訟	paglilitis、pagsasakdal、asunto、kaso
そじょう	訴状	petisyon、pitisyon
そそぐ	注ぐ	buhos(um、mag、i)
そそる	そそる	[食欲] hudyok(mag、mang、i、an→hudyukan)
そだつ	育つ	laki(um)、lago(um)
そだてる	育てる	laki(magpa、pa+in→palakihin)
そっき	速記	takigrapiya
そつぎょう	卒業	pagtatapos、gradwasyon
（しょうしょ）	（証書）	diploma
（する）	（する）	tapos(mag)
そっくりな	そっくりな	katulad、kamukha、kawangis
そっせんする	率先する	una(mang)
そっちょくな	率直な	tapat、matapat
そっとうする	卒倒する	himatay(mag、in)
ぞっとする	ぞっとする	【形容詞】manginig、mangatal
そで	袖	manggas
そとに・で	外に・で	sa labas
そなえる	備える	handa(mag、ipag、pag+an)
その	その	niyan
そのうち	その内	nalalapit na、hindi magtatagal

そのかわりに	その代りに	sa halip
そのご	その後	pagkatapos
そのため	そのため	dahil doon、sa gayon、sa gayon dahilan
そのように	その様に	ganiyan
そば	側	tabi
（に）	（に）	sa tabi
そばかす	雀斑	pakas
そびえる	聳える	matayog
そふ	祖父	lolo
ソファ	ソファ	sopa、supa
そふぼ	祖父母	punso
そぼ	祖母	lola
そぼくな	素朴な	lisding
そまつな	粗末な	nanlilimahid
そむく	背く	taksil(mag、pag＋an)、kanulo(mag、ipag)
そめる	染める	［髪］tina(magpa) ng buhok ［染料］tina(mag、in、an)
そよかぜ	そよ風	simoy
そら	空	langit
（いろの）	（色の）	asul na mura
そらす	反らす	hubog(um、in→hubugin)
そる	剃る	ahit(mag-、in)
それ	それ	iyan
それから	それから	［次に］pagkatapos、sumunod、［それ以来］ mula noon
それぞれ	それぞれ	bawa't isa
それだから	それだから	samakatwid
それでは	それでは	kung gayon、samakatwid
それに	それに	bukod doon、tangi sa riyan、higit pa
それにもかかわらず	それにもかかわらず	gayunman
それによって	それによって	sa gayon
それる	逸れる	lihis(um)
そろえる	揃える	［一様に］gawa(in→gawin)＋ng→gawing pare-pareho、［整える］ayos(mag-、in→ ayusin)
そんがい	損害	kalugihan、kapinsalaan
（ばいしょう）	（賠償）	bayad-pinsala
（をあたえる）	（を与える）	sira(um、ma)、pinsala(um、ma、in)
そんけい	尊敬	galang、paggalang

（すべき）	（すべき）	marangal、kagalang-galang
（する）	（する）	galang(um、i)
そんざい	存在	pag-iral、pagkakaroon
（する）	（する）	iral(um、pa＋in)、may、mayroon
そんする	損する	lugi(ma)
そんちょうする	尊重する	galang(um、i)、halaga(magpa、pa＋an→
		pahalagahan)

た

た	田	palayan
ターゲット	ターゲット	target
ダース	ダース	dosena
ダーリン	ダーリン	giliw、irog、sinta、mahal
タイ	鯛	mahuwana
だい	台	buhangin
	大	laki
	題	pamagat
ダイアル	ダイアル	dayal
（をまわす）	（を回す）	dayal(mag、i)
だいあん	代案	mapagpipiliang mga plano
たいい	体位	asta ng katawan
たいいく	体育	matarial na edukasyon、
		edukasyong pankatawan
たいいんする	退院する	alis(um) sa ospital
だいいち	第一	uno
（に）	（に）	una-una、muna、una sa lahat
だいいっぽ	第一歩	unang hakbang
ダイエット	ダイエット	diyeta
たいおうする	対応する	tugon(um、magka)
たいおんけい	体温計	termometro
たいかく	体格	katawan、pangangatawan
たいかくせん	対角線	guhit na hiris、diyagunal
たいかくの	対角の	diyagunal、hiris、pahiris
だいがく	大学	kolehiyo、pamantasan、unibersidad
たいかする	退化する	lubha(um)、sama(um)
たいき	大気	hangin

（おせん）	（汚染）	karumhan or karumihan ng hangin
たいきゃくする	退却する	urong(um、i、pa＋in→paurungin)
だいく	大工	karpentar、aluwagi
たいぐう	待遇	pakikisama、pagpapalagay
たいくつな	退屈な	mainip、nakaiinip
たいけつする	対決する	harap(mag、i)
たいけん	体験	karanasan
（する）	（する）	danas(um、mag、in)
たいこ	太鼓	tambol
たいこうする	対抗する	laban(um、an)
ダイコン	大根	labanos
たいざいする	滞在する	tira(um、ma＋an→manirahan)
たいさく	対策	hakbang
だいさん	第三	ikatlo、pangatlo
たいさんする	退散する	hiwa-hiwalay(mag)
たいし	大使	embahador、ambahador、sugo
（かん）	（館）	embahada
	大志	adhika
たいしつ	体質	kayarian
だいじな	大事な	mahalaga
たいしゅう	体臭	ang amoy ng katawan
たいじゅう	体重	timbang、bigat
たいしゅう	大衆	madla
（てきな）	（的な）	pangmadla
たいしよう	対象	pakay
	大将	bos、[軍] eneral
だいしょうとして	代償として	kabayaran、bilang kapalit
だいじょうぶな	大丈夫な	[安全] ligtas、walang-sira、[間違いない]
		walang-problema、sigurado、tiyak
たいしょくする	退職する	retiro(um、mag)
だいじん	大臣	ministeryo
だいすう	代数	alhebra
たいせい	体制	sistema、tuntunin
たいせいよう	大西洋	Karagatang Atrantiko
たいせき	体積	kubiko
たいせつな	大切な	mahalaga
たいそう	体操	himnasyo
たいそうする	体操する	gawa(um) ng hersisiyong
だいだいいろ	橙色	kulay-oreynds

だいたすう	大多数	ang nakararami、mayoriya
たいだな	怠惰な	tamad、batugan
たいだんする	対談する	kausap(um、in)、pag-usap(maki)
だいたんな	大胆な	matapang
たいちょう	隊長	bos
	体調	kondision or kalagayan ng katawan
だいちょう	大腸	malaking bituka
	台帳	ledyer
タイツ	タイツ	taits
だいて！	抱いて！	Yakap！、Yakapin mo ako!
たいてい	大抵	karaniwan
たいど	態度	aktitud、kilos、pagkilos
たいとうな	対等な	pare-pareho、pantay-pantay
だいどころ	台所	kusina
タイトル	タイトル	pamagat
ダイナマイト	ダイナマイト	dinamita
だいに	第二	ikalawa、pangalawa
ダイニングルーム	居間	kumedor
たいにんする	退任する	retiro(um、mag)
ダイバー	ダイバー	maninisid
たいはい	頽廃	pagbaba
たいはん	大半	karaniwan、nakakarami
タイピスト	タイピスト	tagamakinilya
だいひょう	代表	representasyon、pagkatawan
（しゃ）	（者）	kinatawan、representante
（する）	（する）	katawan(um、in)
（てき）	（的）	kaugalian
タイプ	タイプ	tipo、uri、klase
たいふう	台風	bagyo
たいぶぶんの	大部分の	nakararami、mayoriya
タイプライター	タイプライター	makinilya
たいへいよう	太平洋	Karagatang Pasipiko
だいべん	大便	tae、pagtae
だいべんしゃ	代弁者	tagapagsalita
たいへんな	大変な	［重大な］lubha、malubha、 ［厄介な］magulo、mapanggulo
たいほう	大砲	kanyon
たいほする	逮捕する	dakip(um、in)、huli(um、in→hulihin)
たいまんな	怠慢な	tamad

だいめいし	代名詞	panghalip
たいめんする	対面する	harap(um、in)
タイヤ	タイヤ	gulong
ダイヤモンド	ダイヤモンド	brilyante
ダイヤル	ダイヤル	dayal
（をまわす）	（を回す）	dayal(um、in)
たいよう	太陽	araw
だいよう	代用	paghalili、pagpapalit
（する）	（する）	halili(mag、i)、palit(mag、i、an)
（ひん）	（品）	panghalili
たいらな	平な	patag
たいりく	大陸	kontinente、kalawakan
だいりせき	大理石	marmor
たいりつする	対立する	salungat(um、in)、tutol(um、in→tutulin)
だいりにん	代理人	ahente
たいりょう	大量	dami、maraming-marami
たいりょく	体力	lakas sa katawan
タイル	タイル	tisa、laryo
たいわ	対話	diyalogo、usapan
たうえをする	田植をする	tanim(mag) ng palay
だえき	唾液	laway
たえず	絶えず	walang-tigil
たえる	耐える	tiis(mag、ma、in)、bata(mag、ma、in→batahin)
だえんけい	楕円形	pabilog
タオル	タオル	tuwalya
たおれる	倒れる	buwal(ma)、lagpak(ma)
たおす	倒す	buwal(mag、i)、[政府等] bagsak(mag、i)、[敵を] talo(um、ma、in→talunin)
たか	鷹	lawin
たかい	高い	[背] matangkad、[値段] mahal、[山等] mataas
たがいに	互いに	pare-pareho、sa isa't isa、kapwa
たかくする	高くする	[値段] taas(magpa、i、pa+in、an)
（なる）	（なる）	[背] taas(um)、[値段] maging mahal
たかくてき	多角的	maraming mukha、maraming panig
たかさ	高さ	taas
たがやす	耕す	bungkal(mag)、linang(mag、in)
たから	宝	yaman

（くじ）	（くじ）	suwipistik、swipistik、loteria
（～）だから	（～）だから	mangyari～、sapagka´t～、dahil sa～
たかる	集る	［鳥等］kulumpol(mag、pag＋an)、
		［せびる］kikil(um、mang→mangikil、an)
タガログご	タガログ語	Tagalog、Wikang Tagalog
（ではなす）	（で話す）	tagalog(mang→managalog)
たき	滝	talon
だきあう	抱き合う	yakap(mag)、yapos(mag)
たきぎ	焚き木	kahoy na panggatong
（をあつめる）	（を集める）	kahoy(mang→mangahoy)
たきび	焚き火	siga、pagsiga
だきょうする	妥協する	kasundo(mag、pag＋an→pagkasunduan)、
		bigay(mag＋an→magbigyan)
たく	炊く	laga(mag、i)
	焚く	dikit(magpa→magparikit) ng apoy
だく	抱く	yakap(um、in)
たくさん	沢山	marami
タクシー	タクシー	taksi
たくじしょ	託児所	lagakan ng mga bata
たくはいびん	宅配便	nagdedeliba ng mga bagahe
たくましい	逞しい	matibay、matatás
たくみな	巧な	dalubhasa
たくらむ	企む	sabuwatan(mag、pag＋an)、sapakatan
		(mag、pag＋an)
たくわえる	蓄える	imbak(mag-、i、in)
タケ	竹	kawayan
（～）だけ	（～）だけ	～lang、～lamang
だげき	打撃	yanig、pag-yanig、［精神的］dagok
タケノコ	筍	labong
タコ	蛸	pugita
たこ	凧	salanggola
	たこ	［足等］kalyo
ださい	惰才	pangit
たさいな	多才な	matalino、may-talino
たしざん	足算	pagdaragdag
たしかに	確かに	sigurado
たしかめる	確かめる	tiyak(um、in)、siguro(mag、in→siguruhin)
たす	足す	dagdag(mag、i、an)
だす	出す	labas(mag、i)

たすうの	多数の	marami
たすかる	助かる	ligtas(maka、ma＋an)
たすけあう	助け合う	tulong(mag＋an→magtulungan)
たすけて！	助けて！	Saklolo！
たすけになる	助けになる	【形容詞】matulungin
たすける	助ける	［助力］tulong(um、mag、an→tulungan)、damay(um、an)、［救助］saklolo(um、an→saklolohan)、［支持］tangkilik(um、in)
たずねる	訪ねる	dalaw(um、in)、bisita(um、in→bisitahin)
	尋ねる	tanong(mag、i)
たそがれ	黄昏	takipsilim
ただ	ただ	［無料］libre
ただいま！	ただ今！	Narito na ako！
たたかう	戦う	laban(um、ipag、an)
たたく	叩く	［軽く］tapik(um、in)、［戸］katok(um、in→katukin)、［平手で］sampal(um、in)、tampal(um、in)、［棒］palo(um、in→paluin)
ただしい	正しい	wasto、tama
ただしくない	正しくない	di-wasto、di-tama
ただす	正す	wasto(mag、i)
だだっこ	駄々っ児	suwali na bata
ただの	ただの	［普通の］ordinariya、karaniwan、pangkaraniwan
たたむ	畳む	tiklop(mag、i、in→tiklupin)
たたり	祟り	sumpa
ただれる	爛れる	paga(mang→mamaga) at pula(mang→mamula)
たちあがる	立ち上がる	tayo(um)、tindig(um)
たちいりきんし	立ち入り禁止	bawal-pumasok
たちぎきする	立ち聞きする	ulinig(ma＋an)
たちどまる	立ち止まる	himpil(um)
たちなおる	立ち直る	bago(mag)、buti(um)、maging mabuti
たちば	立場	tayo、puwesto、lagay、sitwasyon
たつ	立つ・建つ	tayo(um)、tindig(um)
	絶つ	putol(mag、i)
	経つ	daan(um、mag)、lipas(um)
たっきゅう	卓球	pingpong

だっきゅうする	脱臼する	linsad(um、ma、pa＋in→palinsarin)
だっこくする	脱穀する	giik(um、mag)
だっしめん	脱脂綿	bulak
だっしゅつする	脱出する	wala(maka)、laya(maka)、alpas(maka)
だつぜい	脱税	pag-iwas sa buwis
だっせんする	脱線する	diskaril(ma、in)
だっそうする	脱走する	tanan(um、mag)
たった〜	たった〜	〜lang、〜lamang
だったいする	脱退する	tiwalag(um)
たったいま	たった今	kani-kanina lamang、ngayon lamang
だっちょう	脱腸	luslos
たつまき	竜巻	buhawi
たて	楯	kalasag
たて！	立て！	Tumayo！
たてがみ	たてがみ	kiling
たての	縦の	patayo、nakatayo、tuwid、patindig
たてもの	建物	gusali
たてる	立てる	tayo(mag、i)
	建てる	tayo(mag、i)、gawa(um、mag、in→gawin)
だとうする	打倒する	bagsak(mag、i)、lupig(um、in)
だとうな	妥当な	angkop、bagay
たとえ〜でも	たとえ〜でも	maski〜
たとえば	例えば	halimbawa
たな	棚	istante、[陳列用] eskaparte
たなばた	七夕	Pista ng bituin
たなびく	たなびく	wagayway(um、mag、i)
たに	谷	labak、libis
ダニ	ダニ	niknik
たにん	他人	ibang tao
たね	種	binhi、buto
（のおおい）	（の多い）	mabuto
たのしい	楽しい	masaya
たのしみ	楽しみ	kasiyahan、tuwa、lugod
たのしむ	楽しむ	saya(mag)、libang(mag)、aliw(mag-)、[人生を] tamasa(mag、in→tamasahin)
たのむ	頼む	usap(paki＋an、maki)、hingi(um、in→hingin、an→hingan)
たば	束	[小] basta、paldo、[大] talaksan、tungkos、[薪等] bigkis、[花束] kumpol

（ねる）	（ねる）	tungkos(mag、in→tungkusin)、bigkis(mag、in)
タバコ	タバコ	sigarilyo
（うり）	（売り）	magsisigarilyo
（をすう）	（を吸う）	sigarilyo(mag、mang→manigarilyo)
たび	旅	paglalakbay
（びと）	（人）	manlalakbay、biyahero[a]
たびたび	度々	malimit、madalas
タブー	タブー	bawal
だぶだぶな	だぶだぶな	maluwag
タフな	タフな	matibay
たぶん	多分	siguro、marahil
たべすぎる	食べすぎる	kain(um) nang labis
たべたばかり	食べたばかり	kakakain pa
たべつくす	食べ尽くす	ubos(ma、in→ubusin)
たべもの	食べ物	pagkain
たべる	食べる	kain(um、in)
たま	玉	bala
たまご	卵	itlog
（をうむ）	（を生む）	itlog(um)
たましい	魂	kaluluwa
だます	騙す	daya(um、mag、mang→mandaya、in)、loko(mang→man、in→lokohin)
たまたま	偶々	sa isang pagkakataon、hindi sinasadya
タマネギ	玉葱	sibuyas
だまらせる	黙らせる	tahimik(magpa、pa+in)
たまる	溜る	[金] impok(maka)、tipon(maka)、[仕事] atrasado sa trabaho、[支払] atrasado sa bayad
だまる	黙る	tahimik(um)
だまれ！	黙れ！	Tahimik！、Huwag magsalita！
ダム	ダム	prinsa、saplad
たむし	田虫	kulebriya
だめ！	駄目！	Huwag！
ためいきをつく	溜息をつく	buntong-hininga(mag)、himutok(mag)
ためす	試す	subok(um、in→subukin、an→subukan)
（～の）ために	（～の）ために	para～、upang～
ためらう	ためらう	alangan(mag-)
ためる	溜める	ipon(mag-、ma、in→ipunin)、

		tipon(mag、ma、in→tipunin)
	貯める	［金］impok(mag-) or ipon(mag-) ng pera
たもつ	保つ	［長持ち］tago(mag、i)、［維持］preserba (mag、in→preserbahin)
たやすい	たやすい	madali
たような	多様な	iba't iba
たよりない	頼り無い	hindi mapagtiwaraan、hindi maaasahan
たよる	頼る	asa(um、i、an→asahan)
タラ	鱈	bakalaw
たらい	たらい	batya
だらくした	堕落した	bulok
だらしない	だらしない	walang-ayos、hindi-maayos、 ［性格］burara、busalsal
たりない	足りない	［不十分］walang sapat、walang husto、 ［不足］kulang、［時間が］magahol sa oras
たりょうの	多量の	marami
たりる	足りる	husto(mag、pag＋in→paghustuhin)、 sapat(um、maka)
たる	樽	bariles
だるい	怠い	mabigat ang katawan、walang-sigla、 matamlay
たるむ	弛む	luwag(um、mang→manluwag)
だれ	誰	sino
（でも）	（でも）	sinuman
（の）	（の）	kanino
（のために）	（のために）	para kanino
（のところにある）	（のところにある）	nakanino
（も～ない）	（も～ない）	walang-sinuman～
タレント	タレント	talino
タワー	タワー	tore
たわし	たわし	pagkuskos ng eskoba
たわむれる	戯れる	laro(mag、in→laruin)
たわら	俵	bag na paha
たん	痰	plema
だんあつする	弾圧する	sawata(um、ma)
たんい	単位	unit、yunit
たんいつ	単一	kaisahan
たんか	担架	estretser、istretser
だんかい	段階	baitang、yugto

たんき	短期	maikling panahon
たんきな	短気な	mainipin
タンク	タンク	tangke
たんけん	短剣	punyal
たんけんする	探検する	galugad(um、in→galugarin)
たんご	単語	salita、kataga
（しゅう）	（集）	palasalitaan、bokabularyo
タンゴ	タンゴ	tanggo
たんこう	炭鉱	mina ng karbon
ダンサー	ダンサー	mananayaw、danser
たんさく	探索	pakay
たんさん	炭酸	soda
だんじきする	断食する	ayuno(mag-)
たんしゅくする	短縮する	ikli(magpa、pa＋in)、igsi(magpa、pa＋in)
たんじゅんな	単純な	simple、payak
たんしょ	短所	pagkukulang
たんじょうび	誕生日	kaarawan、kumpleanyo、kapanganakan
たんす	箪笥	aparador
ダンス	ダンス	sayaw
（パーティ）	（パーティ）	sayawan
だんせい	男性	lalaki
（てきな）	（的な）	may-pagka-lalaki
（よう）	（用）	pamlalaki
だんたい	団体	lipon、grupo
だんだんに	段々に	unti-unti、hakbang-hakbang
たんちょうな	単調な	hindi nagbabago、walang-pagbabago
たんてい	探偵	detektib
ダンディ	ダンディ	taong maselang sa pananamit
たんどくの	単独の	iisa、isa lamang、nag-iisa
だんな	旦那	seposa、asawa ng lalaki
たんに	単に	lang、lamang
たんのう	胆嚢	apdong pantog
タンパクしつ	タンパク質	proteina
たんぺんしょうせつ	短編小説	maikling istorya
たんぽ	担保	sangla、garantiya
タンポポ	タンポポ	amargon
だんめん	断面	bahagi
だんりょくのある	弾力のある	elastiko、nababanat
だんわする	談話する	usap(mag-、pag-＋an、makipag-)

ち

ち	血	dugo
ちあん	治安	panlahat na kapayahan
ちい	地位	ranggo、hanay
ちいき	地域	rehiyon、～地域 ka＋地名＋an
		例：ビコール地域 kabikulan
ちいさい	小さい	maliit、munti、[非常に] munsik、katiting
ちいさくする	小さくする	liit(mag)
ちいさくなる	小さくなる	liit(um)
チーズ	チーズ	keso
チーム	チーム	kaponan
ちえ	知恵	dunong
チェス	チェス	ahedres
チェックポイント	チェックポイント	himpilang siyasatan
ちか	地下	silong、baysmen
（しつ）	（室）	bodega sa silong
	地価	halaga ng lupa
ちかい	誓い	sumpa
	近い	malapit
ちがい	違い	kaibhan、disperensya、pagkakaiba
ちかう	誓う	[神に] sumpa(um、mag、i)、[約束] ako (mang、ipang)
ちがう	違う	【形容詞】iba、【動詞】iba(ma)
ちかごろ	近ごろ	kailan man、kamakailan
ちかづく	近づく	lapit(um)
ちかづける	近づける	sama(um、maki、paki＋an→pakisamahan)
ちかみち	近道	malapit na daan、tuwirang daan、"short cut"
ちから	力	lakas
（ずくで）	（ずくで）	sa pamamagitan ng lakas
（つきる）	（尽きる）	hapa(ma、in→hapuin)
（づよい）	（強い）	makapangyarihan
（になる）	（になる）	tulong(um、an→tulungan)
（をあわせてする）	（を合せてする）	tulong(mag＋an→magtulungan、makipag＋an→makipagtulungan)

（をつくす）	（を尽くす）	sikap(mag、in)、pilit(mag、in)
ちかん	痴漢	panghihipo
ちきゅう	地球	kahuyan、globo
ちく	地区	purok
ちくび	乳首	utong
ちけい	地形	topograpya
ちこくする	遅刻する	huli(ma)
ちじ	知事	gobernador
ちしき	知識	kaalaman、malay
ちしつ	地質	heolohiya
ちず	地図	mapa
ちたい	地帯	sona
ちち	父	tatay、itay、ama
ちぢむ	縮む	ikli(um、mang)、urong(um、mang)
ちぢめる	縮める	ikli(magpa、pa＋in)、urong(magpa、pa＋in→paurungin)
ちぢれた	縮れた	kulot
ちぢれる	縮れる	kulot(ma)
ちつ	膣	bayna、ari ng babae
ちつじょある	秩序ある	alegrado、maayos
ちっそ	窒素	nitroheno
ちっそくする	窒息する	sakal(um、in)
チップ	チップ	tip、pabuya
ちてきな	知的な	matalino、marunong
ちどりあし	千鳥足	susuray-suray
ちのう	知能	katalinuhan、talino
ちぶさ	乳房	suso
（をすう）	（を吸う）	suso(um)
チフス	チフス	tipus
ちほう	地方	distriko
ちまめ	血豆	lintog、lintos
ちめいてきな	致命的な	nakamamatay
ちゃ	茶	tsa
（いろ）	（色）	brawn
（こし）	（漉し）	pangsala
ちゃくりくする	着陸する	lapag(um)、baba(um)
ちゃっかりした	ちゃっかりした	tuso
ちゃわん	茶碗	kopa
チャンス	チャンス	pagkakataon

チャンネル	チャンネル	tsanel
チャンピオン	チャンピオン	kampeon
ちゅうい	注意	pansin、pag-iingat、kaingatan
（する）	（する）	［忠告］bala(mag、an)、
		［用心］ingat(mag-、an)
（ぶかい）	（深い）	maingat
ちゅうおう	中央	gitna、sentro
（に）	（に）	nasa gitna
ちゅうかいしゃ	仲介者	tagapamagitan
ちゅうかいする	仲介する	pagitan(mang→mamagitan)
ちゅうがえりする	宙返りする	sirko(um、mag)、tiwarik(um、magpa)
ちゅうがた	中型	kainamang laki
ちゅうかなべ	中華なべ	kawa
ちゅうかん	中間	gitna、pangitna
（の）	（の）	nasa pagitan
ちゅうごく	中国	Tsina、Intsik
（ご）	（語）	Wikang Intsik
（じん）	（人）	Intsik
ちゅうこくする	忠告する	alaala(magpa)
ちゅうこの	中古の	luma、sigundamano
ちゅうさいする	仲裁する	pagitan(mang→mamagitan)
ちゅうさんかいきゅう	中産階級	mga taong nakaluluwag sa buhay
ちゅうしする	中止する	tigil(um)、hinto(um).
ちゅうじつな	忠実な	tapat na loob
ちゅうしゃ	注射	iniksiyon
（する）	（する）	iniksiyon(mag-)
	駐車	pagparada
（じょう）	（場）	paradahan
（する）	（する）	parada(um、i、an→paradahan)
ちゅうしゃく	注釈	pansin、puna
ちゅうしょうする	中傷する	sira(an) ng puri、manirang-puri
ちゅうしょうてき	抽象的	mahirap unawain
ちゅうしょく	昼食	tanghalian
ちゅうしん	中心	gitna、sentro
（がい）	（街）	dawntawn
ちゅうせい	忠誠	katapatan、katapatan-loob
ちゅうぜつする	中絶する	kunan(ma)
ちゅうちょする	躊躇する	urong-sulong(mag-、ipag-)、
		alangan(mag-、i)

ちゅうとう	中東	Gitnang Sirangan
ちゅうどくにかかる	中毒にかかる	lason(um、ma)
ちゅうとはんぱな	中途半端な	hindi-tapos、hindi-yari
ちゅうねん	中年	nasa katanghaliang-gulang
ちゅうぶ	中部	gitna、sentro
ちゅうもく	注目	pansin、pagpansin
（すべき）	（すべき）	kapansin-pansin
（する）	（する）	pansin(um、ma、in)
ちゅうもんする	注文する	order(um、in→orderhin)、bilin(magpa)、pedido(um)
ちゅうりつな	中立な	neutral、niyutral
チューリップ	チューリップ	tulipan
ちょう	蝶	paru-paro
	腸	bituka
（チフス）	（チフス）	tipus
ちょうかする	超過する	labis(um、an)、lampas(um、an)
ちょうきょり	長距離	pangmalayuan
ちょうごうする	調合する	timpla(mag、in→timplahin)
ちょうこく	彫刻	lilok、eskultura
（か）	（家）	eskultor
ちょうさ	調査	pagsaliksik
（する）	（する）	siyasat(mag、in)、inspeksiyon、(mag-、in→inspeksyunin、an→inspeksyunan)、suri (mag、in)
ちょうし	調子	tune
（がよい）	（が良い）	［体］mabuti ang pakirandam、［機械等］mabuti ang gawin
（がわるい）	（が悪い）	masama ang pakirandam、［機械等］masama ang gawin
ちょうしゅう	聴衆	ang mga nakikinig
ちょうしょ	長所	kagalingan
ちょうじょ	長女	paganay ng babae
ちょうじょう	頂上	taluktok、tugatog
ちょうしょく	朝食	almusal
ちょうせいする	調整する	ayos(um、mag-、i)、
・ちょうせつする	・調節する	areglo(um、mag-、in→aregluhin)
ちょうせん	朝鮮	Korea
ちょうせんする	挑戦する	hamon(um、in→hamunin)
ちょうたつする	調達する	tustos(mag、i、an→tustusan)

ちょうちん	提灯	parol
ちょうていする	調停する	hatol(magpa､pa＋an→pahatulan)
ちょうてん	頂点	kasukdulan
ちょうど	丁度	ganap
ちょうなん	長男	paganay ng lalaki
ちょうはつする	挑発する	pukaw(um､ma､in)､sulsol(mag､an→
		sulsulan)
ちょうはつてき	挑発的	pamukaw､pumupukaw
ちょうへい	徴兵	sapalitang pagpapasundalo
ちょうほうけい	長方形	rektanggulo
ちょうみりょう	調味料	pampalasa､rekado
ちょうわ	調和	pagkatugma
（した）	（した）	magkatugma
チョーク	チョーク	yeso
ちょきん・ちょちく	貯金・貯蓄	naimpok ng pera､naipon ng pera
（する）	（する）	impok(mag-) ng pera､ipon(mag-) ng pera
ちょくせつに	直接に	tuwid､direkto
ちょくせん	直線	tuwid na guhit
（てき）	（的）	tuwid､matuwid
ちょくりつさせる	直立させる	halal(mag､i)
チョコレート	チョコレート	tsokolate
ちょさくけん	著作権	kopirayt
ちょしゃ	著者	autor､ang may-akda
ちょすいち	貯水池	deposito ng tubig
ちょぞうこ	貯蔵庫	imbakakan､bodega
ちょぞうする	貯蔵する	imbak(mag-､i､in)､tinggal(mag､i)
ちょっかく	直角	isang anggulong parisukat
ちょっかん	直感	kawatasan
チョッキ	チョッキ	tsaleko
ちょっけい	直径	bantod
ちょっとだけ！	ちょっとだけ！	Kaunti lang！
ちょっとまって！	ちょっと待って！	Sandali lang！､Teka！
ちょめいな	著名な	bunyi､mabunyi
ちらかす	散らかす	kalat(mag､i)
ちり	地理	heograpiya
	塵	alikabok
（とり）	（取）	pandakot
ちりばめる	散りばめる	kalupkop(mag､i)
ちりょう	治療	paggamot

（してもらう）	（してもらう）	gamot(magpa)
（する）	（する）	gamot(um、in→gamutin)
ちる	散る	［花等］laglag(ma)、hulog(ma)
ちんあつする	鎮圧する	sugpo(um、in→sugpuin)
		sawata(um、in)
ちんぎん	賃金	pasahod、upa
ちんたいする	賃貸する	upa(um、an→upahan)
ちんちん	ちんちん	titi
ちんぴん	珍品	bihirang paggamit
ちんぼつする	沈没する	lubog(um) ang bapor
ちんみ	珍味	piling pagkain、pambihirang pagkain
ちんれつする	陳列する	tanghal(magpa、ipa)

つ

つい	対	paris
ついか	追加	pagradagdag
（する）	（する）	dagdag(mag、an)
（りょうきん）	（料金）	ekstrang bayad
ついせきする	追跡する	hagad(um、in→hagarin)、
		habol(um、in→haburin)
ついたばかり	着いたばかり	kararating pa
（〜に）ついて	（〜に）ついて	tungkol sa〜
ついで	次いで	kasunod
ついていく	付いて行く	sunod(um、in→sundin、an→sundan)
ついている	尽いている	may suwerte
ついに	遂に	sa wakas
ついばむ	啄む	tuka(um、mang→manuka)
ついほうする	追放する	layas(magpa、pa＋in)、taboy(mag、i)
つうかする	通過する	daan(um、mag、an)、lampas(um、maka、an)
つうこうにん	通行人	ang mga dumaraan
（〜を）つうじて	（〜を）通じて	sa pamamagitan ng〜
つうじょうの	通常の	karaniwan、pangkaraniwan
つうしん	通信	kumnikasyon、pagkamakatungon
（はんばい）	（販売）	bilihan sa koreo
つうち	通知	pabatid、patalastas
つうちょう	通帳	papel de bangku、libreta sa bangku

つうふう	痛風	piyo
つうほうする	通報する	ulat(mag-、i)
つうやく	通訳	pag‐salin
（しゃ）	（者）	interpreter、tagapagsalin
（する）	（する）	salin(mag、i)
つうようする	通用する	lagay(ipa、maipa)
つうろ	通路	pasilyo
つうわりょう	通話料	halaga ng pagtawag
つえ	杖	tungkod、baston
つか	塚	puntod
つかい	使い	sugo
つかいきれない	使い切れない	walang‐pagkasaid
つかいこむ	使い込む	［金］lustay(um、in)
つかいつくす	使いつくす	ubos(ma、in→ubusin)
つかう	使う	gamit(um、in)
つかえる	つかえる	［喉］samid(ma)
	仕える	lingkod(mag、pag＋an→paglingkuran)
つかのま	束の間	sandali
つかまえる	捕まえる	huli(mang→manghuli)
つかまる	捕まる	huli(ma)
つかむ	摑む	hawak(um、an)
つかる	浸かる	pigta(um、in)、babad(mag、i、in→babarin)
つかれた	疲れた	【形容詞】pagod
つかれる	疲れる	pagod(ma)
つき	月	buwan
（づき）	（々）	buwang‐buwan
つぎ	次	sunod
（の）	（の）	susunod
つきあい	付き合い	pakikisama
つきあう	付き合う	sama(um、maki、paki＋an→pakisamahan)
つきさす	突き刺す	iwa(um、mag-、i)
つきそい	付き添い	konsorte、abay、［花嫁の］abay na babae
つきそう	付き添う	abay(um、an)
つきだす	突き出す	usli(magpa、i、pa＋in)、
		labas(magpa、i、pa＋in)
つきでている	突き出ている	nakausli
つきでる	突き出る	usli(um)、labas(um)
つぎつぎと	次から次へと	sunod na sunod
つきとばす	突き飛ばす	siksik(um)、gitgit(um)

つきない	尽きない	walang wakas
つぎはぎ	接ぎ接ぎ	tagpi
つぎめ	継目	dugtong、hugpong
つぎをあてる	接ぎを当てる	tagpi(mag、an)
つく	着く	dating(um)
	突く	［棒で］sundot(um、i、in→sundutin)、duldol(um、i、in→sundutin)
つぐ	接ぐ	hugpong(mag、i)
	注ぐ	salin(mag、i)、buhos(mag、i)
つくえ	机	mesa
つくす	尽くす	［人に］lingkod(mag、pag＋an→paglingkuran)、silbi(mag、an→silbihan)
つぐない	償い	kabayaran、kapalit、katumbas
つぐなう	償う	tumbas(mai、i、an)
つくる	作る	gawa(um、ipag、in→gawin)
つくろう	繕う	sulsi(mag、in→sulsihin)
つけ	付け	lista、kredito
（にする）	（にする）	lista(i) ang bayad、lista(mag) ng bayad
つげぐちする	告げ口する	sumbong(mag、i、ipag)
つけこむ	付け込む	samantala(mag、in→samantalahin)
つけソース	漬ソース	sawsawan
つけもの	漬物	astara
つける	付ける	［物を］kabit(mag、i)、［衣服］suot(mag、i)、［火・明かり］sindi(mag、in)
	浸ける	［水に］babad(mag、i、in→babarin)、［ソース等］sawsaw(mag、i)
	漬ける	astara(mag、in→astarahin)
つげる	告げる	sabi(mag、in→sabihin)
つごう	都合	panahon
（がよい）	（が良い）	【形容詞】napapanahon、maluwag
（がよければ）	（が良ければ）	kung kailan maluwag、kung kailan may panahon
（がわるい）	（が悪い）	【形容詞】panggulo、pang-abala
ツタ	蔦	galamay-amo
つたえる	伝える	sabi(mag、in→sabihin)、balita(mag、i)、batid(magpa、ipa)、alam(magpa、ipa)
つち	土	lupa
つつ	筒	tubo
つづいて	続いて	tuloy-tuloy

つづき	続き	pagpapatuloy
つづく	つづく	sundot(um、i、in→sundutin)
つづく	続く	tuloy(mag、i)
つづける	続ける	tuloy(magpa、ipag)
つっこむ	突っ込む	pasok(mag、i) na pilit
ツツジ	ツツジ	aselea
つつしみぶかい	慎み深い	mahinhin
つつしむ	慎む	pigil(mag、i)
つつまれている	包まれている	【形容詞】nakabalot
つつみ	包み	pakete、balutan
（がみ）	（紙）	pambalot
つつむ	包む	balot(mag、i)
つづり	綴り	baybay、ispeling
つなぐ	繋ぐ	kabit(mag、i、pag＋in)、ugnay(mag-、i)
つなみ	津波	daluyong
つねる	抓る	ipit(um、ma、i)、kurot(um、in→kurutin)
つの	角	sangkay
つば	唾	dura、laway、lura
（をはく）	（を吐く）	dura(um、mang→manura、i)、laway(mag)、
		lura(um、i)
つばさ	翼	pakpak
ツバメ	燕	lagay-lagyan
つぶ	粒	buli
つぶす	潰す	［顔を］hiya(um、mapa、in)、
		［粉々に］durog(um、mag、in→durugin)、
		［すり潰す］ligis(mag、in)、
		masa(mag、in→masahin)、
		［手で］pisil(um、in)、
		［ペチャンコに］pisa(um、ma、in)
つぶやく	呟く	bulong(um、i)
つぶれる	潰れる	lagpak(um)、bagsak(um)
つぼ	壺	［小］banga、［大］tapayan、［細口］galong
つぼみ	蕾み	buko、usbong
つねる	抓る	kurot(mang→mangurot、in→kurutin)
つま	妻	asawa ng babae
つまさきで	爪先で	patiyad
つまみ	撮み	［酒の］purutan
つまむ	撮む	pingol(um、mang→mamingol、in→pingulin)、
		piral(um、mang→mamiral、in)

つまようじ	爪楊枝	tupik
つまらない	つまらない	walang kuwenta、walang kabulhan、[価値のない] hindi mahalaga
つまり	つまり	【副詞】madaling sabi、sa maikling salita
つまる	詰まる	bara(um、maka、an→barahan)
つみ	罪	kasalanan
（をおかす）	（を犯す）	gawa(maka) ng kasalanan
つみかさねる	積み重ねる	[不規則に] bunton(mag、i)、tambak(mag、i)
つみに	積荷	lulan
つむ	積む	[平に] salansan(mag、i)、talaksan(mag、i)、[車に] karga(mag、an→kargahan)、lulan(mag、an)
	摘む	pitas(um、in)
つめ	爪	kuko
（きり）	（切り）	panghinuko
（をきる）	（を切る）	hinuko(mang、an→hinukhan)
つめたい	冷たい	[温度] malamig、[心] malamig na puso、[態度] malamig na pakikitugo
つめたくなる	冷たくなる	lamig(um)
つめて！	詰めて！	[席等] Paurong！
つめる	詰める	[いっぱい] laman(mag、pa＋an)、loob(magpa、ipa) [席等] urong(um)、 [人] siksik(mag、i、in、an)、 [箱等に] impake(mag-、in→impakihin)
つもる	積もる	bunton(ma)
つや	艶	kintab
（のある）	（のある）	【形容詞】makintab
つゆ	梅雨	tag-ulan
	露	hamog
（のおおい）	（の多い）	mahamog
つよい	強い	malakas
つらい	辛い	mahirapan
つらぬく	貫く	[風などが] tagos(um、an→tagusan)、[武器などが] saksak(um、in)
つりあい	釣合	balanse、ekilibrio
つりざお	釣り竿	baliwasan
つりし	釣師	pamimingwit
つりばり	釣針	sagat

つる	蔓	talbos
	釣る	isda（mang）
ツル	鶴	bakaw
つるす	吊す	［カーテン等］kabit（mag、i）、
		［洗濯物］sampay（mag、i）、
		［ハンガー］hanger（mag、i）、
		［ハンモック等］bitin（um、mag、i）
つるつるした	つるつるした	madulas
つれ	連れ	kasama
つわりがある	悪阻がある	suka（mag）dahil naglilihi

て

て	手	kamay
（でたべる）	（で食べる）	kamay（mag）
（をあげる）	（を上げる）	taas（mag）ng kamay、
		taas（i）ang kamay
であう	出会う	tagpo（mag、magka）、salubong（ma、maka）
てあたりしだいに	手当たり次第に	pasumala
てあつく	手厚く	taos- puso
てあて	手当	［金］sustento、panustos
（する）	（する）	［傷等］gamot（um、、in→gamutin）
（～）であるから	（～）であるから	dahil sa～
ていあんする	提案する	mungkahi（mag、i）
ていいん	定員	kapasidad、malululan
ていえん	庭園	hardin
ていか	低下	pagbaba
ていきかんこうぶつ	定期刊行物	peryodiko、magasin
ていきてきな	定期的な	pana- panahon、paulit- ulit
ていきょうする	提供する	bigay（mag、an→bigyan）
ていけいする	提携する	tulong（maki、mag＋an→magtulungan）
ていけつあつ	低血圧	mababang presyong dugo
デイゴ	デイゴ	［植物名］dapdap
ていこう	抵抗	paglaban、pagtutol
（する）	（する）	laban（um、an）、tutol（um、an→tutulan）
（できない）	（出来ない）	di- mapaglabanan
ていこく	帝国	imperyo

ていさい	体裁	itsura、[良い] bagay、[悪い] hindi bagay
ていさつする	偵察する	espiya(mag-、an→espiyahan)、 tiktik(mang→maniktik、an)
ていしゅつする	提出する	harap(mag、i)
ディスコ	ディスコ	disko
（にいく）	（に行く）	disko(mag)
ていせいする	訂正する	tumpak(mag、i)、wasto(mag、i)
ていそう	貞操	birtud、kabanalan
ていたいする	停滞する	hindi agos(um)、tigil(um、an)
ティッシュペーパー	ティッシュペーパー	tisyu-peypel
ていでん	停電	bloaut
（になる）	（になる）	bloaut(ma)
ていど	程度	digri
ていとう	抵当	pagkakasangla
ていねいな	丁寧な	magalang、may magandang asal
ていねん	定年	pagreretiro ng edad
ていのうな	低能な	mahina ang isip、 【慣用句】makitid ang noo
ていぼう	堤防	pampang
ていれをする	手入れをする	ayos(mapa、in→ayusin、an)、 buti(magpa、pa+in→pabutihin)
デートする	デートする	deyt(mag)
テープ	テープ	teyp、sintas
ておくれな	手遅れな	napakahuli
てがかり	手掛り	hiwatig
てがきの	手書きの	sulat-kamay
でかける	出かける	alis(um)
てがみ	手紙	sulat、liham
（をかく）	（を書く）	sulat(um、i、in)、liham(um、an)
てがら	手柄	maningning na gawain
てがるな	手軽な	madali、magaan
てき	敵	kaaway、kalaban
できあがる	出来上がる	tapos(ma)、kompleto(ma)
できおうする	適応する	bagay(um、i)、angkop(um、i)
できごと	出来事	pangyayari
てきした	適した	bagay、akma
テキスト	テキスト	teksto
てきする	適する	bagay(um、ma、an)
てきとうな	適当な	[適合した] angkop、bagay、

		［ほどほどな］kainaman、katamtaman
できる	出来る	【助動詞】puwede、maaari、posible
（だけ）	（だけ）	kaya、kakayahan
（ならば）	（ならば）	kung puwede or maaari
てきれいき	適齢期	panahon ng kasal、edad na para mag-asawa
でぐち	出口	labasan
テクニシャン	テクニシャン	tekniko
てくび	手首	puluso
てこ	てこ	palangka、pingga
でこぼこな	凸凹な	baku-bako
デザート	デザート	himagas
デザイン	デザイン	disenyo、dibuho
（～）でさえあれば	（～）でさえあれば	basta～
でし	弟子	aprendis
てじな	手品	salamangka
てすうりょう	手数料	komisyon
テスト	テスト	test、iksaman、pagsusulit
てすり	手摺	pasamano
でたらめな	でたらめな	pasumala、ala-suwerte
てちょう	手帳	notbuk、kuwaderno
てつ	鉄	bakal
てつがく	哲学	pilosopya
（しゃ）	（者）	pilosopo
てっきょう	鉄橋	tulay na bakal
てづくりの	手作りの	yari sa kamay
てつごうし	鉄格子	rehas na bakal
てったいする	撤退する	urong(um、mag-、i)
てつだう	手伝う	tulong(um、an→tulungan)
てつづき	手続き	pamamalakad、pamamaraan
てっていてきに	徹底的に	kompleto、buo
てつどう	鉄道	tren-riles
てつや	徹夜	pagpupuyat、paglalamay
（する）	（する）	puyat(mag)
てなれた	手慣れた	dalubhasa
テナント	テナント	ang nangungupahan
てにいれる	手に入れる	kamit(mag、in)、tamo(um、mag)
		kuha(um、i、in→kunin)
てにおえない	手に負えない	［人］salbahe
テニス	テニス	tennis

てにもつ	手荷物	bagahe
てぬきする	手抜きする	daskul-daskol(um)
テノール	テノール	tenor
てのひら	掌	palad
デパート	デパート	departamento-istor
てはいする	手配する	handa(mag、i)
デビュー	デビュー	debyu
てぶくろ	手袋	sapin
てほん	手本	turanan
てま	手間	abala、kaabalahan
（がかかる）	（がかかる）	abala(mag-)
（をかける）	（をかける）	abala(mang、in→abalahin)
てまねきする	手招きする	kaway(um、an)、tango(um、an→tanguan)
デモ	デモ	pagpapakita、pagpapakilala
デュエット	デュエット	dueto
てら	寺	temple、[大寺院] katedral
てらす	照らす	tanglaw(um、an)
てる	照る	sikat(um)
でる	出る	labas(um)
テレビ	テレビ	telebisyon
てれる	照れる	hiya(mapa、in)
テロ	テロ	pananakot na lubha
てわたす	手渡す	abot(mag-、an→abutan)
てん	点	tuldok
でんあつ	電圧	bultahe
てんかん	癲癇	epilepsiya
てんき	天気	panahon
（よほう）	（予報）	kalagayang panahon
でんき	電気	elektrik
（こう）	（工）	elektrisyan
	伝記	talambuhay
でんきゅう	電球	bombilya
てんけいてきな	典型的な	kaugalian
てんごく	天国	kalangitan
（のような）	（のような）	makalangit
でんごん	伝言	mensahe、pasabi、pagbibilin
（する）	（する）	sabi(magpa)、bilin(mag、i)
てんさい	天才	henyo
てんし	天使	anghel

てんじ	展示	tanghal
（じょう）	（場）	eksibisyon、tanghalan
（する）	（する）	tanghal(mag、i)
でんしゃ	電車	trambiya
てんしゅ	店主	magtitinda
てんじょう	天井	kisame
てんじょういん	添乗員	patnubay、tagapatnubay、giya
てんしんばしら	電信柱	elektrik- haligi
てんすう	点数	marka
（をつける）	（を点ける）	marka(mag、an→markahan)
でんせつ	伝説	alamat
てんせん	点線	tuldok na guhit
でんせん	電線	elektrik- kawad
でんせんせいの	伝染性の	nakakahawa
でんせんびょう	伝染病	salot
でんたつする	伝達する	balita(mag、i)
でんち	電池	baterya
テント	テント	tolda
でんとう	伝統	tradisyon、kaugalian
	電燈	ilaw
テントウムシ	テントウムシ	salagubang
てんねんとう	天然痘	bulutong
てんのう	天皇	Emperador
（たんじょうび）	（誕生日）	Kaarawan ng Emperador
でんぱ	電波	radyo
でんぴょう	伝票	resibo
てんぷくする	転覆する	taob(um、ma、i)
テンポ	テンポ	bilis、tulis
でんぽう	電報	telegrama
てんもんがく	天文学	astronomiya
てんらんかい	展覧会	eksibisyon、tanghalan
でんりゅう	電流	koryente
でんわ	電話	telepono
（きょく）	（局）	telepon- opis
（する）	（する）	tawag(um、i、in)
（ちょう）	（帳）	direktoryo ng telepono
（にでる）	（に出る）	sagot(in→sagutin) ang telepono
（ばんごう）	（番号）	numero ng telepono
（ボックス）	（ボックス）	telepon- boks

と

と・ドア	戸・ドア	pinto、pintuan
といあわせる	問い合わせる	tanong(mag、i、in→tanungin)
といし	砥石	hasaan
ドイツ	ドイツ	Alemanya、Germany
（ご）	（語）	Wikang Aleman
トイレ	トイレ	kubeta、toilet、kasiliyas
とう	問う	tanong(mag、i、in→tanungin)
	籐	yantok
	塔	tore
どう	銅	tanso
	胴	katawan
どういする	同意する	payag(um、an)
どういたしまして！	どういたしまして！	Walang anuman!
とういつする	統一する	kaisa(mag)
とうか	灯火	ilaw
とうかする	投下する	laglag(mag、i)
トウガラシ	唐辛子	sili
とうかんする	投函する	hulog(mag、i) sa koreo
どうき	動機	sanhi
	動悸	tibok ng puso
とうきゅうせい	同級生	kaklase
とうきょうにん	同郷人	kababayan
どうぐ	道具	kasangkapan、gamit、kagamitan
どうくつ	洞窟	kuweba
とうけい	統計	estatistika
	闘鶏	sabong
（じょう）	（場）	sabungan
どうけし	道化師	payaso
とうこうする	投降する	suko(um、i)
どうさ	動作	kilos、pagkilos
どうし	動詞	pandiwa
とうしする	投資する	puhunan(mang→mamuhunan、in)
どうしたの？	どうしたの？	Ano ang nangyayari sa iyo?
とうして	通して	[最初から最後まで] buhat sa simula hanggang

		sa wakas、[手段で] sa pamamagitan
どうして？	どうして？	Bakit？
どうしても～	どうしても～	papaanunman～
どうじょう	同情	pagdamay、pakikiramay
（する）	（する）	damay(um、maki→makiramay)、
		habag(ma、ka＋an)、awa(ma、ka＋an)
（てきな）	（的な）	maawain、nahahabag、nakikiramay
	同乗する	angkas(mag-、i)
とうじょうする	登場する	labas(um)
とうじょうじんぶつ	登場人物	mga tauhan
どうせいする	同棲する	pisan(um、mag、an)
とうせんする	当選する	halal(ma)
とうぜんの	当然の	mangyari pa、natural
どうぞう	銅像	bantayog ng bronse、istatuwa ng bronse
とうそうする	闘争する	laban(um、mag、an)
とうだい	灯台	parola
とうたつする	到達する	sapit(um、i)、datal(um、i)、dating(um、i)
とうちゃく	到着	pagdating
（する）	（する）	dating(um、i)
とうちょうする	盗聴する	kabit(mag) ng ibang alambre sa kawad
とうとう	とうとう	sa wakas
どうとうの	同等の	katumbas、[価値] kasinhalaga、
		[長さ] kasukat
どうとく	道徳	moral
とうなん	盗難	panloloob
	東南	timog-silangan
どうにゅうする	導入する	pasok(mag、i)
とうにょうびょう	糖尿病	diyabetis
とうは	党派	sekta
とうはんする	同伴する	sama(um、an→samahan)
とうひょうする	投票する	halal(mag、i)、boto(um、i)
とうふ	豆腐	tokwa
どうぶつ	動物	hayop
（えん）	（園）	palahayupan、su
（がく）	（学）	soolohiya
とうほん	謄本	duplikado
どうみゃく	動脈	arterya、arteriya
とうみんする	冬眠する	tulog(mag) sa panahon ng taglamig
どうめい	同盟	alyansa、kaanib、kapanig、kakampi

とうめいな	透明な	naaaninag、manganganinag
どうもうな	獰猛な	mabangis
トウモロコシ	トウモロコシ	mais
とうゆ	燈油	gas、petrolyo
とうよう	東洋	oryente、silangan
（の）	（の）	pansilangan
どうようする	動揺する	balisa(um、ma、in→balisahin)
どうようの	同様の	magkatulad、magkagaya
どうらく	道楽	pag-aaksaya
（な）	（な）	mabisyo、bisyoso、aksaya
どうりで	道理で	kaya pala
どうりょう	同僚	kasamahan
どうりょうの	同量の	kasindami
とうろく	登録	rehistrasyon、pagtatala
（する）	（する）	tala(mag、i)、ilista(mag-、i)
とうろんする	討論する	talo(mag、pag＋an→pagtalunan)
とおい	遠い	malayo
とおくなる	遠くなる	layo(um)
とおざける	遠ざける	layo(mag、i)、hiwalay(mag、i)
トースト	トースト	tustadong tinapay
ドーナッツ	ドーナッツ	donat
とおり	通り	daan、kalye、karsada、［大通り］abenida
とおりすぎる	通り過ぎる	lipas(um)、daan(um、mag、an)
とおりぬける	通り抜ける	lampas(um、maka、an)
とおる	通る	daan(um、mag、an)
とかい	都会	lunsod、siyudad
トカゲ	トカゲ	bubuli
とかす	溶かす	tunaw(um、mag、in)、lusaw(um、mag、in)
	梳かす	suklay(mag、in、an)
とがっている	尖っている	matulis
とがめる	咎める	sisi(um、mang→manisi、in→sisihin)
とき	時	［時間］oras、【接続詞】［～の時］pag～、kapag～
ときどき	時々	［時たま］paminsan-minsan、［しばしば］madalas、malimit
ドキドキする	ドキドキする	tibok(um)
どきょうのある	度胸のある	matapang、malakas ang loob
とぐ	研ぐ	hasa(mag、i)
どく	毒	lason

（のある）	（のある）	may-lason
とくいな	特異な	ka-kaiba
	得意な	palalo、mapagmalaki
とくぎ	特技	espesyalidad
どくさいしゃ	独裁者	diktador
どくさつする	毒殺する	lason(um、in→lasunin)
とくしつ	特質	katangian
どくじの	独自の	di-karaniwan、pambihira
どくしゃ	読者	mambabasa
とくしゅう	特集	pangkat、artikulo
とくしゅな	特殊な	ispesyal、tangi、maliba
どくしん	独身	［男］binata、［女］dalaga
とくする	得する	pakinabang(ma→makinabang、in)
どくそうてきな	独走的な	mapanlikha、mapag-isip
とくちょう	特長・特徴	karakter、kagalingang、katangian
（をあらわす）	（を表す）	karakterisa(in)、kilala(magpa、ipa)
どくとくな	独特な	walang-katulad、walang-kapareho
とくに～	特に～	lalo na～
とくべつな	特別な	tangi、tanging-tangi、sadya、espesyal
どくりつ	独立	kasasarili
（の）	（の）	nagsasarili
トゲ	棘	tinik
とけい	時計	relo、orasan
（や）	（屋）	relohan
とける	溶ける	tunaw(ma)
どこ	何処	saan
（か）	（か）	kung saan
（にある）	（にある）	nasaan
（にでも）	（にでも）	saanman、kahit saan
（へ）	（へ）	pasaan
どこのしゅっしん？	何処の出身？	Tagasaan？
とこや	床屋	barbar
ところで	ところで	siyanga pala
とさつする	屠殺する	patay(um、mag、in)
とざん	登山	pag-akyat sa bundok
（か）	（家）	mamumundok
とし	都市	lunsod、siyudad
	年	taon
（をとる）	（をとる）	tanda(um)

としうえの	年上の	nakatatanda
とじこめる	閉じ込める	kulong(mag､i､in→kulungin)
としごろ	年頃	tamang gulang ng panahon
とじている	閉じている	【形容詞】［店等］sarad､nakasarad､［花等］maikom
としま	年増	nasa katanghalian-gulang ng babae
どしゃぶりの	どしゃぶりの	malakas na ulan
としょ	図書	aklat
（かん）	（館）	aklatan
とじょう	土壌	lupa
としより	年寄り	taong matanda
とじる	閉じる	［目］pikit(um､i)､［ドア］sara(mag､i)
	綴じる	salansan(mag､i)
どせい	土星	saturno
どだい	土台	pondo
とだな	戸棚	kabinet
とつぜん	突然	bigla､pabigla
（の）	（の）	pagkabigla､kabiglaan
とち	土地	lupa
どちゃくの	土着の	nakakatubo
とちゅうで	途中で	sa daan､nasa kalahatian
どちら・どっち	どちら・どっち	alin
（でも）	（でも）	alinman
どちらか	どちらか	alinman sa dalawa
とっきゅう	特急	ekspres
とっきょ	特許	patente
とっけん	特権	pribilehiyo
とつじょうの	凸状の	matanbok
どて	土手	pampang
とても～	とても～	［大変に］masyadong～
とどく	届く	［手紙等］dating(um)､sapit(um､ma､in)［手等が］abot(ma､maka)
とどける	届ける	dala(mag､in→dalhin)､hatid(mag､i)
ととのえる	整える	ayos(mag-､in→ayusin)
とどまる	留まる	tira(um､ma)､patili(mang→manatili)
とどろく	轟く	ugong(um)､ungal(um)
どなべ	土鍋	palayok
となり	隣	katabi､kalapit､［家］kapitbahay
どなる	怒鳴る	hiyaw(um､an)､sigaw(um､an)

とにかく	とにかく	papaanuman
どのくらい	どの位	gaano
どのように	どの様に	paano
とばくをする	賭博をする	sugal(mag)
トビウオ	飛魚	bolador
とびおりる	飛び下りる	talon(um、in→talunin)
とびこえる	飛び越える	lukso(um、in→luksuhin)、lundag(um、in)
とびこむ	飛び込む	talon(um、in→talunin)
とぶ	跳ぶ	lukso(um、in→luksuhin)、lundak(um、in)
	飛ぶ	lipad(um)
どぶ	溝	alulod
とぼける	惚ける	kunwari(mag、i)
とぼしい	乏しい	kakaunti
トマト	トマト	kamatis
とまどう	戸惑う	taranta(um、in→tarantahin)
とまる	泊まる	tira(um、ma)
	止まる	tigil(um、i)、hinto(um、i)、 [ハエ等] tuntong(maka)、 [鳥] dapo(um、an→dapuan)、 hapon(um、an→hapunan)
とまれ！	止まれ！	Para！
とみ	富	yaman
とむ	富む	maging mayaman
とめる	止める	hinto(magpa、pa＋in→pahintuin)、 tigil(magpa、pa＋in)
	泊める	tuloy(magpa、pa＋in→patuluyin)
	留める	kabit(mag、i、an)
ともかく	ともかく	papaanuman、kahit paano
ともだち	友達	kaibigan
（かんけい）	（関係）	pagkakaibigan
（になる）	（になる）	kaibigan(mag)
どもる	吃る	utal(ma)、utal-utal(um、magpa)
どようび	土曜日	Sabado
トラ	虎	tigar
ドライバー	ドライバー	drayber、tsuper
ドライヤー	ドライヤー	drayyar、patuyuan
とらえる	捕える	dakip(um、in→dakpin)、huli(um、in→hulihin)
トラック	トラック	trak
トラブル	トラブル	kaguluhan

ドラマ	ドラマ	drama
トランク	トランク	trank、baul
トランプ	トランプ	baraha
トランペット	トランペット	trumpeta
とり	鳥	ibon
（かご）	（籠）	tangkal、kulungan
（にく）	（肉）	karneng manok
とりあう	取り合う	agaw(mag-＋an)、pangagaw(mag＋an)
とりあえず	とりあえず	muna
とりあげる	取り上げる	【奪う】bawi(um、in)、alis(mag-、in)、[手に] pulot(um、mang→mamulot、in→pulutin)
とりいれる	取り入れる	［採用］pasok(mag、i)
とりえ	取り柄	tagubilin
とりかえす	取り返す	bawi(ma、maka)
とりかえる	取り換える	palit(mag、an)
とりかこむ	取り囲む	kulong(um、ma、in→kulungin)、paligid(um、ma、an→paligiran)
とりきめ	取り決め	kasunduan
とりくむ	取り組む	punyagi(mag、pag＋an)
とりけす	取り消す	kansel(um、in→kanselhin)、kaltas(um、in)
とりこわす	取り壊す	giba(mag、ma、i、in)、wasak(mag、ma、i、in)
とりさげる	取り下げる	［訴訟］urong(um、mag-)
とりしまる	取り締まる	bahala(mang→mamahala、pa＋an→pamahalaan)
とりたてる	取り立てる	singil(mang→maningil、in)
とりつける	取り付ける	kabit(mag、i)
とりのぞく	取り除く	alis(mag-、i、in、an)
とりひき	取引	negosyo
（する）	（する）	negosyo(mag、in→negosyuhin)、kalakal (mang→mangalakal、in)
とりみだした	取り乱した	mabalisa、magulo
とりもどす	取り戻す	makuhang muli、kuning muli
とりやめる	取り止める	bigay(mag、an→bigyan)-wakas
とりょう	塗料	pintura、pinta
どりょくする	努力する	pilit(mag、pag＋an)、sikap(mag、pag＋an)
ドリル	ドリル	balibol
とる	取る	kuha(um、in→kunin、an→kunan)
	撮る	kuha(um) ng litrate

ドル	ドル	dolar
どれい	奴隷	alipin
（のようにあつかう）	（のように扱う）	alipin(magpa、pa、mapa)
ドレス	ドレス	bestido、baro
とれる	取れる	kuha(ma)
どろぼう	泥棒	magnanakaw
トン	トン	tolenada
トンカツ	トンカツ	pinintong baboy、pritado
どんかんな	鈍感な	walang pakiramdam
トンネル	トンネル	tunel
トンボ	蜻蛉	tutubi
どんよくな	貪欲な	matakaw、masakim
どんよりした	どんよりした	makulimlim

な

ない	無い	wala
ないか	内科	medisina
ないがい	内外	loob at labas
ないかく	内閣	kabinete
ないしょ	内緒	lihim、sekreto
（ばなしをする）	（話しをする）	mukmok(mag)
ないぞう	内臓	lamang-loob
ナイトクラブ	ナイトクラブ	naitkrab、panggabing aliwan
ナイフ	ナイフ	kutsilio
ないぶ	内部	loob
（に）	（に）	sa loob
（の）	（の）	panloob
ないよう	内容	nilalaman
ナイロン	ナイロン	naylon
なえ	苗	punla
なおす	直す	［修理］ayos(mag-、i、in→ayusin)、
		kumpuni(mag、in→kumpunihin)、
		［訂正・矯正］wasto(mag、i)、tumpak(mag、i)
	治す	［治療］galing(magpa、pa＋in)
なおる	直る	［修理］ayos(um)
	治る	［病気］galing(um)、buti(um)

なか	中	loob
（に・へ）	（に・へ）	sa loob
ながい	長い	［長さ］mahaba、［時間］matagal
なかがいい	仲がいい	matalik、palakaibigan
ながくかかる	長くかかる	［時間］tagal(um、mag)、haba(um)
ながくつづく	長くつづく	tagal(um)
ながくなる	長くなる	［長さ］haba(um)
ながぐつ	長靴	bota
ながし	流し	lababo
ながす	流す	［水等］agos(mag-、pa＋in→paagusin)、［涙］luha(um、ma)
なかなおりする	仲直りする	kasundo(mag)
（〜の）なかに	（〜の)中に	［真ん中］sa gitna ng mga〜
ながびく	長引く	patuloy(mag、ipag)
なかま	仲間	kasama、katoto、pareha、kapareha
なかみ	中身	laman
ながめる	眺める	tingin(um、an→tingnan)、tanaw(um、in)
なかゆび	中指	hinlalato、hingitna、dato
なかよくする	仲良くする	talik(mag)
なかよくなる	仲良くなる	kaibigan(mag)
（〜）ながら	（〜）ながら	samantala〜
ながれ	流れ	daloy、pag-agos
ながれぼし	流れ星	bulalakaw
ながれる	流れる	agos(um)
なきがお	泣き顔	mukuhang may luha
なきごえ	泣声	iyak、hikbi
なぎさ	渚	aplaya、tabing-dagat
なきだす	泣き出す	biglang mapaluha
なきむしな	泣き虫な	iyakin、maluhain、【慣用句】mababa ang luha
なく	泣く	iyak(um、an)、［大声で］ngakngak(um)
	鳴く	［牛］unga(um)、［鳥］huni(um)、［猫］ingaw(um)、［馬］haling-hing(um)、［鶏］tilaok(um)
なぐさめる	慰める	aliw(um、ma、in)
なくす	無くす	wala(mag、mai、i)
なくなる	無くなる	wala(ma)、lipol(ma)
なぐる	殴る	［拳］suntok(mang→manuntok、in→suntukin)、［棒］bugbog(um、in→bugbugin)
なげく	嘆く	taghoy(um、mang→managhoy)

148

なげなわ	投げ縄	silo
なげる	投げる	pukol(um、mag、in→pukulin)、hagis(um、i、in)、bato(um、i、in)
なければならない	なければならない	【助動詞】dapat、nararapat、kailangan
なこうど	仲人	tagamamagitan、tulay
なごやかな	和やかな	masaya
なさけ	情	pagdamay、pakikiramay
（ない）	（ない）	hamak
（のない）	（のない）	walang- puso、walang- awa
（ぶかい）	（深い）	mabait
なし	梨	peras
（～）なしで	（～）無しで	walang～
なじみ	馴染	pagkamatalik、pagkamalapit
（の）	（の）	matalik、malapit
ナス	茄子	talon
なぜ	何故	bakit
（ならば）	（ならば）	kasi、sapagka't、mangyari
なぞ	謎	palaisipan、bugtong
なた	なた	palataw、puthaw
なだめる	宥める	hinahon(magpa、pa+in→pahinahunin)、lamig(magpa) ng ulo
なだらかな	なだらかな	marahan、mahinay
なつ	夏	tag- araw
なつく	懐く	mahal(mag、ma、mapa、in)、[動物] amo (um、mapa)
なづけおや	名付け親	[男] ninong、[女] ninang
なづける	名付ける	ngalan(mag、i、an、pa+an)
ナット	ナット	tuerka
なっとくする	納得する	[理解] intindi(um、in→intindihin、ma+an→maintindihan)
ナップザック	ナップザック	alporhas
なでる	撫でる	haplos(um、in→haplusin)、hagod(um、in→hagurin、an→haguran)
（～）など	（～）等	～at iba pa
なな	七	pito、siete
ななめ	斜め	pahilis、pahiwid
（の）	（の）	hilis
なに	何	ano
（か）	（か）	anumang bagay

（のため）	（のため）	para saan
（もない）	（もない）	wala
ナプキン	ナプキン	serbileta
なふだ	名札	pangalang tag or tanda
ナフタリン	ナフタリン	naptalina
なべ	鍋	kaldero
（しき）	（敷）	dikin
なまあたたかい	生暖かい	malahininga
なまいきな	生意気な	insolenta、impertinente、walang-galang
なまぐさい	生臭い	malansa
なまけもの	怠者	tamad na tao
なまける	怠る	tamad(mag、in→tamarin)
ナマズ	鯰	hito
なまの	生の	hilaw
なまり	鉛	tingga
なまる	訛る	【形容詞】palumihing budhi、diyalekto
なみ	波	alon
（がある）	（がある）	［荒れた］maalon
なみだ	涙	luha
（ぐむ）	（ぐむ）	【形容詞】nakaiiyak
（もろい）	（脆い）	iyakin、maluhain
（をながす）	（をながす）	luha(um、ma、i)
なみき	並木	linya ng punongkahoy
なみの	並の	ordinarya、karaniwan
ナメクジ	ナメクジ	islag
なめらかな	滑らかな	makinis
なめる	嘗める	himod(um、in→himarin)、dila(um、an)、
		［ペロリ］aklak(um、in)
なや	納屋	kamalig
なやみ	悩み	dusa、ligalig
なやむ	悩む	dusa(mag、pag+an→pagdusahan)
ならう	習う	tuto(um、ma+an→matutuhan)
ならす	均す	pantay(i、in、pag+in)、patag(mag、in)
	鳴らす	tunog(um、magpa、pa+in→patunugin)
ならぶ	並ぶ	hilera(um、i)、agapay(um)、hanay(um、i)
		pila(um)
ならべる	並べる	［列］hilera(mag、pa+in→pahilerahin)、
		agapay(mag-、i)、
		［準備］areglo(mag-、in→aregluhin)、

		ayos(mag-、i、in→ayusin)、handa(mag、i)
ならんだ	並んだ	tabi-tabi、magkatabi、aga-agapay
なりきん	成り金	taong biglang-yaman
なりゆきにまかせる	成り行きに任せる	【慣用句】bahala na
なる	鳴る	［ちりんちりん］kuliling(um)、［音］tunog (um)
なるべく	なるべく	kung puwede or maaari
なるほど！	成る程！	Ganoon pala！
ナレーション	ナレーション	pagsasalaysay、pagkukuwento
なれなれしい	馴れ馴れしい	adebintado
なれる	慣れる	sanay(ma)、bihasa(ma)
なわ	縄	lubid
（とび）	（跳び）	larong luksong-lubid
（ばり）	（張り）	teritoryo
なんかい	何回	ilang beses
（め）	（目）	tag-iilan、pang-ilan
（も）	（も）	madalas
なんきょく	南極	Polong Timog
ナンキンムシ	南京虫	surot
なんこう	軟膏	pamahid
なんさい	何才	ilang taon
なんじ	何時	anong oras
なんじかん	何時間	ilang oras
なんせい	南西	salatan
なんでも	何でも	anuman、kahit ano
なんとか	何とか	kahit paano
なんにち	何日	［長さ］ilang araw、［日付］anong petya
なんねん	何年	［長さ］ilang taon、［年度］anong taon
なんばんめ	何番目	pang-ilan
なんぶ	南部	katimugan
なんぼく	南北	hilaga at timog
なんみん	難民	takas
なんようび	何曜日	anong araw

に

| に | 二 | dalawa、dos |

にあう	似合う	【形容詞】bagay、【動詞】bagay(um、ma)
におい	匂い	amoy
（をかぐ）	（を嗅ぐ）	amoy(um、in→amuyin)
におう	臭う	amoy(mang)、【形容詞】maamoy
にかい	二回	dalawang beses
	二階	pangalawang sahig、ikalawang palapag
にがい	苦い	mapait
ニガウリ	苦瓜	ampalaya
にがくなる	苦くなる	pait(um)
にがす	逃す	［自由にする］laya(mapa、pa+in)
にがつ	二月	Pebrero
にがて	苦手	depekto、masiraan、diperensiya
にきび	にきび	tagihawat
にぎやかな	賑やかな	［陽気な］masaya、［活気のある］masigla
にぎり	握り	sunggab、pagsunggab
（つぶす）	（潰す）	kuyumos(um、ma、in→kuyumusin)
にぎる	握る	sunggab(um、an)、dakmal(um、in)
にぎわう	賑わう	【形容詞】libungbong
にく	肉	karne
（や）	（屋）	magkakarne
にくたい	肉体	katawan
にくむ	憎む	muhi(ma)、poot(ma)
にくらしい	憎らしい	kapoot-poot
にぐるま	荷車	bagon、karo
にげる	逃げる	takas(um、maka)
にごった	濁った	maputik
にこむ	煮込む	laga(mag、i)
にごる	濁る	labo(um)
にし	西	kanrulan
（むきの）	（向の）	pakanrulan
にじ	虹	balangaw、bahaghali
にしき	錦	brokado
ニシキヘビ	錦蛇	sawa
にじむ	滲む	tinta(ma+an→matintahan)
にじゅう	二十	dalawampu、beynte
にじゅうの	二重の	dalawang-sapin
ニシン	鰊	tamban、tunsoy
ニス	ニス	barnis
にせがね	偽金	salaping huwad

にせの	偽の	huwad、hindi tunay
にせもの	贋物	imitasyon、huwad、paghuwad
にちじょうせいかつ	日常生活	pangkaraniwang buhay
にちじょうの	日常の	pangkaraniwan
にちぼつ	日没	paglubog ng araw
にちようび	日曜日	Linggo
にちようひん	日用品	mga pangangailangan sa bahay、
		mga kailangan sa bahay
(～)について	(～)について	tungkol sa～
にっき	日記	talasarili
ニックネーム	ニックネーム	palayaw、bansag
にづくりする	荷造りする	empake(mag-、in→empakehin)
ニッケル	ニッケル	nikel
にっこう	日光	liwanag ng araw
にっしゃびょう	日射病	"sun stroke"
にっしょく	日食	eklipse ng araw
にってい	日程	palatuntunan、talaan
にている	似ている	mukha(maka)、tulad(ma、maka)
にとう	二等	segunda-klase
にばい	二倍	doble
にばしゃ	荷馬車	kalesa
にぶい	鈍い	[形] mapurol、[頭が]【慣用句】utak-ipis、
		[動きが] walang-kilos
にぶんのいち	1/2	kalahati
にほん	日本	Hapon
（ご）	（語）	Wikang Hapon、Salitang Hapones
（しゅ）	（酒）	alak-bigas
（じん）	（人）	Hapon、Hapones[a]
（せい）	（製）	gawang Hapon
（びいき）	（びいき）	maka-hapon
（りょうり）	（料理）	lutong-Hapon
にまいめ	二枚目	guwapo
(～)にもかかわらず	(～)にもかかわらず	kahit na～、bagama't～
にもつ	荷物	kargada、bagahe、pakete
にゅういん	入院	pagpasok sa ospital
にゅうがく	入学	pagpapasok sa～学校
（しけん）	（試験）	eksamin sa pag-eenrol
（する）	（する）	pasok(pa+in→papasukin) sa～学校
にゅうきょしゃ	入居者	nangungupahan、ingkilino

にゅうしゃする	入社する	pasok(pa＋in→pasukin) sa kampanya
にゅうじょうけん	入場券	tiket sa pagpasok
ニュース	ニュース	balita
（をつたえる）	（を伝える）	balita(mag、i)
にゅうよくする	入浴する	ligo(ma)
ニラ	ニラ	berdeng sibuyas
にらむ	睨む	dilat(mang→mandilat、pang＋an→pandilatan)
にる	煮る	kulo(magpa、ipa)
にわ	庭	bakuran、halamanan、hardin
ニワトリ	鶏	manok
にんかする	認可する	hintulot(magpa、pa＋in→pahintulutin)、payag(um、an)、tibay(magpa、pa＋in)
にんきのある	人気のある	sikat、bantog、popular
にんぎょ	人魚	sirena
にんぎょう	人形	manika
にんげん	人間	tao
（せい）	（性）	katauhan、pagkatao
（てきな）	（的な）	pantao
にんしき	認識	katalusan
（する）	（する）	kilala(um、ma)、talos(um、in→talusin)
にんじょう	人情	kabaitan、damdamin ng tao
（のある）	（のある）	makatao
にんしん	妊娠	kabuntisan、pagbubuntis
（させる）	（させる）	buntis(um、maka、in)
（している）	（している）	【形容詞】buntis
（する）	（する）	buntis(mag)、lihi(mag)
（ちゅうぜつ）	（中絶）	pagpapaagos、paglalaglag
ニンジン	人参	karot
にんずう	人数	bilang ng mga tao
にんそう	人相	pagmumukha、bukas ng mukha
（のよくない）	（の良くない）	masama ang pagmumukha
にんたい	忍耐	pagtitiis
にんちする	認知する	kilala(um、in→kilalanin)
ニンニク	ニンニク	bawan
ニンフ	妖精	nimpa
にんぷ	妊婦	buntis
	人夫	trabahador、manggagawa
にんむ	任務	tungkulin

にんめいする	任命する	hirang(um、in)

ぬ

ぬいめ	縫い目	tahi、tutop
ぬう	縫う	tahi(um、mang→manahi、i、in)
ヌード	ヌード	hubu′t-hubad
ぬか	糠	ipa
ぬかるみ	ぬかるみ	putikan
ぬきでた	抜きでた	【形容詞】nangunguna、nakalalamang
ぬく	抜く	bunot(um、mag、in→bunutin)
ぬぐ	脱ぐ	[上半身] hubad(mag、in→hubarin、an→hubaran)、[下半身] hubo(mag、in→hubuin、an→hubuan)
ぬくもり	温もり	init
ぬけめない	抜け目ない	suwitik
ぬける	抜ける	bunot(maka)
ぬすむ	盗む	nakaw(mag、in)
ぬの	布	tela
ぬま	沼	lati、latian、labon
ぬらす	濡らす	basa(mag、in)
ぬる	塗る	[色] kulay(mag、an)、kolor(mag、an)、[薬等] pahid(mag、i、an→pahiran)、[しっくい] tapal(mag、an)、plaster(mag、an)、[バター等] kulapol(mag、i、an→kulapulan)、[ペンキ・絵具等] pinta(mag、an→pintahan)、pintura(mag、an→pinturahan)
ぬるい	温い	hindi masiyadong mainit、malahininga
ぬるぬるした	ぬるぬるした	malusak、maputik
ぬれた	濡れた	【形容詞】basa
ぬれる	濡れる	basa(ma)

ね

ね	根	ugat
ねうち	値打	saysay、kasaysayan、halaga、kahalagahan
ねえさん	姉さん	ate
ネオン	ネオン	neon
ネガ	ネガ	negatibo
ねがい	願い	nais、pagnanais、gusto、kagustuhan
ねがう	願う	nais(mag、in)、hangad(mag、in→hangarin)
ねかす	寝かす	patulog、tulog(pa+in→patulugin)
ネギ	葱	kutsay
ネクタイ	ネクタイ	kurbata
ネコ	猫	pusa
ネジ	ネジ	turnilyo
（まわし）	（回し）	disturilyador
ねじあわせる	捩合わせる	pili(um、mag、in→pilihin)、
		pilipit(um、mag、in)
ねじる	捻る	ikot(um、magpa、pa+in→paikutin)
ネズミ	鼠	daga
ねぞうがわるい	寝相が悪い	bali-baligtad(magpa) sa kama
ねたむ	嫉む	inggit(ma)
ねだる	ねだる	hingi(um、in)
ねだん	値段	halaga、presyo
（があがる）	（が上がる）	taas(um、i、an)
（がさがる）	（が下がる）	mura(ma、an→murahan)
（をつける）	（をつける）	halaga(mag)、turing(um、mag、an)
ねつ	熱	init
（がある）	（がある）	［体］lagnat(ma)、may lagnat
（する）	（する）	init(magpa、i、pa+in)
（をはかる）	（を計る）	kuha(um、an→kunan) ng temperatura
ネッカチーフ	ネッカチーフ	baksa
ネックレス	ネックレス	kuwintas
ねっしんな	熱心な	sabik、nasasabik
ねつぞうする	捏造する	imbento(um、in→imbentuhin)、katha(um、in)
ねったい	熱帯	tropiko
（～に）ねっちゅうする	（～に）熱中する	lulong(ma) sa～
ねっとう	熱湯	mainit na tubik
ねつぼうする	熱望する	mithi(mag、in)
ねつれつな	熱烈な	maalab
ねばねばする	ねばねばする	malagkit
ねばりづよい	粘り強い	matiyaga、mapagtiyaga

ねばる	粘る	［根気］tiyaga（mag、pag＋an）
ねびきする	値引する	diskuwento（mag、an→diskuwentuhan）、bawas（mag、an）
ねぶそくな	寝不足な	mapuyat
ねふだ	値札	tag na kinalalagyan ng halaga
ねぼうする	寝坊する	labis（um）sa tulog
ねぼけた	寝惚けた	alimpungat
ねまき	寝巻	pantulog na damit
ねむくなる	眠くなる	antok（mag-、i）
ネムノキ	ネムノキ	makahiya、"mimosa"
ねむる	眠る	tulog（um、ma）
ねむれない	眠れない	di-makatulog
ねらう	狙う	puntirya（um、i、in→puntiryahin）、asinta（um、i、in→asintahin）
ねる	寝る	［横になる］higa（um、ma）
	練る	masa（mag、in→masahin）
ねん	年	taon
ねんがじょう	年賀状	pambagong-taong poskard
ねんざ	捻挫	pilay
ねんしゅう	年収	ang kinikita sa isang taon
ねんど	粘土	lagkit、lupang-malagkit
ねんまつ	年末	katapusan ng taon
ねんりょう	燃料	panggatong
ねんりん	年輪	edad na kahoy
ねんれい	年齢	edad、gulang

の

のう	脳	utak
（いっけつ）	（溢血）	apopleksi
（しゅよう）	（腫瘍）	tumor sa utak
（そっちゅう）	（卒中）	atake-serebral
のうぎょう	農業	agrikultura
のうぜい	納税	pagbabayad ng buwis
のうちかいかく	農地改革	agraryong pagbabago
のうみん	農民	magsasaka
のうりつがよい	能率が良い	may-kakayahan sa paggawa、sanay

のうりょく	能力	abilidad、kaya、kakayahan
ノートブック	ノートブック	kuwaderno
のがれる	逃れる	ligtas(um、mag、i)
のき	軒	sibi
のく	退く	[脇へ] tabi(um)、habi(um)、[後へ] urong (um)
のけものにする	除け者にする	layo(mag、an→layuan)、huwag sama(i)
のける	除ける	alis(mag-、i、in)
のこぎり	鋸	lagari
のこす	残す	[財産等] iwan(mag-、an)、[物・人等] iwan(ma)、【慣用句】iwan
のこった	残った	【形容詞】natira、natitira
のこる	残る	[余る] tira(ma)、iwan(ma)、[残留] tigil (um)、iwan(magpa)
のせる	乗せる	[乗客] sakay(mag、i)、lulan(mag、an)、[荷物] karga(mag、i、an→kargahan)
(～を)のぞいて	(～を)除いて	kundi～、maliban sa～
のぞく	除く	alis(mag-、i、in、an)
	覗く	silip(um、mang→manilip、in)
のぞましい	望ましい	【形容詞】kanais- nais、kaibig- ibig
のぞみ	望み	nais、pagnanais、gusto、kagustuhan
のぞむ	望む	hangad(mag、in→hangarin)、nais(mag、in)
ノックする	ノックする	tuktok(um、in→tuktukin)、katok(um、in→katukin)
のっとる	乗っ取る	sakop(um、ma、in→sakupin)、lupig(um、ma、in)
のど	喉	lalamunan
（がかわく）	（が渇く）	uhaw(ma)
のどかな	長閑な	payapa、mapayapa
のどぼとけ	喉仏	lalagukan、tatagukan
ののしる	罵る	batikos(um、in→batikusin)
のばす	伸ばす	[体を] inat(um、mag-)、dipa(um、i)、[ゴム等] banat(um、ma、in)、[時間] tagal(magpa、pa+an)、[手を] abot(um、mag-、i、in→abutin)、[長くする] haba(magpa、pa+in)、[真っ直に] tuwid(mag、i、in→tuwirin)
のはら	野原	parang
のびる	伸びる	[時間] tagal(um)、[背] taas(um)

のべる	述べる	sabi(mag、in→sabihin)、saysay(mag、i)
のぼせる	逆上せる	hilo(ma)、lula(ma)
のぼりざかの	上り坂の	pataas
のぼりみち	上り道	ahunan
のぼる	登る	[山] akyat(um、in)、[階段] panhik(um)
	昇る	[上昇] paitaas(um、mag)、
		[太陽] sikat(um)
ノミ	蚤	pulgas
のみ	のみ	[道具] pait
のみこむ	飲み込む	lulon(um、in→lnlunin)、
		lunok(um、in→lunukin)
〜のみならず…まで	〜のみならず…まで	hindi lamang〜kung、pati…
のみもの	飲み物	inumin
のみや	飲屋	taberna、bar
のむ	飲む	inom(um、in→inumin)、
		[がぶがぶ] tungga(um、in→tunggahin)
のり	糊	[文房具] pandikit、[洗濯用] gawgaw
のりおくれる	乗り遅れる	huli(ma) nang sumakay
のりかえる	乗り換える	salin(um)、lipat(um)
のりくみいん	乗組員	tripulante
のりこす	乗り越す	lampas(um)
のりもの	乗り物	sasakyan
のる	乗る	sakay(um、an→sakyan)
のろう	呪う	sumpa(um、mang→manunpa、in)
のろま	鈍間	matigas na katawan、tanga
のんきな	呑気な	masayahin
のんびり	のんびり	lilaks

は

は	葉	dahon
（をつける）	（をつける）	dahon(mag)
	歯	ngipin
（をみがく）	（を磨く）	sipilyo(mag、in→sipilyuhin)
	刃	talim
バー	バー	bar、barikan
ばあい	場合	[特殊な] okasyon、(〜の)場合 kaso ng〜

はあくする	把握する	［手で］sunggab(um、an)、dakmal(um、in)、 ［理解する］intindi(um、ma＋an→ maintindihan)、unawa(um、ma＋an)
バーゲン	バーゲン	baratilyo、almoneda
ばあさん	婆さん	lola
パーセント	％	parsiyento、bahagdan
パーティ	パーティ	parti
（をする）	（をする）	parti(mag)、magkaroon ng parti
ハートがたの	ハート型の	hugis- puso
パーマをかける	パーマをかける	kulot(mag、in→kulutin、an→kulutan)
ハーモニカ	ハーモニカ	hammonika
はい！	はい！	Oo!、【丁寧】Opo!、Oho!
はい	灰	abo
（いろ）	（色）	kulay- abo
	肺	baga
（えん）	（炎）	pulomonya
ばい	倍	doble、ibayo
バイオリン	バイオリン	biyolin
はいかいする	徘徊する	lakad- lakad(um、mag)、 libut- libot(um、magpa)
はいがいてきな	排外的な	anti- dayuhan
はいかんこう	配管工	tubero
はいきガス	排気ガス	pag- iwan ng gas、usok
はいきぶつ	廃棄物	pag- iwan ng bagay
はいきゅうする	配給する	baha- bahagi(mag)、hati- hati(mag)
ばいきん	ばい菌	mikrobyo
はいけい	背景	kaligiran
はいざら	灰皿	astre、abuhan、titisan、sinisero
はいしする	廃止する	alis(mag、in)、bigay- wakas(mag)、 ［制度］lipol(um、in→lipulin)
はいしゃ	歯医者	dentista
ばいしゅうする	買収する	suhol(um、an→suhulan)
ばいしゅん	売春	prostitusyon、pagpuputa
（ふ）	（婦）	puta、【慣用句】kalapating mababa ang lipad
ばいしょう	賠償	reparasyon、bayad- pinsala
（する）	（する）	bayad- pinsala(mag)
はいすいする	排水する	tuyo(pa＋in→patuyuin)、alis(an) ng tubig
はいせん	配線	paglilinya
はいたつする	配達する	deliber(mag)、dala(mag、in→dalhin)、

		hatid(mag､i)
はいちする	配置する	puwesto(mag､i)､talaga(mag､i)
はいっています！	入っています！	［トイレなど］Okupado!､May-tao!
ばいてん	売店	puwesto
はいとうする	配当する	bahagi(ma→mamahagi､ipa→ipamahagi)
ばいどく	梅毒	sipilis
パイナップル	パイナップル	pinya
はいにち	排日	laban sa Hapon
ハイビスカス	ハイビスカス	gumamela
パイプ	パイプ	［タバコ］pipa､kuwako
はいぼく	敗北	pagkatalo
はいゆう	俳優	artista
はいりなさい！	入りなさい！	Pasok！､Tuloy!
はいる	入る	pasok(um､an→pasukan)
パイロット	パイロット	piloto
はう	這う	gapang(um)
パウダー	パウダー	pulbo
ハエ	蠅	langgaw
はえる	生える	tubo(um)､sibol(um)
はおと	羽音	ugong
はか	墓	puntod
（ば）	（場）	sementeryo､libingan
ばか	馬鹿	kalokohan
（な）	（な）	gago[a]､tanga､hangal､ulol､tarantado､
		［男］luku-luko､［女］luka-luka､
		［欠陥のある］loko､luka
（にする）	（にする）	loko(um､mang→manloko､in→lokohin)､
		ulol(um､in→ululin)､hamak(um､an)
はかい	破壊	paggigiba､pagwawasak
（する）	（する）	wasak(mag､ma､i､in)､giba(mag､i､in)
（てきな）	（的な）	giba､mapagwasak
はがす	剝がす	bakbak(um､in､an)
はかない	はかない	madaling-mawala
はがね	鋼	asero
はかり	計り	timbangan
はかる	計る	［寸法］sukat(um､in)､
		［重さ］timbang(um､mag､in)
はがれる	剝がれる	malikaskas(ma､pa＋an)､tuklap(ma､in)
はきけ	吐き気	alibadbad

はく	履く	suot(mag、i)
	掃く	walis(mag、an)
	吐く	［唾］lura(um、i)、dura(um、i)、
		［もどす］suka(um)
はくがいする	迫害する	malupit(mag、pag＋an)、hirap(magpa、pa
		＋an)、api(mang-、in→apihin)
はくがくな	博学な	matalisik
はぐき	歯茎	gilagid
はくしの	白紙の	walang-sulat
はくしゅする	拍手する	palapak(um)
はくじょうする	白状する	tapat(mag、ipag)、amin(um、in)
はくじょうな	薄情な	malamig na puso、walang awa
ハクション！	ハクション！	Hatsing！
はくじん	白人	puti
はくせい	剥製	pasak
（にする）	（にする）	pasak(mag、an)
ばくだん	爆弾	bomba
ばくち	博打	rebentador
はくちょう	白鳥	sisne
ばくはする	爆破する	dinamita(mag、in→dinamitahin)、putok
		(magpa、pa＋in→paputukin)、
ばくはつする	爆発する	sabog(um)、putok(um)
はくらいの	舶来の	banyaga
はくらんかい	博覧会	eksposisyon
ばくろする	暴露する	alam(ipa)、sabi(mag、in→sabihin)、
		bunyag(mag、i)、hayag(mag、i)
はけ	刷毛	sipilyo sa laruwan
はげ	禿	kalbo
（る）	（る）	kalbo(mag)
バケーション	バケーション	bakasyon
はげしい	激しい	marahas、malakas
ハゲタカ	禿鷹	buwitre
バケツ	バケツ	timba
はげます	励ます	sigla(magpa、pa＋in→pasiglahin)、
		lakas(magpa) ng loob
はげむ	励む	sikap(mag、in)、pilit(mag、in)
ばける	化ける	balatkayo(mag、i)
はけんする	派遣する	sugo(um、mag、magpa、in→suguin)
はこ	箱	kaha、kahon

はこぶ	運ぶ	dala(mag、an→dalhan、in→dalhin)
はさまれる	挟まれる	ipit(ma)
はさみ	鋏	gunting
（できる）	（で切る）	gupit(um、in)
はさむ	挟む	［クリップで］klip(mag、i、an)、
		［〜の間に］gitna(mapa、mapag、i、ipa)、
		ipit(um、ma、i)
はさんする	破産する	bangkarota(ma)
はし	端	dulo、gilid
	橋	tulay
	箸	sipit ng Intsik
はじ	恥	hiya
（をかく）	（をかく）	hiya(um、mang、in)、hamak(um、mang、in)
はしか	麻疹	tigdas
はじく	弾く	［指で］pitik(um、in)
はしご	梯子	hagdan
はじさらし	恥さらし	kahihiyan
はじしらず	恥知らず	walang hiya
はじまる	始まる	simula(ma)、umpisa(ma)
はじめて	初めて	nang kauna-unahan、noong una
はじめる	始める	umpisa(mag-、an→umpisahan)、
		simula(mag、an)
ばしゃ	馬車	kalesa
パジャマ	パジャマ	padyama
ばしょ	場所	lugar
はしら	柱	haligi
はしる	走る	takbo(um、in→takbuhin)
バス	バス	bus
はずかしい	恥かしい	【形容詞】nahihiya、nakakahiya、kahiya-hiya
はずかしがりや	恥かしがりや	mahiyain、mahihiyain
ハスキーな	ハスキーな	malat
バスケットボール	バスケットボール	basketbol
はずす	外す	alis(mag-、in)、hango(um、in→hanguin)
バスターミナル	バスターミナル	bus-istasyon
（〜の）はずである	（〜の）はずである	【助動詞】kailangan、kinakailangan、dapat
パスポート	パスポート	pasporte
バスマット	バスマット	kuskusan ng panbanyo
はずみ	弾み	talbog
はずむ	弾む	［ボール等］talbog(um、in→talubugin)

	はずむ	[息] hingal(um、in)
パズル	パズル	palaisipan
バスルーム	バスルーム	banyo、paliguan
はずれる	外れる	[避ける] iwas(um)、
		[的から] di-tama(um、an)
バスローブ	バスローブ	bata
バター	バター	mantikilya
はた	旗	watawat、bandila
はだ	肌	kutis
はだか	裸	[上半身] hubad、[下半身] hubo
（になる）	（になる）	hubo't hubad(mag)、[上半身] hubad(um)、
		[下半身] hubo(um)
はだぎ	肌衣	kamiseta
はたく	はたく	[埃] paspas(mag、an)
はたけ	畑	bukid
はだける	はだける	[服] alis(mag-、an) ng damit
はだしの	裸足の	yapak、nakayapak
はたち	二十歳	biyente
はたらきすぎる	働きすぎる	trabaho(mag) nang labis or sobra、gawa(um) nang labis or sobra、【慣用句】batak(mag) ng buto
はたらく	働く	trabaho(mag、in→trabahuhin)、gawa(um、in→gawin、an→gawan)
はたんする	破綻する	sira(ma)
ハチ	蜂	bee、[キバチ] laywan、[スズメバチ] butakti、[マルハナバチ] bubuyog、[ミツバチ] pukyutan
（のす）	（の巣）	saray
（みつ）	（蜜）	pulot
はち	鉢	mangkok
	八	walo、otso
はちがつ	八月	Agost
はちじゅう	八十	walumpu、otsenta
はついく	発育	paglaki
ばつ	罰	pagpaparusa、pagkakaparusa
はつおん	発音	bigkas
（する）	（する）	bigkas(um、mag、in)
はっきりした	はっきりした	maliwanag
ばっきん	罰金	multa
はっくつする	発掘する	hukay(um、mag、in)

バックル	バックル	hibilya
ばつぐんに	抜群に	walang-kapantay、walang-katulad
はっけつびょう	白血病	lukemia
はっけん	発見	pagtuklas
（しゃ）	（者）	tagatuklas
（する）	（する）	tuklas(um、maka、in)
はつこい	初恋	unang pag-ibig
はっこうする	発行する	lathala(mag、i)、limbang(magpa、ipa)
	発酵する	asim(um、mang)
ばっさいする	伐採する	putol(um、in→putulin) ng punong-kahoy
バッジ	バッジ	bats、tsapa
はっしゃする	発射する	putok(magpa、pa+an→paputukan)
	発車する	alis(um)、lisan(um)
はつじょうする	発情する	pukaw(um、in) nang sekswal
ばっすいする	抜粋する	halaw(um、in)、hango(um、in→hanguin)
はっしん	発疹	singam sa balat
ばっする	罰する	parusa(mag、an→parusahan)
はっそうする	発送する	dala(magpa、ipa、an→dalhan)、
		hatid(magpa、ipa)
バッタ	バッタ	tipakulong
はったつする	発達する	［成長］laki(um)、［向上］unlad(um)、
		sulong(um)
はったり	はったり	pananakot、pagtakot
（をいう）	（を言う）	takot(um、mang→manakot、in→takutin)
はってん	発展	pag-unlad、pagsulong
（した）	（した）	【形容詞】maunlad
（する）	（する）	unlad(um)
はつでんき	発電機	dinamo
はつでんする	発電する	bigay(mag) ng elektrisidad
パッド	パッド	［肩等の］almuwada、almohadon
はつばいする	発売する	bili(mag、ipag)
はっぴょう	発表	hayag
（かい）	（会）	debotante
（する）	（する）	hayag(mag、i)
はつめい	発明	paglikha、pag-imbento
（しゃ）	（者）	imbentor
（する）	（する）	likha(um、in)、imbento(um、in→imbentuhin)
はでな	派手な	makulay
ハト	鳩	kalapati

はとば	波止場	piyer、daungan
パトロール	パトロール	patorolya
パトロン	パトロン	patron
はな	花	bulaklak
（たば）	（束）	pumpon ng bulaklak
（びら）	（びら）	petal、talulot
（もようの）	（模様の）	bulaklakin
（や）	（屋）	magbubulaklak
はな	鼻	ilong
（いき）	（息）	sigasing、pagsigasing
（がひくい）	（が低い）	pango
（くそ）	（糞）	kuragot
（げ）	（毛）	barahibo sa butas ng ilong
（ごえ）	（声）	pahumal
（ぢ）	（血）	balinguygoy
（づまり）	（詰まり）	barado ang ilong
（みず）	（水）	uhog
（をかむ）	（をかむ）	singa(um、i)
はなし	話し	kuwento、[談話] talumpati、[物語] istorya
（あう）	（合う）	usap(mag-＋an)、salita(mag＋an)
（あいて）	（相手）	kausap
（ちゅう）	（中）	[電話] bisi
はなす	離す	layo(mag、i)、hiwalay(mag、i)
	放す	laya(magpa、pa＋in)
	話す	usap(mag-)、salita(mag)、lipon(mag)
はなつ	放つ	[光・煙等] buga(mag、i)
バナナ	バナナ	sangin
はなばなしい	華々しい	maningning、maluningning
はなび	花火	lusis
はなよめ	花嫁	manugang
はなれた	離れた	nakahiwalay、magkahiwalay
はなれる	離れる	layo(um、an→layuan)、lisan(um、in)
はにかみやの	はにかみやの	mahiyain
はね	羽	pakpak
バネ	バネ	muwelye
はねかえる	跳ね返る	talbog(um)
はねる	跳ねる	lundas(um、in)
はは	母	nanay、ina、inay
はば	巾	lapad

パパイヤ	パパイヤ	papaya
はびこる	蔓延る	［草等］sibol(an→sibulan)、tubo(an→tubuan)
はぶく	省く	laktaw(um、an)
はブラシ	歯ブラシ	sipilyo sa ngipin
はへん	破片	kapiraso
はまき	葉巻	tabako
はまべ	浜辺	tabing dagat、baybayin
はまる	嵌まる	［ぴったり］agpang(mag-、i)、pasok(ma)［池等］hulog(ma)
はみがき	歯磨	kolgeyt
はみだす	はみ出す	usli(um)
ハム	ハム	hamon
はめつさせる	破滅させる	wasak(mag、i)
はめる	嵌める	pasok(mag、i)
はもの	刃物	panghiwa
はやい	早い	［時間］maaga
	速い	［スピード］mabilis、［動き］maliksi
はやく！	早く！	Dali!、Dali-dali!
はやくする	早くする	bilis(um、in)、dali(magpa)
はやさ	速さ	bilis
はやとうり	勇人瓜	sayote
はやりの	流行の	usong-uso、popular、［病気］laganap
はやる	流行る	uso(um、maki)、［病気］laganap(um)
はら	腹	tiyan、［下腹］puson
（がたつ）	（が立つ）	【形容詞】nakayayamot
バラ	バラ	rosas
はらう	払う	［お金］bayad(mag、i、an→bayaran)、［埃等］sipilyo(mag、in→sipilyuhin)、iskoba(mag-、in→iskobahin)
パラシュート	パラシュート	payong-bitinan
ばらす	ばらす	alam(ipa)、sabi(mag、in→sabihin)、hayag(mag、i)、bunyag(mag、i)
パラダイス	パラダイス	paraiso
はらばいになる	腹這いになる	dapa(um)
ばらばらな	ばらばらな	［統一のない］pabagu-bago、paiba-iba
（にする）	（にする）	［分解］hiwa-hiwalay(pag＋in) ang mga piyesa
はり	針	karayom

はりがね	針金	alambre
はりがみ	貼り紙	etiketa
はりきる	張り切る	sikap(mag、in)
はりつけ	磔	pagpapapako sa krus
ぱりぱりした	ぱりぱりした	[香ばしい] malutong
はる	張る	banat(um、ma、in)
	春	tagsibol
	貼る	tapal(mag、an)、dikit(mag、i、an)
はるかかなたの	はるかかなたの	malayo
バルコニー	バルコニー	balkonahe
はるさめ	春雨	[食物] sotanhon
パレード	パレード	parada
はれつする	破裂する	putok(um)、sabog(um)
はれの	晴れの	maliwalas
ハレム	ハレム	harem
はれる	腫れる	maga(ma)
ばれる	ばれる	hayag(ma)、bunyag(ma)
パロデイ	パロディ	parodya、parody
パン	パン	tinapay
（や）	（屋）	panaderya
はんい	範囲	saklaw
はんえい	繁栄	pagsagana、pag- unlad、paglago
（した）	（した）	【形容詞】masagana、maunlad
（する）	（する）	sagana(um)、unlad(um)、lago(um)
はんえん	半円	kalahati ng bilog
ハンガー	ハンガー	hanger、sabitan
（にかける）	（にかける）	hanger(mag、i)
ハンカチ	ハンカチ	panyo
バンガロー	バンガロー	bunggalo
はんかん	反感	antipatiya
（をまねく）	（を招く）	may antipatiya
はんぎゃくしゃ	反逆者	manghihimaksik
はんきょう	反響	alingawngaw
（する）	（する）	alingawngaw(um、magpa、pa＋in)
パンクする	パンクする	putok(um) ang goma
ばんぐみ	番組	palatuntunan、programa
はんけい	半径	radius
はんげきする	反撃する	ganting- salakay(um)
はんけつ	判決	sentensiya、paghatol

（をくだす）	（を下す）	hatol(um、an→hatulan)
はんこ	判子	tatak、seal
はんこう	反抗	［闘う］paglaban、［逆らう］pagsuway
（する）	（する）	［闘う］laban(um、an)、［逆らう］suway (um、in)
（てきな）	（的な）	mapanghimagsik
ばんごう	番号	numero
（じゅんに）	（順に）	sunud-sunod sa bilang or numero
ばんざい	犯罪	krimen
（しゃ）	（者）	kriminal
ばんざい！	万歳！	Mabuhay!
ハンサムな	ハンサムな	guwapo
はんさよう	反作用	reaksiyon
はんじ	判事	hukom、huwes
（〜に）はんして	（〜に）反して	liban sa〜、salungat sa〜、kontra sa〜
はんしゃする	反射する	［明かり］liwanag(magpa、maka、pa＋in)、［熱］hunab(um)
はんしょくする	繁殖する	dami(um)
はんせいする	反省する	saalang-alang(mag、i) na muli
ばんぜんな	万全な	perpekto、walang-mali
ばんそうする	伴奏する	saliw(um、an)
はんそく	反則	［スポーツの］paul
ハンダ	ハンダ	hinang
はんたい	反対	［意見］pagtutol、［向き］baliktat
（がわ）	（側）	kabila
（する）	（する）	tutol(um、an→tutulan)
はんだんする	判断する	hatol(um、an→hatulan)、pasya(mag、pag＋an→pagpasyahan)
ばんち	番地	numero ng tirahan
パンツ	パンツ	"brief"、korto、putot
パンテイ	パンティ	panti、panty、salawal
ハンディキャップ	ハンディキャップ	handikap
バンド	バンド	［音楽］banda
はんとう	半島	tangway、peninsula
ハンドバック	ハンドバック	hanbak
ハンドブック	ハンドブック	hanbuk
ハンドル	ハンドル	manibera
はんにん	犯人	kriminal
はんのうする	反応する	kilala(um、in→kilalahin)、

		ganti(um、an)、talab(um、an)
ばんのうな	万能な	makapangyarihan
はんばいする	販売する	bili(mag、ipag)、benta(mag、i)
はんぱつする	反発する	suklam(ma)、kasuklam(ma、i、an)
パンフレット	パンフレット	pamplet
はんぶん	半分	kalahati
（にする）	（にする）	kalahati(mang→mangalahati)
はんもする	繁茂する	lago(um)
はんらんする	氾濫する	baha(um、in)
	反乱する	alsa(mag-、pag-＋an→pag-alsahan)
はんれい	凡例	ang paliwanag、nagpapaliwanag

ひ

ひ	日	araw
	火	apoy
（がつく）	（がつく）	sunog(ma)、silab(ma)
（をけす）	（を消す）	patay(um) ng apoy、patay(in) ang apoy
（をつけて！）	（をつけて！）	[タバコ] Makikisindi!、Pasindi!
（をつける）	（をつける）	sindi(mag、an→sindihan)、apoy(mag-)、
		dikit(magpa→magparikit、pa＋an→
		pariktan)
び	美	ganda
ひあそび	火遊び	[子供の] paglalaro ng apoy
ひあたりのよい	日当たりの良い	maaraw
ピアニスト	ピアニスト	piyanista
ピアノ	ピアノ	piyano
ヒーター	ヒーター	initan
ビーだま	ビー玉	holen
ピーナッツ	ピーナッツ	mani
ビーフステーキ	ビーフステーキ	bistek
ビーフン	ビーフン	bihon
ピーマン	ピーマン	paminton、"green pipper"
ビール	ビール	serbesa
ひうちいし	火打ち石	batong buhay
ひえる	冷える	ginaw(ma)、lamig(um)
ひがい	被害	pinsala、paminsalahan
（しゃ）	（者）	biktima

（をうける）	（を受ける）	pinsala(um、ma、in)
ひかえる	控える	pigil(mag、i)
ひかく	比較	paghahambing
（する）	（する）	hambing(mag、i)、tulad(mag、i)
（てき）	（的）	kung ipaparis
（できない）	（出来ない）	walang-katulad、walang-hambing
ひかげ	日陰	lilim
ひがし	東	silangan
（むきの）	（向きの）	pasilangan
ひがみ	僻み	masamang palagay
ひかり	光	ilaw、liwanag
ひかる	光る	sikat(um)、liwanag(um)
ひかんてきな	悲観的な	pesimista
ひきいる	率いる	puno(mang→mamuno、pa＋an→pamunuan
ひきうける	引き受ける	［約束］kasundo(makipag)、pangako(mang
		→mangako、ipang→ipangako)［同意］
		payag(um、an)、［仕事］sagawa(mag、i)［保
		証］garantiya(um、an→garantiyahan)
ひきさく	引き裂く	punit(um、in)、pilas(um、in)
ひきざん	引き算	pagbabawas
ひきずる	引き摺る	kaladkad(um、in→kaladkarin)
ひきだし	引出し	［机等］kahon
ひきだす	引き出す	［金］widro(mag)
ひきつぐ	引き継ぐ	halili(um)、sunod(um、an→sundan)
ひきつける	引き付ける	［魅力］halina(um、ma、maka、in→
		halinahin)、
		akit(um、ma、in)
ひきとめる	引き止める	［客を］antala(um、ma、in→antalahin)、
		binbin(um、ma、in)、［阻止］pigil(um、in)
ひきのばす	引き伸ばす	［物］haba(magpa)、banat(um、ma、in)
	引き延ばす	［時間］tagal(magpa、pa、in)
ひきぬく	引き抜く	bunot(um、mag、in→bunutin)、
		dukot(um、in→dukutin)、
		hugot(um、in→hugutin)
ひきはなす	引き離す	hatak(um、in)
ひきょうな	卑怯な	［臆病な］duwag、［卑劣な］napakahamak、
		napakaimbi、napakasama
ひきわける	引き分ける	patas(um、mag)
ひく	引く	hila(um、ma、in→hilahin)

	碾	giling（um、in）
	弾く	tugtog（um、in→tugtugin）
	轢く	sagasa（um、mang→managasa、in、an）
ひくい	低い	mababa
ピクニック	ピクニック	piknik
ひぐれ	日暮れ	takipsilim
ひげ	髭	bigote、[顎] balbas
（をそる）	（を剃る）	ahit（um、mag-、in、an）、[誰かに剃って貰う] ahit（magpa、ipa）
ひげき	悲劇	trahedya
ひけつする	否決する	tanggi（um、an→tanggihan）
ひこう	非行	di-mabuting asal、masamang asal
ひこうき	飛行機	eroprano
ひこうしきの	非公式の	impormal
ひこうじょう	飛行場	paliparan
ひこうする	飛行する	lipad（um）
びこうする	尾行する	subaybay（um、an） ng lihim
ひごうほう	非合法	ilegal、labay sa batas
ひこく	被告	akusado、sasakdal
ひざ	膝	tuhod、luhod
（のさら）	（の皿）	bayugo ng tuhod
ビザ	ビザ	bisa
ひさし	庇	sulambi、ambi
ひさしい	久しい	matagal
ひさしぶり！	久しぶり！	Matagal tayo hindi nagkita!
ひさしぶりに	久しぶりに	matapos ang mahabang panahon
ひざまくらする	膝枕する	kandong（um） ng ulo、kandong（in→kandungin） ang ulo
ひざまづく	膝まづく	tuhod（um）、luhod（um）
ひじ	肘	siko
ひしがた	菱形	rombo
ひじてつをくらわす	肘鉄を食らわす	siko（um、mang→maniko、in→sikuhin）
びじゅつ	美術	art
（かん）	（館）	maseo ng arte
ひしょ	秘書	sikretaryo[a]
ひじょう	非常	kagipitan、emerhensiya
（に）	（に）	masyado、sakdal、labis
ひじょうしきな	非常識な	baligho
びじん	美人	magandang babae、guwapa

（コンテスト）	（コンテスト）	pagandahan
ビスケット	ビスケット	biskuwit
ヒステリー	ヒステリー	hysteria
ピストル	ピストル	rebolber、baril
ひずみ	歪み	pagbalikutot、pagkabalikutot
びせいぶつ	微生物	mikrobyo
ひだ	襞	tupi
ひたい	額	noo
ひたす	浸す	babad(mag、i)
ビタミン	ビタミン	bitamina
ひたむきな	直向きな	masigasig
ひだり	左	kaliwa
（がわ）	（側）	sa kaliwa
（きき）	（きき）	kaliwete
ひち	七	pito、siete
ひちがつ	七月	Hulyo
ひつじ	羊	tupa
ひっしゃ	筆者	manunulat
ひっかかる	引っ掛かる	sabit(um、ma)
ひっかく	引っ掻く	kalmot(um、ma、in→kalmutin)
ひっかける	引っ掛ける	［釘等に］sabit(mag、i)、 ［液体］saboy(mag、i、an→sabuyan)
びっくりする	吃驚する	gulat(ma)、bigla(ma)
ひっくりかえす	ひっくり返す	［逆に］baligtad(mag、i)、［逆様］taob (mag、i)
ひっくりかえる	ひっくり返る	［逆に］baligtad(um)、［逆様］taob(um) ［倒れる］tumba(ma)、buwal(ma)
ひづけ	日付	petsa
ひっこす	引っ越す	lipat(um) ng tirahan
びっこの	びっこの	pilay
ひつじ	羊	tupa
ひっせき	筆跡	sulat-kamay
ひつぜんてき	必然的	kailangan、kailangan-kailangan
ひっぱる	引っ張る	banat(mag、ma、in)
ヒップ	ヒップ	balakang
ひつようとする	必要とする	kailangan(mang→mangailangan、in)
ひつような	必要な	【助動詞】kailangan、dapat
ひてい・ひにん	否定・否認	tanggi、pagtanggi、pagkatanggi
（する）	（する）	tanggi(um、i)、tatuwa(mag、i)

（てきな）	（的な）	patanggi
ひていこうの	非抵抗の	walang-tutol
ひと	人	tao
ひどい	ひどい	grabe、terible
ひとごみ	人混み	libumban
ひとさしゆび	人差し指	hintuturo
ひとしい	等しい	pareho、pantay
ひとじち	人質	prenda
ひとつ	一つ	isa、uno
（だけ）	（だけ）	iisa、isa lang
（もない）	（もない）	walang isa man
ひととおり	一通り	karaniwan
ひとばんじゅう	一晩中	magdamag
ひとみ	瞳	balintatao
ひとみしりする	人見知りする	hiya(ma)
ひとめぼれする	一目惚れする	bighani(ma)
ひとり	一人	isang tao
（あたり）	（当り）	sa bawa't isa
（づつ）	（づつ）	isa-isa、sunud-sunod
ひなんする	非難する	sisi(um、mag→manisi、in)、batikos(um、in→batikusin)
	避難する	kubli(um、mag)、tago(mag)
（みん）	（民）	takas
びなんし	美男子	guwapo、pogi
ひにく	皮肉	tuya、libak、uyam
（な）	（な）	matuya、pabalintuna
ひにんする	避妊する	kontrasepsiyon(mag、i)
ひねる	捻る	tapilok(ma)、pilipit(um、in)
ひのこ	火の粉	alipato
ひので	日の出	pagsikat ng araw
ひのてった	日の照った	maaraw
ひばな	火花	pagkislap
ひはん	批判	pula、pagpula、pintas、pagpintas
（する）	（する）	pula(um、mang→mamumura、an)、pintas(um、mang→mamitas、an)
（てきな）	（的な）	mapamula、mapamintas
ひび	ひび	litak
ひびき	響き	kagungkong
ひびく	響く	alingawngaw(um)

ひひょうする	批評する	puna(um、mang→mamuna、in→punahin)
ひふ	皮膚	balat
ひま	暇	oras na malaya、panahong malaya
（がある）	（がある）	may oras
（がない）	（がない）	walang oras
（である）	（である）	laya(um)
（な）	（な）	libreng oras、[仕事が] matumal、mahina
ひみつ	秘密	lihim
（にする）	（にする）	lihim(mag、i)
びみょうな	微妙な	pino
ひめいをあげる	悲鳴をあげる	hiyaw(um、mapa)、tili(um、mapa)
ひめた	秘めた	masekreto、malihim
ひも	紐	tali
（をしめる）	（を締める）	tali(mag、i、an)
	ひも	[男] maton
ひゃく	百	daan、siyento
ひゃくしょう	百姓	magsasaka
ひゃくにちぜき	百日咳	tuspirina
ひゃくまん	百万	sang milyon、sang angaw
ひやしあめ	冷やし飴	salabat
ひやす	冷やす	lamig(magpa、pa＋in)
ひゃっかじてん	百科事典	ensayklopidiya
ひゆ	比喩	talinghaga
ヒューズ	ヒューズ	mitsa、piyus
ひよう	費用	gugol
ひょう	表	tabulasyon
びょう	秒	segundo
びょういん	病院	ospital、padamutan
びよういん	美容院	beauty-parlor、pakulutan
ひょうか	評価	paghahalaga
（する）	（する）	halaga(mag、an→halagahan)
びょうき	病気	pagkakasakit
（がちな）	（がちな）	sakitin
（になる）	（になる）	sakit(magka)
（のある）	（のある）	may sakit
ひょうげん	表現	pagpapahayag、pagpapahiwatig
（する）	（する）	[言葉で] hayag(magpa、ipa)、[態度・声で] hiwatig(magpa、ipa)
ひょうし	表紙	balat

びようし	美容師	butisyan
ひょうしき	標識	himatong、[土地の] palatandaan
ひょうじゅんな	標準な	pamantayan、istandard
ひょうじょう	表情	pagmumukha
ひょうしょうする	表彰する	dangal(magpa→magparangal、pa＋an→parangalan)
びょうとう	病棟	sala
びょうどう	平等	pagkakapareho、pagkakapantay
びょうにん	病人	ang taong maysakit
ひょうはくする	漂白する	kula(mag、i、in→kulahin)
ひょうばん	評判	kapurihan、karangalan
ひょうほん	標本	ispesimen、muwestra
ひょうめん	表面	ibabaw
ひょうろん	評論	komentaryo、opinyon、kuru-kuro
（か）	（家）	manunuri、kuritiko[a]
（する）	（する）	sabi(in→sabihin) ang opinyon、komentaryo(mag)
ひよけ	日除	habong、torda
ひよこ	雛	sisiw
ひよりみ	日和見	oportunista、taong mapagsamantala
ビラ	ビラ	kartel、polyeto
（をくばる）	（を配る）	bigay(mang→mamigay) ng mga kartel
ひらいている	開いている	【形容詞】nakabukas
ひらく	開く	bukas(um、ma＋an→mabuksan)
ひらめく	閃く	kislap(um、pa＋in)、siklab(um、pa＋in)
ビリヤード	ビリヤード	bilyar
ひりょう	肥料	pataba
びりょう	微量	katiting
ひる	昼	tanghali
	蛭	linta
ビル	ビル	gusali
ひるがえす	翻す	[考えを] bago(mag) ng isipan
ひるねする	昼寝する	siesta(mag)
ひるむ	怯む	liit(mang→manliit)
ひれ	ひれ	[魚] palaypay、palikpik
（～に）ひれいする	（～に）比例する	maging kasukat ng～
ひれつな	卑劣な	napakaimbi、napakahamak、napakasama
ヒレにく	ヒレ肉	karneng walang-buto
ひろい	広い	[巾] malapad、[範囲] malawak、malaki、

		［ゆったりとした］malaki、maluwang
ひろう	拾う	pulot(um、mang→mamulot、in→pulutin)、
		dampot(um、in→damputin)
	疲労	pagod
ひろうえん	披露宴	bangkete
ひろうする	披露する	kilala(magpa、ipa)
ひろがった	広がった	【形容詞】［うわさ］laganap、［景色等］latag
ひろがる	広がる	［景色等］latag(um、mag、ma、i)、
		［うわさ］laganap(um)
ひろくなる	広くなる	laki(um)、lawak(um)
ひろげる	広げる	［拡張］laki(magpa、pa＋in→palakihin)、
		［手足等］buka(mag、i)、unat(um、i)
ひろさ	広さ	lapad、luwang
ひろば	広場	plasa
ひろんりてき	非論理的	wala sa katiwalan
ビワ	枇杷	santol
ひわいな	卑猥な	［行為・物］mahalay、masagwa、［人に対して］
		bastos、［言葉］malaswa、mahalay、masagwa
ビン	瓶	bote
（づめ）	（詰）	isinabotelyang paninda
ピン	ピン	aspili
ひんい	品位	kabinihan
びんかんな	敏感な	madaling makaramdam or makadama
ピンク	桃色	kulay-rosas
ひんけつ	貧血	anemia、kulang sa dugo
びんせん	便箋	istesyoneri
ヒント	ヒント	hint
ピント	ピント	pokus
ひんぱんに	頻繁に	madalas、malimit
びんぼう	貧乏	hirap、kahirapan
（にくるしむ）	（に苦しむ）	hirap(mag)、pulubi(mang→mamulubi)
（な）	（な）	dukha、mahirap、hampaslupa
（にん）	（人）	ang mahirap、hikahos【慣用句】anak-pawis

ふ

ぶあいそうな	無愛想な	hindi marunong makisama、di-sosyal

フアックス	フアックス	paksimili
ふあんていな	不安定な	mabuway、hindi matatag
ふあんになる	不安になる	balisa(ma)、bagabag(ma)
ブイ	ブイ	lutang
ふいに	不意に	pabigla
フィリピン	フィリピン	Pilipinas
（ご）	（語）	Pilipino
（じん）	（人）	[男] Pinoy、Pilipino、[女] Pinay、Pilipina
（りょうり）	（料理）	lutong Pilipino
フイルム	フイルム	[カメラ] pilm、[映画] pelikula
ふうかする	風化する	lantad(ma) sa hangin
ふうけい	風景	tanawin
ふうさする	封鎖する	sara(mag、i、an→sarahan)、
		kulong(um、an→kulungin)
ふうし	風刺	tuya
（が）	（画）	karikatura
ふうしゃ	風車	mulino
ふうしゅう	風習	ugali
ふうじる	封じる	lakip(mag、i)
ふうせん	風船	lobo
ふうとう	封筒	sobre
ふうふ	夫婦	mag-asawa
ふうみのある	風味のある	malinamnam
ふうりょく	風力	bunto ng hangin
プール	プール	languyan、palanguyan、swiming pul
ふうん	不運	kasawian、kasawiang-palad
（な）	（な）	sawi、sawing-palad
ふえ	笛	pito
フェリー	フェリー	bankang pantawid
ふえる	増える	[数] dami(um)、[重さ] bigat(um)、
		[付加] dagdag(um、ma→maragdag)
フォーク	フォーク	tinidor
ぶか	部下	ang nasasakupan
ふかい	深い	malalim
ふがいない	不甲斐無い	duwag
ふかくじつな	不確実な	di-tiyak、di-sigurado
ふかくなる	深くなる	lalim(um)
ふかのう	不可能	imposible
ふかんぜんな	不完全な	di-ganap、di-sapat、di-lubos

ぶき	武器	armas、sandata
ふきげんな	不機嫌な	mayamot
ふきそくな	不規則な	hindi pantay
ふきだす	吹き出す	buga(um、mag、i)、[笑って] halakhak(um)
ふきつな	不吉な	nagbabala
ふきでもの	吹き出物	pantal
ぶきみな	不気味な	kakatuwa、kakatwa
ふきゅうする	普及する	laganap(um、pa＋in)
ふきょう・ふけいき	不況・不景気	panghihiga sa pangagalakal or pagnenegosyo
ぶきような	不器用な	lampa、saliwa、asiwa
ふきょうする	布教する	sermon(mag、i)
ふきん	布巾	pamaspas、pamunas
	付近	tabi- tabi
ふきんしんな	不謹慎な	di- matino
ふく	福	suwerte
	副	bise、pangalawa
	服	damit
	拭く	punas(mag、i、an)
	吹く	[風] hihip(um、an→hipan)、hangin(um、in)、[口から煙りを] buga(um、i、pa＋in→pabugahin)
ふくぎょう	副業	dagdag ng hanapbuhay
ふくざつな	複雑な	masalimuot、masikot
ふくし	福祉	kagalingan、kapakanan、kabutihan、ikabubuti
	副詞	pang- abay
ふくしゅうする	復習する	repaso(mag、in)
	復讐する	ganti(um、mag、an→gantihan)
ふくじゅうする	服従する	[法律等] saklaw(ma、in)
ふくすう	複数	pangmarami
ふくせいの	複製の	duplikado、magkapareho
ふくそう	服装	moda
ふくだいとうりょう	副大統領	bise- presidente、pangalawang- pangulo
ふくつう	腹痛	sakit ng tiyan
ふくむ	含む	laman(ma、mag)
ふくめて	含めて	pati、kasama、kabilang
ふくめる	含める	sama(mapa、i)、sali(mapa、i)
ふくらはぎ	脹ら脛	binti
ふくらます	膨らます	laki(magpa、pa＋in→palakihin)

ふくれる	脹れる	bukol(um、magka、mang→manukol)、laki (um)
ふくろ	袋	supot
フクロウ	フクロウ	kuwago
ふけ	頭垢	balukubak
ふけいざいな	不経済な	maaksaya
ふけつな	不潔な	marumi
（ひと）	（人）	masamlang
ふごう	富豪	mayaman
ふごうかく	不合格	lagpak、bagsak
ふこうな	不幸な	malas、walang suwerte
ふこうへいな	不公平な	maraya、madaya、di- makatarungan
ふこうへいにあつかう	不公平に扱う	api(um、in→apihin)
ふこくする	布告する	hayag(mag、i)
ふさ	房	［バナナ等］ kumpol
ふさい	負債	utang
ふさがる	塞がる	［喉が］ samid(ma)
ふさぐ	塞ぐ	sara(mag、i、an)、pasak(mag、an)
ふざけるな！	ふざけるな！	Huwag pagtawanan！
ぶさほうな	不作法な	halay
ふさわしい	相応しい	angkop、bagay、akma
ふし	節	［関節］ kaskasan
ふしぎな	不思議な	kataka- taka、kakatwa
ふしぎにおもう	不思議に思う	taka(mag)
ふしぜんな	不自然な	hindi natural、hindi pangkaraniwan
ふじの	不治の	wala nang lunas
ふじゆうな	不自由な	di- maginhawa、panggulo
ふじゅうぶんな	不十分な	walang husto、walang sapat
ふじゅんな	不純な	mahalay、masagwa
ぶしょ	部署	seksiyon
ぶじょくする	侮辱する	insult(mag-、in)、lait(mag、in)
ふじん	婦人	babae
（ようの）	（用の）	pambabae
（～）ふじん	（～）夫人	Gng～、Ginang～、Reyes～
ふしんにおもう	不審に思う	duda(mag)
ふしんせつな	不親切な	di- mabait、【慣用句】basa ang papel
ブス	ブス	pangit
ふすま	襖	dumdasdos na pintuhan
ふせいな	不正な	walang- katarungan

（こうい）	（行為）	katampalasanan
ふせぐ	防ぐ	sansala(um、in)、pigil(um、in)
ぶそうする	武装する	armas(mag-)、sandata(mag、an→ sandatahan)
ふそく	不足	pagkukulang
（した）	（した）	【形容詞】kulang、kapos
（する）	（する）	kulang(mag、in)、 kapos(mang→mangapos、in→kapusin)
ふた	蓋	takip
（をする）	（をする）	takip(mag、an→takpan)
ぶた	豚	baboy
（にく）	（肉）	karneng baboy
ぶたい	舞台	entablado
ふたご	双子	kambal
ふたたび	再び	uli、muli
ふたつ	二つ	dalawa
（だけ）	（だけ）	dadalawa
（づつ）	（づつ）	tig-dadalawa
ふたり	二人	dalawang tao
ふたん	負担	gastos
（する）	（する）	gasta(um、in→gastuhin)、gugol(um、in→ gugulin)
ふち	不治	di-mapaggaling
	淵	baging
	縁	［ナイフ等］talim
ブチの	ブチの	batik-batik
ふちゅういな	不注意な	pabaya、walang-ingat
ふちょうである	不調である	masama ang pakirandam
ふつうの	普通の	karaniwan、ordinaryo、normal、katamtaman
ぶっか	物価	halaga
ふっかつする	復活する	bawi(ma、maka)
ふつかよい	二日酔い	hangober
ぶっきょう	仏教	Budismo
（と）	（徒）	Budista
フック	フック	kawit
ぶつける	ぶつける	［物を］salpok(um、ma、in)、tama(um、an)、 ［頭を］untog(um、ma)
ふつごうな	不都合な	panggulo
ぶっしつ	物質	bagay

ぶっそうな	物騒な	delikado
ふつつかな	不束な	inkompetante、walang-sapat na lakas
ぷっつりきれる	ぷっつり切れる	sakmal(um、in)、saklot(um、in→saklutin)
ふっとうする	沸騰する	kulo(um)
フットボール	フットボール	putbol
ぶつりがく	物理学	pisika
（しゃ）	（者）	pisiko
ふで	筆	pinsel
ふていし	不定詞	pawatas
ふていの	不貞の	[行為] mahalay、masagwa、malaswa
ふてきとうな	不適当な	di-bagay
	不敵な	pangahas
ふとい	太い	mataba
ブドウ	葡萄	ubas
（しゅ）	（酒）	alak
ふどうさん	不動産	pingkas
ふどうとくな	不道徳な	imoral、masama
ふとうな	不当な	hindi matwid、hindi makatarungan
ふとくいな	不得意な	di-palalo
ふともも	太腿	hita
ふとりすぎの	太り過ぎの	labis na katabaan
ふとる	太る	taba(um)、maging mataba
ふとん	布団	kutson
（カバー）	（カバー）	kubrekama
ふなづみ	船積	palulan
ふなのり	船乗り	marinero、mandaragat
ふなよい	船酔い	lula、pagkalula
ふなれ	不慣れ	walang-karanasan、walang-kasanayan
ふね	船	barko
ふのう	不能	[肉体的] baog
ふばいうんどう	不買運動	boykoteo
ふはいした	腐敗した	【形容詞】 bulok
ふびな	不備な	may depekto、di-husto、di-kumpleto
ふびょうどうな	不平等な	di-pagkakapantay、di-pagkakapareho
ぶぶん	部分	bahagi、parte
（てきな）	（的な）	baha-bahagi
ふへい・ふまん	不平・不満	demanda、reklamo、daing
ふべんな	不便な	sagabal、nakaaabala
ふへんの	不変の	walang-pagbabago

ふほうな	不法な	labag sa batas
ふまじめ	不真面目	pagkadusta
ふまんぞくな	不満足な	di-makasiya、walang-kasiyahan、di-kontento
ふみつける	踏み付ける	yurak(um、an)、yapak(um、i、an)、tapak(um、an)
ふみんしょう	不眠症	insomya
ふむ	踏む	yapak(um、i、an)、tapak(um、an)
ふめいよな	不名誉な	walang-dangal
ふめいりょうな	不明瞭な	malabo、hindi、malinaw
ふやす	増やす	[数] dami(magpa→magparami、pa＋an→paramihan)、[付加] dagdag(mag、an)、[重さ] bigat(magpa、pa＋in)
ふゆ	冬	tag-ginaw
ふゆかいな	不愉快な	nakayayamot、nakasusuya、【慣用句】mabigat ang bibig
ふようの	不用の	walang-kasaysayan
プライド	プライド	pagmamataas
フライパン	フライパン	kawali
ブラウス	ブラウス	blusa
プラカード	プラカード	【形容詞】paskil、kartelon、kartel
ぶらさがっている	ぶら下がっている	nakasabit
ぶらさがる	ぶら下がる	lawit(mag、i)
ブラシ （をかける）	ブラシ （をかける）	sepilyo、sipilyo、eskoba、[ペンキ用] pinsel sepilyo(mag、in→sepilyuin)
ブラジャー	ブラジャー	bra
プラスティック	プラスティック	plastik
プラットホーム	プラットホーム	plataporma
ふらふらする	ふらふらする	hilo(ma)
ふられる	振られる	bigo(ma)、tanggi(i)、[婚約者に] takwil(i)、limot(in→limutin)
ブランコ	ブランコ	swing
フランス （ご） （じん）	フランス （語） （人）	Pransiya Wikang Pranses Pranses
ブランデー	ブランデー	brandi、brandy
ブリーフ	ブリーフ	blip
ふりかえ	振替	lipat ng koreo

ブリキ	ブリキ	ohas na lata
ふりこ	振子	pendulo、palawit
ふりな	不利な	disbantahoso、hindi makakabuti、masama
ふりになる	不利になる	maging disbantaha
ふりまわす	振り回す	wasiwas(mag、i)
ふりむく	振り向く	pihit(um、i、in)、baling(um、i、pa+in)
ふりょうしょうねん	不良少年	bata ng diling kuwente
(～の)ふりをする	(～の)ふりをする	kunwari(mag) ng～
ふりん	不倫	imoralidad、pagkaimoral
ふる	振る	[異性] tanggi(um、an→tanggihan)、
		[婚約者] takwil(mag、i)、
		[手] kamay(makipag)、
		[ビン等] alog(um、ma、in→alugin)
	降る	[雨] ulan(um)、[火の粉等] patak(um)
ふるい	古い	luma
	篩	bilao
ふるえる	震える	[恐怖] kinig(mang→manginig)、
		katal(mang→mangatal)、
		[寒さ] kaligkig(mang→mangaligkig)
ふるがお	古顔	datihan
ふるくなる	古くなる	maging luma
ふるまい	振る舞い	pustura、tindig
ぶれいな	無礼な	walang-pitagan
プレイボーイ	プレイボーイ	babaero
ブレーキ	ブレーキ	preno
プレゼント	プレゼント	regalo、handog
(する)	(する)	regalo(mag、in→regaluhin)
ふれる	触れる	hipo(um、ma、in→hipunin)、salat(um、
		ma、in)、[そっと] dampi(um、mag、i)
ふろ	風呂	paliligo、paligo
(ば)	(場)	paliguan、banyo
ふろうしゃ	浮浪者	bagabundo、hampaslupa、hobo
ブローカー	ブローカー	brokar
ブローチ	ブローチ	brotse
ふろく	付録	dagdag
プログラム	プログラム	palatuntunan
ふろしき	風呂敷	balot、pambalot
プロテスタント	プロテスタント	protestante
プロフェッショナル	プロフェッショナル	propesyonal、dalubhasa

プロポーズする	プロポーズする	alok(mag-) na pakasal
プロモーション	プロモーション	promosyon
プロモーター	プロモーター	promoter
ブロンズ	ブロンズ	tasong dilaw
ふん	分	minuto
	糞	dung
ふんいき	雰囲気	kapalagiran、atmospera
ぶんか	文化	kalinangan、kultura
（のひ）	（の日）	Araw ng kultura
ぶんかいする	分解する	baha- bahagi(pag+in→pagbaha-bahaginin)、 hiwa- hiwalay(pag+in)
ぶんがく	文学	literatura
ふんかする	噴火する	putok(um)
ぶんかつする	分割する	hati(um、mag、in、pag+in)
ぶんかつばらい	分割払い	hulugan
ぶんご	文語	pampanitikan
ぶんさんする	分散する	hiwa- hiwalay(mag)、watak-watak(mag)
ぶんしょ	文書	dokumento、kasulatan
ぶんしょう	文章	pangungusap
ふんすい	噴水	bukal
ぶんせきする	分析する	suri(mag、in) ng mabuti
ぶんたんする	分担する	［仕事］tulung-tulong(mag、 pag+an→pagtulung-tulungan)
ぶんつうする	文通する	sulat(mag+an、makipag+an)、 liham(mag+an、makipag+an)
ふんどし	褌	bahag
ぶんぱいする	分配する	bigay(mang→mamigay、ipang→ipamigay)、 ［多数に］baha-bahagi(mag、 pag+in→pagbaha-bahaginin)、 hati-hati(mag、pag+in)
ぶんぷ	分布	distribusyon
ぶんぽう	文法	balarila、gramatika
ぶんぼうぐ	文房具	pansulat ng gamit
（や）	（屋）	papelero
ぶんめい	文明	kabihasnan
ぶんるいする	分類する	bukud- bukod(mag、 pag+in→pagbukud- bukurin)
ぶんれつする	分裂する	［2つに］hati(mag、in)、

[3つ以上に] hati-hati(mag､in)

へ

ヘアピン	ヘアピン	talsok
へい	塀	bakod､[石塀] pader
へいき	兵器	sandata
へいきな	平気な	[問題のない] walang problema､ [気にしない] hindi mag-alangan
へいきん	平均	pamantayan
（てきな）	（的な）	pantay-pantay､karaniwan､pangkaraniwan
へいげん	平原	kapatagan
へいこう	平行	kabalalay､paralelo
へいこうせん	平行線	magkaagapay na linya
へいこいする	閉口する	yamot(ma)
へいさする	閉鎖する	sara(mag､i)
へいせいな	平静な	mahinahon､matimpi
へいたい	兵隊	sundalo
へいたんな	平坦な	patatag
へいぼんな	平凡な	pangkaraniwan
へいわ	平和	kapayapa
（な）	（な）	mapayapa
ベーコン	ベーコン	bekon､tusino
ページ	ページ	pahina､panig
ベール	ベール	belo
ヘクタール	ヘクタール	hektare
へこませる	凹ませる	yupi(ma､in)､kupi(ma､in)
へこみ	凹み	yupi､kupi
ベスト	ベスト	[服] tsaleko
ペスト	ペスト	peste
へそ	臍	pusod
へそくり	へそくり	ang inimpok ng lihim､ ang tinipon ng lihim
へたな	下手な	di-magaling､lampa､di-eksperto
ベッド	ベッド	kama､higaan､karte､[ベビー用] kamita
（カバー）	（カバー）	kubrekama
べつの	別の	iba

べつべつに	別々に	isa-isa
ベテラン	ベテラン	beterano[a]
へど	反吐	suka
ヘビ	蛇	ahas
へまをする	へまをする	kamali(mag)、gawa(um) ng kalokohan
へや	部屋	kuwarto、silid
へらす	減らす	bawas(mag、maka、an)、liit(magpa、pa＋in)、baba(mag、an)
ベランダ	ベランダ	balkon
へり	縁	gilid
へりくつをいう	屁理屈を言う	iwas(um) sa pinag-uusapan sa pamamagitan ng mga salitang may dalawang kahulugan
へる	減る	bawas(um、ma＋an)、liit(um)、baba(um)
ベル	ベル	kampana
ベルト	ベルト	sinturon
ヘルニア	ヘルニア	erniya、luslos
ヘルメット	ヘルメット	helmet
ペン	ペン	panulat
へんか	変化	pagbabago
（させる）	（させる）	iba-iba(pag-＋in→pag-iba-ibahin)
（する）	（する）	bago(um、mag、ma、in→baguhin)、iba(mag-、mapag-、ma、in→ibahin)
（にとんだ）	（に富んだ）	iba-iba、sari-sari
べんかいする	弁解する	katwiran(mang→mangatwiran、pag＋an→pagkatwiranan)
へんかんする	返還する	balik(mag、i)、sauli(mag、i)
ペンキ	ペンキ	pintura、pinta
（をぬる）	（を塗る）	pinta(mag、an→pintahan)
べんきょうする	勉強する	aral(mag-、pag-＋an)、[いっしょうけんめい]【慣用句】sunog(mag) ng kilay
へんけいする	変形する	bagong-anyo(mag)、ibang-anyo(mag-)
へんけん	偏見	kiling
へんこうする	変更する	bago(um、mag、ma、in→baguhin)、
べんごし	弁護士	abogado
べんごする	弁護する	tanggol(mag、ipag)
へんじする	返事する	sagot(um、in)
へんしゅうする	編集する	handa(mag) ng sinulat ng iba upang mailathala

べんじょ	便所	kubeta、toilet、kasilyas、[水洗] inodoro
べんしょう	弁償	bayad-pinsala、reparasyon
（する）	（する）	bayad-pinsala(mag)
へんしんする	返信する	sagot(in→sagutin) ang liham
	変身する	bagong-anyo(mag)、ibang-anyo(mag-)
へんそうする	変装する	balatkayo(mag、i)
ベンチ	ベンチ	bangko
ペンチ	ペンチ	pansipit
べんとう	弁当	baon
（ばこ）	（箱）	piyambrera
へんとうせん	偏桃腺	tonsil
（えん）	（炎）	kinina
へんな	変な	kakatwa
ペンネーム	ペンネーム	sagisag
べんぴ	便秘	tibi、hindi pagkadumi
べんりな	便利な	kombenyente、nakakatulong
べんろん	弁論	pag-uusap、pagsasalita

ほ

ほ	帆	layag
ぼいん	母音	patinig
ボイラー	ボイラー	kalder、pakuluan
ぼう	棒	baras、[竹製] patpat
ほうあん	法案	panukalang-batas
ほういする	包囲する	pikot(um、ma、in→pikutin)
ぼうえいする	防衛する	sanggalang(mag、ipag)
ぼうえき	貿易	pangangalakal、kalakalan、negosyo
ぼうえんきょう	望遠鏡	teleskopyo
ほうか	放火	panununog
ほうかいする	崩壊する	guho(um)、bagsak(um)
ぼうがいする	妨害する	abala(um、mang、in→abalahin)、
		gambala(um、in)
ほうがく	方角	direksyon、dako
ぼうかんしゃ	傍観者	manonood
ほうき	帚	walis
（ではく）	（で掃く）	walis(mag、i)

ほうきする	放棄する	[捨てる] iwan(mag-、an)、【慣用句】iwan、[諦める] tigil(um、mag、i、an)
ぼうけん	冒険	abentura
（か）	（家）	abenturero[a]
（てき）	（的）	peligroso、mapanganib
ほうげん	方言	diyalekto、katutubong wika
ほうこう	方向	dako、direksiyon
	芳香	bango
ぼうこう	暴行	kalahasan、paglabag
	膀胱	pantog
ほうこくする	報告する	ulat(mag-、i)
ぼうし	帽子	sombrero
ぼうしする	防止する	hadlang(um、an)
ほうしゃのう	放射能	radyoaktibidad
ほうしゅう	報酬	pabuya
ほうしん	方針	plano、balak
ぼうすいの	防水の	hindi tinatablan ng tubig
ほうせき	宝石	alahas
（や）	（屋）	mag-aalahas
ほうそうする	放送する	sahimpapawid(mag、i)、brodkast(mag、i)
	包装する	balot(mag、in→balutin)
ぼうそうする	暴走する	di-pigil(ma)
ほうたい	包帯	benda、bendahe
ほうちする	放置する	baya(magpa、pa+an)
ほうちょう	包丁	kutsilio
ぼうどう	暴動	pagsilakbo
ぼうどうする	報道する	ulat(mag-、i)
ぼうねんかい	忘年会	huling taon ng kasayahan
ほうび	褒美	gawad
ほうふくする	報復する	ganti(um、i、an→gantihan)
ぼうふざい	防腐材	antiseptiko
ほうふな	豊富な	sagana、masagana
ほうほう	方法	paraan
ほうまんな	豊満な	mabilog、mapintog
ほうもんする	訪問する	dalaw(um、in)、bisita(um、in→bisitahin)
ぼうや！	坊や！	Totoy！
ほうりつ	法律	batas
ぼうりょく	暴力	karahasan
ぼうりをむさぼる	暴利を貪る	huthot(um、mang、an→huthutan)

ぼうれい	亡霊	multo
ホウレンソウ	ほうれん草	kulitis
ほえる	吠える	alulong(um)、tahol(um)
ほお	頬	pisgi
ポーズ	ポーズ	anyo、tindig、ayos、pustura
（をとる）	（をとる）	puwesto(um)、ayos(um)
ほおづえ	頬杖	salo ng kamay、sapulo ang baba
ボート	ボート	bangka
ホームシック	ホームシック	homesik
ホール	ホール	bulwagan
ボール	ボール	bola
ほか	他	iba
ほかくする	捕獲する	huli(um、in→hulihin)、dakip(um、in)
ほかんする	保管する	tago(mag、i)
ほきゅうする	補給する	tustos(mag、i、an)
ほきょうする	補強する	lakas(magpa、pa＋in)
ぼきんかつどう	募金活動	"fund drive"、ilak、pangingilak
（する）	（する）	ilak(mang)
ボクサー	ボクサー	boksingero
ほけつ	補欠	kahalili
ポケット	ポケット	bulsa
ぼける	呆ける	ulianin(mag-)
ほけん	保険	seguro、insurans
（きん）	（金）	bayad sa seguro
ぼく	僕	ako
ぼくし	牧師	pastor
ぼくじょう	牧場	pastulan
ほぐす	解す	［糸等］kalas(um、mag、in)
ほくせい	北西	hilagang-kanluran、
ほくとう	北東	hilagang-silangan
ほごする	保護する	sanggalang(mag、ipag)、adya(mag-、i、ipag-)
ほごにする	反古にする	sira(ma) sa pangako
ほこり	埃	alikabok
（っぽい）	（っぽい）	maalikabok
	誇り	pagmamataas
ほこる	誇る	hambog(mag)
ほさする	補佐する	tulong(um、an)
ほし	星	bituin
ほしい	欲しい	【助動詞】gusto、ibig、nais、hangad、

		【動詞】gusto(um、in→gustuhin)、ibig (um、in)、nais(mag、in)
ほしエビ	干し海老	hibe
ほしくさ	干し草	dayami
ほしにく	干肉	tapa
ほしブドウ	干しブドウ	pasas、resin
ほしゃくする	保釈する	laya(magpa、pa＋in) dahil sa piyansa
ぼしゅうする	募集する	kalap(um、mang→mangalap、in)
ほしゅてきな	保守的な	konserbatido
ほしょう	保証	garantiya、sangla、prenda
（する）	（する）	garantiya(um、an→garantiyahan)、 ako(um、in→akuin)、sagot(mang→managot)
（にん）	（人）	garantor、ang umako
ほしょうきん	補償金	kompensasyon
ほじょする	補助する	tulong(um、an→tulungan)
ほす	干す	bilag(mag、i)
ポスター	ポスター	kartelon
ホステス	ホステス	hostes、babaing may bisita
ポスト	ポスト	［郵便］mel boks、buson
ほそい	細い	［穴等］makipot、 ［体形］payat、balingkinitan
ほそくする	補足する	dagdag(mag、maka→makaragdag、an)
ほそくなる	細くなる	kipot(um)
ほそながい	細長い	pahaba
ほぞんする	保存する	preserba(mag、in→preserbahin)
ホタル	螢	alitaptap
ボタン	ボタン	butones
ぼち	墓地	libingan、sementeryo
ほっきょく	北極	Polong Hilaga
ホック	ホック	huk、kawit
（でとめる）	（で留める）	kawit(mag、i、an)
ほっさ	発作	atake、sunpong
（がおきる）	（が起きる）	sunpong(um、in→sunpungin)、 atake(um、in→atakihin)
ぼっしゅうする	没収する	samsam(mang→manamsam、in)
ホッチキス	ホッチキス	isteypol
ほっておく	放っておく	baya(pa＋an、an)、haya(an)
ぼっとうする	没頭する	buhos na buhos ang isip
ホテル	ホテル	otel

ほどう	歩道	banteka
ほどく	解く	kalas(mag、in)、kalag(mag、in)
ほとんど	ほとんど	halos
ぼにゅう	母乳	gatas na ina
ほね	骨	buto
（ぐみ）	（組）	balangkas、banghay
（をおる）	（を折る）	bali(ma＋an)
ほのお	炎	[大] liyab、lagablab、[小] ningas、lingas
ポピュラーな	ポピュラーな	popular
ほほえむ	微笑む	ngiti(um、maka、an)
ポマード	ポマード	pomada
ほめことば	誉め言葉	papuri
ほめられた	誉められた	【形容詞】kapuri-puri
ほめる	誉める	puri(um、in→purihin)
ホモ	ホモ	omoseksuwal
ほようじょ	保養所	kublihan
ほらあな	洞穴	[小さい] lungga、[大きい] kuweba、yungib
ほらふき	法螺吹き	mayabang、hambog
ボランティア	ボランティア	buluntaryo
ほり	堀	palibot-bambang
ポリエステル	ポリエステル	polyester
ほりょ	捕虜	bihag
ほる	掘る	hukay(um、mag、in)
	彫る	ukit(mag-、i、in)
ホルモン	ホルモン	hormon
ほれる	惚れる	ibig(um)、mahal(mag)、gusto(magka)
ぼろぎれ	ぼろ布	basahan、trapo
ポロシャツ	ポロシャツ	polo
ぼろの	ぼろの	punit-punit
ほろびる	滅びる	lipol(ma)、puksa(ma)
ほん	本	libro、aklat
（だな）	（棚）	aparador or istante ng mga aklat or libro
（や）	（屋）	"book-store"、tindahan ng mga libro、aklatan
ほんかくてきな	本格的な	tunay
ほんきで	本気で	di-nagbibiro
ほんしつ	本質	diwa、buod
ほんしん	本心	intensyon、totoong puso
ポンド	ポンド	libra

ほんとう？	本当？	Talaga？、Totoo？
ほんとうに	本当に	sa katunayan
ほんのう	本能	katutubong ugali or gawi
ぽんびき	ぽん引き	bugaw
ほんぶ	本部	himpilan
ポンプ	ポンプ	bomba
ほんみょう	本名	totoong pangala
ほんめい	本命	paborito
ほんもの	本物	tunay na bagay、ang tunay、ang totoo
ほんやくする	翻訳する	iwanag(magpa、ipa)
ぼんやりした	ぼんやりした	malabo
ほんらい	本来	noong una

ま

マーガリン	マーガリン	margarin
マーク	マーク	tanda
マージャン	マージャン	madyong
まいあさ	毎朝	tuwing umaga
まいごになる	迷子になる	ligaw(ma)
まいしゅう	毎週	twing linggo、linggu-linggo
まいそうする	埋葬する	libing(mag、i)
まいつき	毎月	twing buwan、buwan-buwan
（の）	（の）	buwanan
まいった！	まいった！	Suko na！
まいにち	毎日	twing araw、araw-araw
まいねん	毎年	twing taon、taon-taon
まいばん	毎晩	twing gabi、gabi-gabi
マイル	マイル	milya
まいる	参る	［訪問］bisita(um、in)、dalaw(um、in)
まう	舞う	wagayway(um)
まえ	前	［場所］harap、［時間・過去］noon
（に）	（に）	［場所］sa harap
まえがき	前書き	paunang-salita
まえばらい	前払い	paunang bayad
まかせる	委せる	［信用して］katiwala(mag、mag＋an、ipag)、habilin(mag、i)、

		［なすままに］bahala（magpa、ipa）
まがりかど	曲がり角	kanto
まがりくねった	曲がりくねった	liko-liko、【慣用句】bitukang manok
まがる	曲がる	［木の枝］hutok（ma）、［棒等］baluktot（ma）、 ［道］liko（um、i）、kurba（um）
まき	薪	kahoy
まきあげる	巻き上げる	bilot（in→bilutin）、lilis（i）
まきじゃく	巻尺	manukat
まきちらす	撒き散らす	sabog（um、mag、i、an→sabugan）、 kalat（mag、i、an）
まきつく	巻き付く	ikid（mag-、in→ikirin）、 pulupot（um、mag、i）
（～に）まぎれこむ	（～に）紛れ込む	sangkat（ma）sa～、halo（mapa）sa～
まく	幕	kurtina
	膜	balok
	巻く	ikid（um、i）
	撒く	dilig（mag、in）
まぐさ	馬草	kumpay
まくら	枕	unan
まくる	捲る	lilis（mag、i）
マグロ	鮪	albakora
まける	負ける	suko（um）
	まける	［値だん］tawad（magpa）
まげる	曲げる	［カーブさせる］kurba（magpa、pa＋in →pakurbahin、pa＋an→pakurbahan）、 ［木の枝］hutok（um、in→hutukin）、［膝・肘 ・棒等］baluktot（mag、i、in→baluktukin）
まご	孫	apo
まさぐる	まさぐる	apuhap（um、mag-、in）、kapa（um、in）
まさつ	摩擦	pagkikiskis、pagkikiskisan
まざった	混ざった	magkahalo、halu-halo
まさる	勝る	maging nakatataas、higit（ma＋an）
まざる	混ざる	kalahok（mag）、kasama（mag）、kahalo（mag）
まじない	呪い	ingkanto
まじめな	真面目な	matino、seryo
まじょ	魔女	bruha、mangkukulam
まじる	混じる	halo（um、maki）、sali（um、maki）
まじわる	交じわる	salikop（mag、magka）
まず	先ず	mauna

ますい	麻酔	anestesiya
まずい	まずい	di- masarap、walang- lasa
マスク	マスク	mask、maskara
まずしい	貧しい	mahirap
マスターベーション	マスターベーション	bati- bati、pagsasalsal
ますます～	益々～	laro～
ませた	ませた	adelantado[a]
まぜる	混ぜる	halo(mag、i、in→haluin、an→haluan)
マゾヒズム	マゾヒズム	masokismo
また	股	singit
(～も)また	(～も)又	rin、din
まだ	未だ	hindi pa
またす	待たす	hintay(magpa、pa+in)
またのひ	またの日	balang araw
または	又は	o
まだらの	斑の	batik- batik
まち	町	bayan
まちあわせ	待ち合わせ	pagtitipan
(ばしょ)	(場所)	tipanan、tipan、usapan、kompromiso
まちがい	間違い	mali、pagkakamali、kamalian
(なく)	(なく)	huwag ang hindi
まちがう	間違う	mali(magka、ma)
まちかど	街角	kanto
まちなさい！	待ちなさい！	Hintayin mo!
まちぶせする	待ち伏せする	tambang(um、an)
まつ	待つ	hintay(um、mag、in)、antay(um、mag- 、in)
	末	katapusan
	松	palutsina
まっかな	真っ赤な	matinkad na pula
まっくろな	真っ黒な	maitim na maitim、ganap na maitim
まつげ	まつ毛	pilik- mata
マッサージする	マッサージする	masahe(mag、in→masahihin)、
		hilot(um、mag、in→hilutin)
まっさおな	真っ青な	[表情] maputla、[色] maasul、bughaw
まっさかさまな	真っ逆様な	patay na patay
まっさきに	真っ先に	kauna- unahan
まっすぐ	真っ直	diretso
(な)	(な)	[道等] tuwid
(にいく)	(に行く)	diretso(um)

（にする）	（にする）	tuwid(mag､i､in→tuwirin)
まったく 　しょうがない！	全くしょうがない！	Wala sa ano mang paraan！
マッチ	マッチ	pos-poro
まって！	待って！	［少々］Teka！､Sandali lang！
まつり	祭	pista
（にさんかする）	（に参加する）	pista(mang→mamista)
（〜）まで	（〜）まで	hanggan sa〜
まと	的	target､tudlaan
（にあたる）	（に当たる）	tama(um)
まど	窓	bintana
まとめる	纏める	buklod(mag)
まともな	まともな	matapat､matino
まないた	まな板	sangkalan
まなぶ	学ぶ	tuto(ma)
マニア	マニア	kahalingan､kahibangan
まにあわせの	間に合わせの	pansamantala
マニキュア	マニキュア	kyuteks
（をする）	（をする）	kyuteks(mag)
まぬがれる	免れる	［危険を］ligtas(ma､maka)､［免除］libre (mag､i､in→palibrihin)
マネキン	マネキン	manikin
まねく	招く	anyaya(mag､an→anyayahan)
まねする	真似する	gaya(um､in)
まばたきする	瞬きする	kurap(um､i､an)
まひ	麻痺	paralisis､pagkalumpo
（する）	（する）	paralisa(um､ma､in→paralisahin)､ lumpo(um､maka､in→lumpuhin)
まぶしい	眩しい	masiraw
まぶた	瞼	talukap ng mata
まほう	魔法	madyik､salamangka
（つかい）	（使い）	salamangkero
（びん）	（瓶）	termos
まぼろし	幻	kababalaghan
ままごと	ままごと	bahay-bahayan
ままはは	継母	tiya､ale
まめ	豆	bins､［青小豆］munggo､［枝豆］balatong､ ［エンドウ］bataw､gisantes､ ［サヤインゲン］bitsuwelas､

		［サヤエンドウ］sitsaro、
		［大豆］balatong、［十六ささげ］sitaw
まめな	まめな	masipag
まもなく	まもなく	sandali na lamang
まもる	守る	［時間］halaga(pa＋an→pahalagahan)、
		［約束］tupad(um) sa pangako、
		tupad(in→tuparin) ang pangako、
		［危険から］kalinga(um、in)、
		kupkop(um、in→kupkupin)、
		［防衛］tanggol(mag、ipag)、
		sanggalang(mag、ipag)
まやく	麻薬	narkotiko
まゆ	繭	kukon
まゆげ	眉毛	kilay
まゆをひそめる	眉をひそめる	kunot- noo(mag)
まよう	迷う	［と惑う］lito(um、maka、in→lituhin)、
		taranta(um、maka、in→tarantahin)、
		［道に］ligaw(ma)
まよけ	魔よけ	amuleto
まよなか	真夜中	hatinggabi
マラソン	マラソン	maraton
マラリヤ	マラリヤ	malarya
マリファナ	マリファナ	mariwana
まりょく	魔力	salamangka、madyik
まる	丸	bilog、sirkuro
（い）	（い）	mabilog
（くなる）	（くなる）	bilog(um)
まるで〜	まるで〜	parang〜、mukhang〜
まれな	稀な	bihira
まわす	回す	ikot(magpa、pa＋in→paikutin)、pihit(um、in)
		［順に］abot(mag-、i)、pasa(mag、i)
（〜の）まわりに	（〜の）周りに	〜sa palibot、〜sa paligid
まわりみち	回り道	ditursinsayan
まわる	回る	ikot(um)、pihit(um)
まんいち	万一	［もし］kung
（のばあい）	（の場合）	［緊急］anumang kagipitan
まんいんになる	満員になる	dagsa(um、an)、puno(ma)
まんいんの	満員の	punong- puno ng tao、matao
まんが	漫画	komiks

まんげつ	満月	palaba
マンゴー	マンゴー	mangga
まんじょういっち	満場一致	sang-isahan
まんぞく	満足	kasiyahan
（させる）	（させる）	bigay(mag)-kasiyahan
（している）	（している）	【形容詞】nasisiyahan、kasiya-siya
（する）	（する）	siyahan(ma)、ligaya(um)
マント	マント	manta
まんなか	真ん中	gitna、sentro
まんねんひつ	万年筆	pluma、pauntenpen
まんびき	万引	tekas

み

み	実	bunga
みあいけっこん	見合結婚	areglong-kasal
みあげる	見上げる	tingala(um、in)
みえっぱり	見栄っぱり	banidoso[a]
みえる	見える	tingin(maka)、tanaw(ma)、kita(ma)
		［思える］mukha(mag)、anyo(mag-)、
		tila(mag)
みおくる	見送る	hatid(mag、i)
みおとす	見落とす	kalingkat(mag)
みおぼえがある	見覚えがある	may alaala
みかいたくち	未開拓地	kagubatan
みがく	磨く	kintab(magpa、pa＋in)、kinang(magpa、
		pa＋in)
みかた	味方	kaibigan、tagatangkilik
（になる）	（になる）	taguyod(mag、i)
みかづき	三日月	palaking-buwan
みがってな	身勝手な	makasarili、maramot
ミカン	蜜柑	dalandan、tangherina、dalanghita
みかんせいな	未完成な	hindi tapos
みき	幹	puno
みぎ	右	kanan
きき	（きき）	kanan
みくだす	見下す	hamak(um、in)

みぐるしい	見苦しい	asiwa
みけっていの	未決定の	pending、nabibitin
みごとな	見事な	maganda
みこみのある	見込みのある	may pag-asa、asa(um、in→asahin)
みこん	未婚	［男］binata、［女］dalaga
ミサ	ミサ	misa
ミサイル	ミサイル	misil
みさかいなく	見境なく	walang delikadasa、di-maselan、walang-itinatangi
みさき	岬	tangos
みじかい	短い	maikli、maigsi
みじかくする	短くする	ikli(magpa、pa＋in)、igsi(magpa、pa＋in)
みじかくなる	短くなる	ikli(um)、igsi(um)
みじめな	惨めな	abang-aba、【慣用句】kulang-palad
みじゅくな	未熟な	［果物等］hilaw
ミシン	ミシン	makinang pangtahi
ミス～	ミス～	bini-bini～例：ミスフィリピン Bini-bini Pilipinas
みず	水	tubik
みずうみ	湖	lawa
みずぎ	水着	"suwiming wear"
みずしょうばい	水商売	nakalilibang-trabaho
ミスター～	ミスター～	Ginoo～
みずたまもよう	水玉模様	polkadat
みずっぽい	水っぽい	malabnaw
みすてる	見棄てる	baya(magpa、pa＋an)
みずぶくれ	水ぶくれ	paltos
みすぼらしい	見窄らしい	nanlilimahid
みずむし	水虫	alipunga
みずわり	水割	wiski at tubig
みせ	店	tindahan
みせいねん	未成年	pagkamenor-de-edad、pagkabata pa
みせかけの	見せ掛けの	kunwari
みせしめ	みせしめ	bala、babala
ミセス～	ミセス～	Ginang～
みせて！	見せて！	Patingin！
みせびらかす	見せびらかす	parangya(mag、ipag)、pasikat(mag、ipag)
みせる	見せる	tanghal(mag、i)、kita(mag、ipag)
みそ	味噌	tahure

みぞ	溝	kanal、bambang
みだし	見出し	ulong balita、"headline"
みたす	満たす	puno(um、in→punin)
みだす	乱す	gulo(um、mang、in→guluhin)
みだらな	淫らな	masagwa、mahalay、bastos
みだれた	乱れた	gulong-gulo、magulo
みだれる	乱れる	［心が］balisa(um、ma、in→balisahin)、bagabag(um、ma、in)
みち	道	daan、landas
みちくさする	道草する	aligando(mag-)
みちた	満ちた	punung-puno
みちの	未知の	di-kilala
みちびく	導く	akay(um、in)
みちる	満ちる	puno(ma)
みつける	見付ける	tagpo(maka、ma＋an→matagpuan)、kita(ma、maka)、salubong(maka)
みっこうする	密航する	tago (um、mag) sa sasakyan upang malibre sa bayad
みっこくする	密告する	bigay(mag、an→bigyan) ng tip
みっつ	三つ	tatlo、tres
みっともない	みっともない	［恥べき］kahiya-hiya、nakahihiya
みつな	密な	nagsisikip
みつめる	見つめる	titig(um、an)、masid(mag)
みつもり	見積り	pahalagahan、bigyan-halaga
みつもる	見積る	halaga(mag、an→halagahan)
みつゆ	密輸	pagpupusulit
（する）	（する）	pusulit(mag、i)、lusot(mag、i)
（にん）	（人）	kontrabandista
（ひん）	（品）	bawal na bagay
みてもらう	診てもらう	tingin(magpa)
みとめる	認める	kilala(um、in→kilalahin)、amin(um、in)、tanggap(um、in)
みどりいろの	緑色の	berde、lungti
みとれる	見惚れる	gayuma(um、mang、maka、in→gayumahin)
みな	皆	lahat
みなげ	身投げ	lunod(pa＋in→palunurin) ang sarili
みなごろし	皆殺し	pagpuksa、mamumuksa
みなさん	皆さん	mga kababaihan at kaginoohan
みなと	港	lalawigan、piyer、puwerto

みなみ	南	timog
（の）	（向きの）	patimog
みなもと	源	pinanggalingan
みならい	見習い	aprendis、manggagawang nagsasanay
みなれないひと	見慣れない人	taong di-kilala
みにくい	醜い	pangit
みね	峰	tugatog、tuktok
みのしろきん	身代金	tubos
みのる	実る	bunga(um、mag、mang→mamumunga)
みはる	見張る	tanod(mag、an→tanuran)、bantay(mag、an)
みぶり	見振り	kilos、galaw
みぶるいする	身震いする	nginig(mang→manginig)、
		katal(mang→mangatal)
みぶん	身分	ranggo、katayuan sa lipunan
（しょうめいしょ）	（証明書）	I.D. kard
みぼうじん	未亡人	biyuda
みほん	見本	muwestra、sample
みまわりする	見回りする	patrolya(um、mag、an→patrolyahan)
みみ	耳	tainga
（くそ）	（糞）	tuturi
ミミズ	ミミズ	bulati
みもとほしょうにん	身元保証人	ang may-panukalal、ang nagpanukla、
		sponsor
みゃくはく	脈拍	pulso
みやこ	都	kabisera、punung bayan
みやぶる	見破る	unawa(um) ng niloloob、
		unawa(ma、in) ang niloloob
みょうな	妙な	kakaiba
みらい	未来	hinaharap、haharapin
（けい）	（形）	【文法】panghinaharap
みりょく	魅力	halina
（てきな）	（的な）	kahali-halina、kaakit-akit
みる	見る	tingin(um、an→tingnan)、masid(mag、an→
		masdan)、[じっと] titig(um、mang→
		manitig、an)、[ちらりと] sulyap(um、an)
	観る	[映画等] panood(ma→manood、in→
		panoorin)
ミルク	牛乳	gatas
みわける	見分ける	kita(ma) ang kaibhan、

		kilala(ma) ang kaibhan
みんしゅしゅぎ	民主主義	demokrasya
みんしゅてきな	民主的な	demokratiko
みんしゅう	民衆	mga tao、publiko、madla、bayan
みんぞく	民族	lahi
（しゅぎ）	（主義）	nasyonalismo
みんな	みんな	lahat
みんよう	民謡	katutubong awit、kantahing-bayan

む

むいしき	無意識	walang pakirandam
（に）	（に）	walang-malay、nakakamalay
むいた	向いた	【形容詞】［適した］angkop、bagay
むいている	向いている	［適している］angkop(ma)、bagay(ma)
むいみな	無意味な	walang saysay
むかいあった	向かい合った	【形容詞】magkaharap、magkatapat
むかいがわに	向かい側に	sa ibayo
むがいな	無害な	di-makaaano、di-makasasama
むかう	向かう	punta(um)、tungo(um)
むかえる	迎える	salubong(um、in→salubungin)
むかし	昔	noong araw、unang panahon、 nakaraan panahon
ムカデ	百足	alupihan
むがむちゅう	無我夢中	nahihibang
むかんけいの	無関係の	wala sa paksa、malayo sa paksa、 walang-kinalaman、di-kaugnay、 walang-kaugnayan
むかんしんな	無関心な	walang-bahala、walang-malasakit
むき	向き	［方向］direksyon、dako
むぎ	麦	torigo
（わら）	（藁）	dayami
むきげんの	無期限の	walang-taning、walang-takda
むきだしの	剥き出しの	walang-takip
むきぶつの	無機物の	tulagay
むく	向く	harap(ma、maka)
	剥く	talop(mag、i、an→talpan)

むくちな	無口な	di-masalita
むける	剝ける	talop(maka)
	向ける	tutok(um、mag、i、an→tutukan)
むげんの	無限の	walang hanggan
むこ	婿	nobyo ng lalaki
むこうな	無効な	walang-bisa、walang-halaga
(～の)むこうに	(～の)向こうに	sa ibayo ng～
むこうみずな	向う見ずな	walang-taros
むざい	無罪	kawalan ng kasalanan、kawalan ng sala
むさぼりくう	貪り喰う	lamon(mag、in→lamunin)
むし	虫	klisap
むじ	無地	pleyn
むしあつい	蒸し暑い	maalingsangan、mabanas
むしくだし	虫下し	gamot sa hinublati
むしする	無視する	hindi intindi(in→intindihin)、
		walang-bahala(mag)
むじつ	無実	kawalang kasaranan
むしば	虫歯	sirang ngipin、bulok na ngipin
むじゃきな	無邪気な	walang-malay、inosente
むじゅんした	矛盾した	kontradiksiyon、magkasalungkat
むじょうけん	無条件	walang-kondisyones
むじょうな	無情な	walang puso、walang awa
むしる	毟る	himulmol(mag、in→himulmulin)
むす	蒸す	singaw(um、pa+an)
むすうの	無数の	di-mabilang
むすこ	息子	anak ng lalaki
むすびめ	結び目	buhol
むすぶ	結ぶ	buhol(mag、i、an→buhulan)、tali(mag、i、an)
むずむずする	むずむずする	kati(um、mang→mangati、pang+an→
		pangatihan)
むすめ	娘	anak ng babae
むせきにんな	無責任な	alibugha、pabaya、walang-pananagutan
むせる	噎せる	hirin(maka、ma+an)、
		bulon(maka、ma+an→mabulunan)
むせん	無線	radyo
むだづかいする	無駄遣いする	sayang(um、in)
むだな	無駄な	walang kagamitan
むだんで	無断で	walang-pasabi、walang-pahintulot、
		walang-permiso

むち	鞭	latiko、kumpas
むちな	無知な	mangmang
むちゃな	無茶な	［理に合わない］walang-katwiran、［無謀な］walang-ingat、walang-taros
むちゅうになる	夢中になる	maloko、［女に］haling
むつかしい	難しい	mahirap
むつかしくなる	難しくなる	hirap(mag、ma＋an)
むつかしさ	難しさ	kahirapan、kabigatan
むっつりした	むっつりした	di-masalita、walang-imik
むとんちゃくな	無頓着な	mapagpabaya
むなさわぎ	胸騒ぎ	balisa
むなしい	虚しい	walang lamang、hindi mapalagay
むね	胸	dibdib
（やけがする）	（やけがする）	sikip(mag)
むのうな	無能な	walang-kaya
むひの	無比の	walang-kapantay
むぼうな	無謀な	walang-ingat、walang-taros
むほうもの	無法者	bandido
むゆうびょう	夢遊病	paglakad nang tulog
むら	村	baryo、nayon
むらがある	むらがある	di-pareho
むらがる	群がる	lipumpon(magka)、kulupon(mag、pag＋an→pagkulupunan)
むらさき	紫	kulay-ube、lila、purpura、murado
むらす	蒸らす	singaw(pa＋an)
むりする	無理する	trabaho(mag) na labis or sobra、gawa(um) na labis or sobra
むりな	無理な	imposible、di-makatuwiran

め

め	目	mata
（がさめる）	（が覚める）	gising(um)
（がまわる）	（が回る）	hilo(ma)
（にみえない）	（に見えない）	di-kita(ma)
	芽	usbong
めい	姪	pamangking babae

めいあん	名案	mabuting idea
めいがら	銘柄	marka、tatak
めいげんする	明言する	hayag(magpa、ipa)
めいさい	明細	detalye
（しょ）	（書）	espesipikasyon
めいし	名刺	tarheta
めいしん	迷信	pamahiin
めいじん	名人	dalubhasa、eksperto
めいそうする	冥想する	nilay- nilay(mag、pag＋in)
めいちゅうする	命中する	tama(um、ma＋an、an)
メイド	メイド	katulong
めいはくな	明白な	halata
めいぶつ	名物	mga ispesyal ng produkto
めいぼ	名簿	talaan、listahan、direktoryo
めいもく	名目	pagdadahilang
（じょうの）	（上の）	sa turing、sa pangalan
めいもんの	名門の	maharlika
めいよ	名誉	dangal
（ある）	（ある）	marangal
めいれい	命令	kautusan
（する）	（する）	utos(um、mag-、i)
（ほう）	（法）	【文法】pautos
めいろ	迷路	pasikot- sikot
めいろうかいけいの	明朗会計の	malinaw ang bayad
めいわく	迷惑	pag- yamot、abala、pag- abala、gambala
（する）	（する）	［不快］yamot(ma)、［不便］gambala(ma)
（な）	（な）	［不快］nakayayamot、［不便］magambala
（をかける）	（をかける）	［不快］yamot(mang-、in→yamutin)、
		［不便］abala(mang-、in→abalahin)
メーカー	メーカー	tagagawa
メーデー	メーデー	May Day
メートル	メートル	metro
めかくしする	目隠しする	piring(mag)
めかけ	妾	kerida
めかた	目方	timban、bigat
メガネ	メガネ	salamin sa mata
（をかけた）	（をかけた）	nakasalamin
（をかける）	（をかける）	salamin(um、mag)
めがみ	女神	diyosa、diwata

めぐまれた	恵まれた	mapalad、masuwerte
めぐみ	恵み	bendisyon
めくる	捲る	talikwas(um、mag、in)
めぐる	巡る	libot(um、mag、i)
めざす	目指す	layon(mag、in→layunin)、tungo(mag、pa +an→patunguhan)
めざましどけい	目覚まし時計	relos na panggising
めざめる	目覚める	gising(um、in)
めし	飯	kanin、pagkain
めしつかい	召し使い	alila、katulong、utusan
めしべ	雌しべ	pistilo
めじるし	目印	tanda
めす	雌	babae、inahin
めずらしい	珍しい	bihira、madalang、manaka-naka
メダカ	メダカ	botete
めだつ	目立つ	lantad(um)、kita(ma)、halata(ma)
めだった	目立った	lantad、hayag、matanyag、kita
めだま	目玉	balingkatao
（やき）	（焼き）	estrelyado
メダル	メダル	medalya
めちゃくちゃな	目茶苦茶な	［馬鹿げた］kakatuwa、kakatwa、［混乱］magulo
メッキ	メッキ	pustiso
めつき	目つき	titig
メッセージ	メッセージ	mensahe、pahatid
めったに〜ない	めったに〜ない	bihira〜、madalang〜
メニュー	メニュー	menu
めまいがする	目眩がする	hilo(ma)
めもり	目盛	grado
めやに	目脂	muta
メロディー	メロディー	himig
メロン	メロン	milon
めん	綿	bulak
めんえき	免疫	kaligtasan sa sakit、kabal sa sakit
めんかい	面会	pakikipanayam
（する）	（する）	panayam(maki、makipag、ka+in)
めんきょ	免許	lisensiya
めんじょされた	免除された	【形容詞】di-talban
めんする	面する	harap(um、in)

めんせき	面積	lawak
めんせつする	面接する	panayam(maki、makipag、ka＋in)
めんどうな	面倒な	mapanligalig、mapanggulo
めんどくさい	面倒くさい	matrabaho
めんるい	麺類	mike、bihon、miswa

も

も	喪	luksa
もういちど	もう一度	minsan pa、muli
もういっぽう	もう一方	ang ibang isa
もうけ	儲け	pakinabang、tubo、kita
もうけっこう！	もう結構！	Tama na！
もうける	設ける	handa(um、mag、i、ipag)
	儲ける	kita(um、in)、tubo(um、mag、in→tubuin)、pakinabang(maki→makinabang、in、an)
もうけん	猛犬	mabangis na aso
もうしこみしょ	申込書	aplikasyon、pagpapahid、hingan
もうしこむ	申し込む	hiling(um、in、an)、hingi(um、in→hingin)
もうしでる	申し出る	alok(um、mag-、in)、alay(mag-、i)
もうじゅう	猛獣	mabangis na hayop
もうしょ	猛暑	napakatinding init
もうすこしで	もう少しで	kamuntik na、muntik na
もうちょうえん	盲腸炎	apendiks
もうひとつ	もう一つ	isa pa
もうふ	毛布	manta、kumot、blangket
もうもくの	盲目の	bulag
もえやすい	燃え易い	masunugin、madaling masunog
もえる	燃える	sunog(ma)、silab(ma)
モーター	モーター	motor
もがく	藻搔く	pumiglas(mag)
もくげき	目撃	pagsaksi
（しゃ）	（者）	saksi
（する）	（する）	saksi(um)
もくてき	目的	layon、pakay
もくじ	目次	nilalaman
もくせい	木星	dyupiter

もくせいの	木製の	yari sa kahoy
もくひょう	目標	[究極の] mithi、mithiin、pinakamimithi、[的] marka、target、tudlaan
もくめ	木目	haspe
もくようび	木曜日	Huwebes
もぐる	潜る	sisid(um)
もくろく	目録	list、listahan、tala、talaan
もけい	模型	modelo、padron、tularan
モザイクじょうの	モザイク状の	masaik
もじ	文字	titik、letra、kalatas
もし～でなければ	もし～でなければ	malibang kung～
もし～ならば	もし～ならば	kung～
もしもし！	もしもし！	Halo！、Helo！、Hoy！
もぞうひん	模造品	pangagaya、paggaya、paghuwad、pagtulad
もだえる	悶える	alumpihit(mag-)
モダンな	モダンな	makabago、moderno
もち	餅	pagkain parang bibingka
もちあげる	持ち上げる	buhat(um、in)
もちごめ	もち米	malagkit
もちだす	持ち出す	labas(mag、i)
もちはこびできる	持ち運び出来る	【形容詞】bitbitin、portatil
もちはこぶ	持ち運ぶ	bitbit(um、mag、in)
もちろん！	もちろん！	Syempre！
モツ	モツ	[臓物] goto
もつ	持つ	[手に] hawak(um、an)、taban(um、an)
もっきん	木琴	silopon
もったいない	勿体無い	sayang、aksayado
もっている	持っている	karoon(mag)、may、mayroon
もってくる	持って来る	dala(mag、in→dalhin、an→dalhan)
もっと～	もっと～	【比較級】mas＋形容詞、例:もっと近い mas malapit、もっと！[欲しい] Sige pa！
もっともな	もっともな	may-katwiran
モップ	モップ	lampaso
もつれた	もつれた	buhul-buhol、sali-salimuot
もつれる	もつれる	gusot(ma)、gulo(ma)
もてなし	もてなし	pang-aaliw、kagandahang-loob、magiliw na pagtanggap
もてなす	もてなす	[楽しませる] libang(um、mag、maka、in)、aliw(um、mag-、maka、in)、[接待] istima

		(um、in→istimahin)
もてる	もてる	【形容詞】[女性に] sikat
もどす	戻す	balik(mag、i)
もとづく	基づく	batay(mag、ma、i、pag＋an)
もとの	元の	pangunahin
もとめる	求める	[欲する]【助動詞】gusto、nais、
		【動詞】gusto(magka、in→gustuhin)、
		hangad(mag、in→hangarin)、nais(mag、in)、
		[要求] hingi(um、in→hingin、an→hingan)、
		hiling(um、in、an)、[探す] hanap(um、mag、in)
もともと	元々	mula sa una
もどる	戻る	balik(um、an)
もの	物	bagay
ものおき	物置	kuwarto ng mga patapong kasangkapan
ものがたり	物語	kuwento、salaysay、istorya
（をはなす）	（を話す）	kuwento(mag、i)
ものずきな	物好きな	mausisa、usisero[a]
ものまねする	物真似する	gaya(um、mang→mangaya、in→gayahin)
ものもらい	ものもらい	[目] kuliti
もはんてきな	模範的な	uliran
もふく	喪服	pagluluksa
もむ	揉む	masahe(mag、in→masahihin)、
		[優しく] himas(um、in)
もめごと	揉事	gulo、ligalig
もめる	揉める	gulo(mang→manggulo、in→guluhin)
もめん	木綿	koton
もも	腿	hita
	桃	milokoton
（いろ）	（色）	pink、[濃い] kulay- rosas
モヤシ	モヤシ	toge
もやす	燃やす	sunog(um、in→sunugin)、silab(um、in、an)
もよおす	催す	daos(mag、i)
もよう	模様	dibuho、disenyo
もらう	貰う	bigay(mag、i、an→bigyan)、tanggap(um、in)
もらす	漏らす	[秘密] labas(magpa、pa＋in)
もり	森	gubat
	銛	salapong
もりあがった	盛り上がった	【形容詞】[世論] daluyong
もる	盛る	[皿に] silbi(mag、i)、hain(mag、i)、[土等]

		bunton(ma)、tambak(ma)
モルヒネ	モルヒネ	morhina
もれる	漏れる	［水等］tulo(um)、tagas(um)、
		［秘密］labas(maka)、singaw(um、maka)、
		hayag(ma)、［空気］singaw(um、maka)
もろい	脆い	marupok
もん	門	gayt、trangkahan
もんくをいう	文句を言う	reklamo(mag、i)、sumbong(mag、i)
もんだい	問題	problema、suliranin
（がおきる）	（が起きる）	yari(mang)、ganap(ma)
（をおこす）	（を起こす）	gulo(mang、in→guluhin)、ligalig(mang、in)
もんばん	門番	portero、bantay-pinto
もんぶしょう	文部省	Ministro ng pagtuturo
もんもう	文盲	kamangmangan

や

や	矢	tunod
ヤード	ヤード	yarda
やえば	八重歯	magsalungat na ngipin
やおや	八百屋	maggugulay、mamilihang ng gulay
やがて	やがて	sandali na lamang
やかましい	喧しい	maingay
やかん	夜間	gabi
	薬罐	kaldero
ヤギ	山羊	kambing
やきざかな	焼魚	inihaw na isda
ヤキソバ	焼きソバ	pansit
やきつける	焼き付ける	［写真等］debelop(magpa)
やきとり	焼鳥	inihaw na manok
やきにく	焼肉	inihaw na karne
やきましする	焼き増しする	kopya(magpa)
やきめし	焼飯	sinangag
やきもち	妬きもち	selos
（をやく）	（を焼く）	selos(mag)
やきもちやき	妬きもち焼き	seloso[a]
やきゅう	野球	beisbol

やく	約	mga
	焼く	[料理] ihaw(mag-、i)、hurno(mag、i)、[ゴミ等] sunog(um、in→sunugin)
やくしょ	役所	munisipyo
やくしゃ	役者	artista、[男] aktor、[女] aktres
やくす	訳す	salin(mag、i)
やくそう	薬草	gamit na damo
やくそく	約束	pangako
（する）	（する）	pangako(mag、mang→mangako、i)
やくにたつ	役に立つ	nakakatulong、mapakikinabangan
やくにん	役人	opisyal、puno、pinuno
やくわり	役割	taraan
やけど	火傷	paso
（する）	（する）	paso(um、ma、in→pasuin)
やさい	野菜	gulay
（いため）	（炒め）	ginising gulay
やさしい	優しい	mabait
	易しい	madali
ヤシ	椰子	niyog、[ニッパ] sasa、[ココ] niyog
（ざけ）	（酒）	tuba
（りん）	（林）	niyogan
やじうま	野次馬	salakay
やじをとばす	野次を飛ばす	tanong(mag) upang yamutin、tanong(mag) sa nagtatalumpati、kantiyaw(um、mang→mangantiyaw、an)
やじゅう	野獣	halimaw
やしょく	夜食	pagkain sa madaling araw
やしんのある	野心のある	【形容詞】mapangarap
やすい	安い	mura
やすくする	安くする	mura(magpa)、[安くなる] maging mura
やすみ	休み	bakasyon、"day-off"
やすむ	休む	[休息] pahinga(mag、mang→mamahinga)、[学校等] libang(um)、hindi pasok(um)
ヤスリ	ヤスリ	kikil、[紙] pangaskas
やせいかする	野性化する	ilap(um)、bangis(um)
やせいの	野性の	mailap、mabangis
やせている	痩せている	【形容詞】payat
やせる	痩せる	payat(um、ma)
やたい	屋台	turu-turo

やっきょく	薬局	botika
やっと	やっと	sa wakas
やど	宿	otel、pasada
やといにん	雇人	kawani、empleyado[a]
やといぬし	雇い主	ang pinaglilingkuran
やとう	野党	oposisyon
	雇う	upa(um、an→upahan)、arkila(um)、employ(mag-)
ヤニ	ヤニ	resin
やね	屋根	bubong、atip
やぶ	藪	makapal na palumpugan
やぶる	破る	[紙・布等] punit(um、in)、[約束] di-tupad(um)、[法律] labag(um、in)、suway(um、in)、[記録] talo(um) sa pinakamahusay、sira(um) sa dating rekord
やぶれやすい	破れやすい	madaling mapunit
やぶれる	敗れる	talo(ma、in→talunin)
	破れる	[紙・布等] punit(ma)、pilas(ma)、[夢] wasak(um、mag、i)、sira(um、ma、in)
やぼな	野暮な	walang kahulugan
やま	山	bundok
（のおおい）	（の多い）	mamundok
やまいも	山芋	tugi
やましい	疚しい	may salang budhi
ヤマネコ	山猫	alamid
ヤマバト	山鳩	batu-bato
やまびこ	山彦	alingawngaw
やまわけ	山分け	hati-hati
やみ	闇	dilim、kadiliman
やむ	止む	tigil(um、an)
やむをえず	止むを得ず	sapilitan、di-maiiwa
やめさせる	止めさせる	tigil(magpa、pa+in)、hinto(magpa、ipa)
やめる	止める	hinto(um)、tigil(um)
	辞める	bitiw(mag) sa tungklin、bitiw(an) ang tungklin、retiro(um、mag)
やもめ	寡男	biyudo
ヤモリ	ヤモリ	butiki
ややこしい	ややこしい	masalimuot

やらせる	やらせる	gawa(magpa、ipa)
やり	槍	sibat
やりすぎる	やり過ぎる	arte(ma)
やりたい	やりたい	gusto kong gawin
やりとげる	やり遂げる	tupad(um、in→tuparin)、ganap(ma、in)
やる	やる	［与える］bigay(mag、i、an→bigyan)、 ［行う］gawa(um、in→gawin)
やわらかい	柔らかい	malambot
やわらかくなる	柔らかくなる	lambot(um)
やわらげる	和らげる	［痛み］bawas(mag、maka、ma＋an)

ゆ

ゆいごん	遺言	testamento、huling-habilin
ゆううつな	憂鬱な	mapanglaw、namamanglaw、malumbay、 nalumlumbay
ゆうえんち	遊園地	palaruan
ゆうかい	誘拐	pangingidnap、pandrukot
（される）	（される）	dukot(ma)、kidnap(ma)
（する）	（する）	dukot(um、in→dukutin)、kidnap(um、in)
（しゃ）	（者）	mangingidnap
ゆうがいな	有害な	nakasisira、nakapipinsala
ゆうがお	夕顔	upo
ゆうがた	夕方	gabi
ゆうかんな	勇敢な	matapang
ゆうき	勇気	tapang
ゆうこう	友好	pagkakaibigan
（てきな）	（的な）	magiliw、walang-alitan
ゆうこうな	有効な	mabisa
ゆうざい	有罪	may kasalanan
ゆうし	融資	pagpapautang
ゆうしゅうな	優秀な	nakatataas、magaling、mahusay
ゆうじゅうふだんな	優柔不断な	walang matibay na pasiya
ゆうしょう	優勝	tagumpay、panalo
（しゃ）	（者）	kampeonate
（する）	（する）	tagumpay(mag、pa＋an)、 talo(um、mang→manalo、in→taluin)

ゆうじょう	友情	pagkakakaibigan
ゆうしょく	夕食	hapunan
（かい）	（会）	handaan、salu-salo
ゆうじん	友人	kaibigan
ゆうずうのきく	融通のきく	matulungin、mapagbigay
ゆうせいな	優勢な	nakahihigit、nakalalamang
ゆうせんけんのある	優先権のある	may karapatang mauna
ゆうせんする	優先する	una(um、ma)
ゆうだいな	雄大な	marilag
ゆうのうな	有能な	mahusay、【慣用句】kanang kamay
ゆうひ	夕日	paglubog na araw
ゆうびん	郵便	pos、koreo、meyl、meil
（うけ）	（受け）	meylbaks
（かきとめ）	（書留）	registered-mail
（きょく）	（局）	pos-opis、pahatiran、tanggapan ng koreo
（はいたつにん）	（配達人）	postman、kartero
ゆうふくな	裕福な	mariwasa
ゆうべ	夕べ	kagabi
ゆうべんな	雄弁な	magaling magsalita
ゆうぼうな	有望な	may-pag-asa
ゆうめいな	有名な	sikat、bantog、tanyag、～で有名な tanyag sa～
ユーモアのある	ユーモアのある	nakakatawa
（ひと）	（人）	humorista、taong mapagtawa
ゆうやけ	夕焼け	paglubog ng araw
ゆうりな	有利な	mapakinabang、matubo
ゆうりょくな	有力な	malakas
ゆうわく	誘惑	pagtukso
（しゃ）	（者）	tukso、manunukso
（する）	（する）	[悪い目的] hibo(mang→manghibo、in→hibuhin)、hikayat(mang、ma、in)、[恋] tukso(um、in→tukusuhin)、udyok(mag-、mang-、an→udyukan)
（～）ゆえに	（～）故に	dahil sa～、kaya～
ゆか	床	sahig
（した）	（下）	silon
ゆかいな	愉快な	nakakatawa、nakakawili、nakalulugod
ゆがむ	歪む	baluktot(ma)

ゆがめる	歪める	baluktot(mag、in→baluktutin)
ゆがんだ	歪んだ	【形容詞】kilo、liku-liko
ゆき	雪	yelo、niyebe
(～)ゆき	(～)行き	papuntang～、pa＋行先 例:pa
ゆくえふめい	行方不明	pagkapawi、pagkawaka、pagkawala
(な)	(な)	napapawi、nawawaka、nawawala
ゆげ	湯気	singaw
(がたつ)	(が立つ)	singaw(um、mang→maningaw)
ゆしゅつ	輸出	pagluluwas、esportasyon
(する)	(する)	luwas(mag)、esportasyon(mag-)
ゆすり	強請	estorsyon
ゆする	揺する	[木・枝等] ug-og(um、in→ug-ugin)、
		[机等] kalog(um、mag、in→kalugin)、
		uga(um、in)、luglog(um、in→luglugin)
ゆそうする	輸送する	lipat(mag、i)、hakot(um、mag、in→hakutin)、
		lulan(mag、i)
ゆたかな	豊かな	sagana、masagana
ユダヤじん	ユダヤ人	Hudyo
ゆだんした	油断した	【形容詞】walang-ingat、pabaya
ゆっくりと	ゆっくりと	dahan-dahan
ゆったりとした	ゆったりとした	maluwang
ゆでたまご	茹で卵	nilagang itlog
ゆでる	茹でる	laga(mag、i)
ゆとりがある	ゆとりがある	[時間] may reserba sa oras、
		[金] may reserba sa pera
ユニークな	ユニークな	walang-katulad、walang-kapareho
ゆにゅう	輸入	pag-angkat、importasyon
(する)	(する)	angkat(um、in)、importasyon(mag-)
ゆび	指	daliri
(さす)	(さす)	turo(mag、i)、himaton(mag、i)
ゆびぬき	指抜き	didal
ゆびわ	指輪	singsing
ゆぶね	湯船	banyera
ゆみや	弓矢	pana
ゆめ	夢	[将来] pangarap、[就寝中] panaginip
(がある)	(がある)	[将来] pangarap(ma→mangarap)
(をみる)	(を見る)	[就寝中] panaginip(ma→managinip)
ユリ	百合	lily、liryo
ゆりかご	揺籠	duyan

ゆるい	緩い	maluwag、malubay
ゆるくなる	緩くなる	lubay(um)
ゆるされる	許される	patatawad(ma)
ゆるしをこう	許しを請う	hingi(um) ng kapatawaran、
ゆるす	許す	tawad(magpa、ipa、pa＋in→patawarin)
ゆるめる	緩める	lubay(mag)、luwag(magpa、pa＋in、an)
ゆるんだ	緩んだ	habso
ゆれる	揺れる	galaw(um)、ugoy(um、mag-、i)、 ［地震］yanig(um、ma)、 ［前後に］kutitap(um)、 ［炎］andap-andap(um)
ゆわかしき	湯沸器	pakuluan

よ

よあけ	夜明	liwayway
よい	良い	mabuti、magaling、mahusay
よう	用	lakad
	酔う	［酒］lasing(ma)、lango(ma)、 ［乗物］lula(ma)、hilo(ma)
ようい	用意	paghahanda、preparasyon
（ができた）	（が出来た）	【形容詞】nakahanda
（する）	（する）	handa(mag、i)
よういくする	養育する	laki(magpa、pa＋in→palakihin)
ようかい	妖怪	multo
ようがん	熔岩	laba
ようき	容器	lalagyan
ようぎしゃ	容疑者	pinaghihinalaan
ようきな	陽気な	masaya
ようきゅうする	要求する	hiling(um、in)、hingi(um、in)
ようぐ	用具	instrumento、kasangkapan
ようけん	用件	negosyo
ようご	用語	talakay、pananalita
ようし	用紙	pormularyo
	容姿	itsura、anyo
	要旨	buod
	養子	ampon、anak-anakan

	（にする）	ampon(um、mag、in→ampunin)
ようじ	楊枝	tupik
	用事	paglalakad
（のある）	（のある）	okupado、may lakad
ようしゃのない	容赦のない	walang tinag
ようじんする	用心する	ingat(mag-、in)
ようじんぼう	用心棒	badigard
ようす	様子	paglalagay
ようするに	要するに	sa maikling salita、
		sa isang salita
ようせい	妖精	engkanto
ようせつする	溶接する	hinang(um、mag、in、an)
ようそ	要素	sangkap
ようちな	幼稚な	mamusmos
ようちえん	幼稚園	kindergarten
ようちゅう	幼虫	kitikiti
ようてん	要点	buod
ようとんじょう	養豚場	babuyan
（～の）ような	（～の）様な	［似た］ katulad～、kamukha～
（～の）ように	（～の）様に	paris～、gaya～、para～
ようねんき	幼年期	kabataan
ようふ	養父	ama-amahan
ようふく	洋服	damit
（ダンス）	（ダンス）	aparador
ようぼ	養母	ina-inahan
ようもう	羊毛	lana
ようやくする	要約する	buod(mag、in→buurin)、lagom(um→
		lagumin)
ヨーロッパ	ヨーロッパ	Uropa、Europa
よか	余暇	bakasyon
よきする	予期する	ekspekto(mag-)、asa(um、an→asahan)
よきんする	預金する	deposito(mag、i) ng pera
よくじつ	翌日	kinabukasan
よくなる	良くなる	galing(um)、buti(um)
よくばりな	欲張りな	matakaw、sakim
よくぼう	欲望	katakawan、kasakiman、kayamuan
よげんしゃ	予言者	propeta
よこ	横	［そば］ tabi、～の横に sa tabi ng～
	（線）	guhit sa tabi

（になる）	（になる）	higa(ma、an)
（にねる）	（に寝る）	［添い寝］higa(ma、an) sa tabi ng～、
		siping(um、i、an)
よこぎる	横切る	tuwid(um、an→tuwiran)、bagtas(um、an)
よこく	予告	pagbibigay-alam
（する）	（する）	bigay(mag)-alam
（へん）	（編）	preview
よごす	汚す	dumi(mag、an→dumihan)
よこちょう	横丁	kalyehon
よごれ	汚れ	dumi
（ている）	（ている）	【形容詞】marumi
（る）	（る）	dumi(um、ma+an→marumihan)
よさん	予算	badyet
ヨシ	ヨシ	［植物］tambo、bukawe
よじのぼる	よじ登る	ukyabit(um)
よせ	寄席	bodabil
よそう・よそう	予想・予測	hula
（する）	（する）	［推定］hula(um、mang、an)、agap(um)-isip、
		［期待］asa(um、an→asahan)
（どおり）	（通り）	tulad ng umaasa
（にはんして）	（に反して）	laban sa inaasahan
よだれをたらす	涎を垂らす	laway(mag)
よっきゅう	欲求	gana
よっつ	四つ	apat、kuwatlo
（～に）よって	（～に）よって	［手段］sa pamamagitan ng～
ヨット	ヨット	yate、batel
よっぱらい	酔っぱらい	lasenggo
よていする	予定する	balak(um、mag、in)、plano(mag、i)
よのなか	世の中	mundo
よび	予備	panghalili、pamalit、reserba、ekstra
よぶ	呼ぶ	tawag(um、in、an)
よふかしする	夜更かしする	puyat(mag、pa+an)
よぶん	余分	kalabisan
（な）	（な）	labis、sobra、labi
よぼうする	予防する	sansala(um、in)
よむ	読む	basa(um、mag、in→basahin)
よやくする	予約する	reserba(magpa、ipag)
よゆう	余裕	alwan、kaalwanan
（～）より	（～）より	mula sa～、galing sa～、buhat sa～

よりかかる	寄り掛かる	sandal(um、i)、hilig(um、i)
よりみちする	寄り道する	tigil(um) na sandali
よりめの	寄り目の	duling
よる	夜	gabi
	寄る	［家へ］bisita(um、in→bisitahin)、dalaw(um、in)、［側へ］lapit(um、an)、［道路の脇等］tabi(um)、habi(um)
(～に)よるけれど	(～に)よるけれど	depende sa～、depende kung～、batay sa～
(～に)よると	(～に)よると	ayon sa～、alinsunod sa～
よるおそくなる	夜遅くなる	gabi(in→gabihin)
よろい	鎧	baluti
よろこばせる	喜ばせる	bigay(mag)-lugod
よろこび	喜び	tuwa
よろこぶ	喜ぶ	tuwa(ma)
よろめく	よろめく	suray(um)、suray-suray(um)
よろん	世論	opinyon ng publiko
よわい	弱い	mahina
よわくなる	弱くなる	hina(um)
よわせる	酔わせる	lasing(maka、in)、lango(maka、in→languhin)
よわめる	弱める	hina(pa＋in)
よわよわしい	弱々しい	mahina
よん	四	apat、kuwatlo
よんじゅう	四十	apatna'pu、kuwarenta

ら

ラード	ラード	mantika
ライオン	ライオン	leon
らいきゃく	来客	bisita
らいげつ	来月	sa isang buwan、sa susunod ng buwan
らいしゅう	来週	sa isang linggo、sa susunod ng linggo
ライター	ライター	layter
らいねん	来年	sa isang taon、sa susunod ng taon
ライバル	ライバル	kaagaw
らいびょう	頼病	lepra
ライフル	ライフル	riple
らくえん	楽園	paraiso

らくがきする	落書する	sulat(um) na padasukol、
		sulat(um) nang dalas-dalas
ラクダ	ラクダ	kamelyo
らくだいする	落第する	bagsak(um)、lagpak(um)
らくな	楽な	[快適な] maginhawa、magaan、
		[易しい] madali
らくにする	楽にする	lilaks(mag)、ginhawa(magpa、
		pa+in→paginhawahin)
らくになる	楽になる	ginhawa(mag、in→ginhawahin)、
		bawa(mag、in→bawahin)
ラケット	ラケット	raketa
(～)らしい	(～)らしい	～raw、～daw
ラジェーター	ラジェーター	radyetor
ラジオ	ラジオ	radiyo
らせんけいの	螺旋形の	ispoyral
ラッカー	ラッカー	laka、espiral
らっかする	落下する	hulog(ma)、lagpak(um、ma)、bagsak(um)
らっかんてきな	楽観的な	optimista
ラッパ	ラッパ	trumpeta、torotot
(をふく)	(を吹く)	hihip(um、an→hipan) na trumpeta、
		tunog(um) na trumpeta
ラブレター	ラブレター	sulat na pag-ibig
ラベル	ラベル	etiketa
ラム	ラム	[酒] ron
ラン	蘭	orkid
らんけいの	卵形の	hugis-itlog
らんし	乱視	astigmatism
らんそう	卵巣	obaryo
らんぼう	乱暴	dahas
(な)	(な)	marahas、malakas
(にあつかう)	(に扱う)	malupit(mag、pag+an)
ランプ	ランプ	lampara

り

| リーグ | リーグ | liga |
| リーダー | リーダー | lider、puno |

（シップ）	（シップ）	liderato、pamumuno、pangungulo
（になる）	（になる）	puno(mang→mamuno、pa＋an→pamunuan)
りえき	利益	tubo、pakinabang、kita
りか	理科	karunungan
りかい	理解	pag-intindi、pag-unawa
（する）	（する）	intindi(um、ma＋an→maintindihan、in→intindihin)、unawa(um、ma＋an、in)
りがい	利害	interes、kapakinabangan、kabutihan
りかいりょくのある	理解力のある	【形容詞】maunawain
りくち	陸地	lupa
りくつ	理屈	dahilan
（っぽい）	（っぽい）	mahilig sa pakikipagtago
リクレーション	リクレーション	pag-aaliw、aliwan、libangan、dibersiyon
りけん	利権	konsesyon
りこうする	履行する	tupad(um、in→tuparin)
りこうな	利口な	matalino、maalam
りこんする	離婚する	diborsyo(mag、makipag)
りし	利子	interes、pakinabang、tubo
（がつく）	（がつく）	tubo(um、mag)
（をつける）	（をつける）	tubo(magpa、pa＋an→patubuan)
リス	リス	ardilya
リズム	リズム	indayog
りせいてきな	理性的な	mautak、may-talino
りそう	理想	uliran、huwaran
（しゅぎ）	（主義）	idealismo
（てきな）	（的な）	maka-ideal、uliran
りそく	利息	interes
リットル	リットル	litro
りっぱな	立派な	napakagaling、napakahusay
りっぽうメートル	立方メートル	metro kubiko
リハーサル	リハーサル	insayo
（する）	（する）	insayo(mag-)
りはつし	理髪師	barbero
りはつてん	理髪店	barberiya、pagupitan
リボン	リボン	laso
りゃくしきの	略式の	impormal、dipormal
りゃくだつする	略奪する	dambong(um、mang→mandambong、in→dambungin)
りゆう	理由	dahilan

りゅうがくする	留学する	aral(mag-) sa ibang bansa
りゅうけつ	流血	danak ng dugo
りゅうこうか	流行歌	awit ng popular
りゅうこうの	流行の	usung-uso、sunod sa modo、popular
りゅうさ	流砂	kuminoy
りゅうざんする	流産する	laglag(magpa)、agas(magpa)
りゅうしゅつする	流出する	singaw(um、maka)
りゅうちじょう	留置場	kulungan sa istasyon ng pulis
りゅうちする	留置する	pigil(um、in)、binbin(um、ma、in)
りゅうちょうな	流暢な	matatas
りょう	量	dami
	寮	dormitoryo
りよう	利用	paggamit
（する）	（する）	gamit(um、ma、in)、 [人を] samantala(mag、an→samantalahan)
りょうかいする	了解する	[理解] intindi(um、ma+an→maintindihan、 in→intindihin)、[承諾] pahintulot(mag、an →pahintulutan)
りょうけん	猟犬	asong pangaso
りょうし	猟師	mamamaril
	漁師	mangigisda
りょうど	領土	ang nasasaktan、teritoryo
りょうほうの	両方の	kapwa
りょうめん	両面	magkabilang mukha
りょうり	料理	pagluluto
（する）	（する）	luto(mag、i、in→lutuin)
りょうりつできる	両立出来る	【形容詞】magkasuwato、magkaugma
りょかん	旅館	otel、pasada
りょきゃく	旅客	biyahero
りょこう	旅行	paglalakbay、pagbibiyahe
（しゃ）	（者）	pasahero
（する）	（する）	lalakbay(mag)、biyahe(mag)
（だいりてん）	（代理店）	ahente ng paglalakbay
りょひ	旅費	pamasahe、pasahe
りれき	履歴	kasaysayang personal
りろん	理論	haka
りんがく	林学	palagubatan
りんぎょう	林業	panggugubat
リンゴ	林檎	mansanas

りんじの	臨時の	pansamantala、temporero
りんじん	隣人	kapitbahay
りんびょう	淋病	gonorea
りんり	倫理	etika

る

ルーツ	ルーツ	simula、pinagsimulaan、umpisa
ルート	ルート	ruta、daan、daanan
ルール	ルール	tuntunin
ルーレット	ルーレット	roleta
るすする	留守する	wala sa bahay、liban(um) sa bahay
るすばん	留守番	"cover taking"、taong bahay、[管理人] mayordomo[a]
（でんわ）	（電話）	"telephone answering machine"、pagsagot sa telepono habang wala
ルビー	ルビー	rubi

れ

れい	霊	kaluluwa
	例	halimbawa
レイアウト	レイアウト	ayos、kaayusan
れいがい	例外	taliwas、kataliwasan、eksepsiyon
れいかん	霊感	pamakaw-sigla
れいぎ	礼儀	galang、paggalang、kortesiya
（ただしい）	（正しい）	magalang
れいきゅうしゃ	霊柩車	karo ng patay
れいきん	礼金	pabuya、gantimpala
れいけつかん	冷血漢	malamig ang dugo
れいこくな	冷酷な	malupit
れいじょう	令状	mandamyento
れいせいな	冷静な	mahinahon
れいぞうこ	冷蔵庫	repridyeretor、palamigan
れいたんな	冷淡な	malamig

～いとうこ	冷凍庫	priser、palamigan
～いとうする	冷凍する	yero(mag)、maging yero
～いねんの	例年の	anwal
～いはい	礼拝	samba
（する）	（する）	samba(um、in→sambahin)
（どう）	（堂）	bisita
～イプ	レイプ	gahasa、paggahasa、panggagahis
～いぼう	冷房	aero- kondisyon
～インコート	レインコート	kapote
～ース	レース	puntas
（でかざる）	（で飾る）	puntas(mag、an)
～きし	歴史	historya、kasaysayan
（じょうの）	（上の）	makasaysayan
～コード	レコード	plaka
～ストラン	レストラン	restawran
～スリングをする	レスリングをする	buno(mag)
～つ	列	hanay、hilera
～っきょする	列挙する	isa- isa(in→isa- isahin)
～っとうかん	劣等感	pagkasilong
～バー	レバー	［車等］pinnga、panikwas
～ポート	レポート	ulat、report
～モネード	レモネード	limunada
～モン	レモン	lemon、dayap
～んあい	恋愛	pag- ibig、pagmamahal
～ンガ	煉瓦	laryo
～んきゅう	連休	sunud- sunod na bakasyon
～んごう	連合	samahan
～んさいの	連載の	de- serye
～んしゅうする	練習する	praktis(mag、in)、sanay(mag、in)
～ンズ	レンズ	lente
～んぞく	連続	pagpapatuloy、patutuloy、pagsusunud- sunod
（てきな）	（的な）	patuloy、tuluy- tuloy、walang- tigil
～んたいする	連帯する	isa(magka、pag＋an→pag- isahan)
～ントゲン	レントゲン	eks- ray
～んぽうの	連邦の	pederal
～んらくする	連絡する	sabi(magpa)、alam(makipag-)
～んりつする	連立する	sanib(um、mag、pag＋in)

ろ

ろ	炉	dapog
ろうあしゃ	聾唖者	bingi′t-pipi
ろうか	廊下	pasilyo、koridor
ろうじん	老人	matanda
ろうすい	老衰	kahinaan dahil sa katandaan
ろうそく	蠟燭	kandila
ろうどう	労働	trabaho、paggagawa
（うんどう）	（運動）	kilusan-manggagawa
（くみあい）	（組合）	unyon ng manggagawa、
		samahang-manggagawa
（しゃ）	（者）	manggagawa、【慣用句】anak-pawis
ろうひする	浪費する	aksaya(mag-、in)
ローション	ローション	losyon
ロータリー	ロータリー	rotonda
ロープ	ロープ	lubid
ろかする	濾過する	sala(mag、in)
ろく	六	anim、sais
ろくおんする	録音する	rekord(mag、i)
ろくがつ	六月	Hulyo
ろくじゅう	六十	animnapu、sesenta
ろくでなし	ろくでなし	taong walang-silbi
ロケット	ロケット	[打ち上げ用] kuwitis、
		[ネックレス用] laket
ろこつな	露骨な	[卑猥] mahalay、masagwa、bastos、
		[あからさま] nang tapat
ろじ	路地	iskinita
ロシア	ロシア	Ruso、Rusya
ろしゅつする	露出する	lantad(mag、i)
ロッカー	ロッカー	laker
ろっかく	六角	heksagono
ろっこつ	肋骨	tadyang
ろてん	露店	turu-turo
ロバ	ろば	asno
ロブスター	ロブスター	ulang
ロマンス	ロマンス	romansa
ロマンチスト	ロマンチスト	romantiko[a]

ロマンチックな	ロマンチックな	romantiko
ろんそうする	論争する	debate(mag、in→debatehin)、talo(mag、makipag)
ろんてん	論点	paksa
ろんぱする	論破する	sinungaling(magpa、pa＋an)、bulaan(magpa、pa＋an)
ろんぶん	論文	［学術的］tesis、tisis、［新聞等］artikulo
ろんりがく	論理学	lohika

わ

わ	輪	bilog、balangkat
わいきょくする	歪曲する	baligtad(um、in→baligtarin)、pilipit(um、in)
ワイシャツ	ワイシャツ	kamisadentoro
わいせつな	猥褻な	mahalay
わいだん	猥談	mahalay na pagsasalita
ワイヤー	ワイヤー	kawad
わいろ	賄賂	suhol
（をわたす）	（を渡す）	suhol(um、an→suhulan)
ワイン	ワイン	alak
わかい	若い	bata
わかいする	和解する	kasundo(mag、an→kasunduan)
わかがえる	若返る	bata(um)
わかさ	若さ	kabatayan
わかす	沸かす	kulo(mag、pa＋in→pakuluin、pa＋an→pakuluan)
わがままな	我儘な	makasarili、sakim
わかもの	若者	bagong tao、［男］binata、［女］dalaga
わからずや	分らず屋	【慣用句】matigas ang ulo
わかりやすい	判り易い	madaling unawa(ma＋an)
わかる	判る	intindi(um、ma＋an→maintindihan、in→intindihin)、unawa(um、ma＋an、in)
わかれ	別れ	paghihiwalay
わかれる	分かれる	sunga(um、mag)
	別れる	hiwalay(mag、i)

わき	脇	tabi
（のした）	（の下）	kili-kili
わきばら	脇腹	tagiliran
わく	湧く	［希望が］may-pag-asa、asa(um)、
		［泉］bulwak(um)
	枠	［建築用］bastag、banghay、balangkas、
		［絵画用］kuwadro、
		［運搬用の木枠］kanasto
	沸く	kulo(um)
わくせい	惑星	planeta
ワクチン	ワクチン	bakuna
わくわくする	わくわくする	may nerbius
わけ	訳	dahilan
わけあたえる	分け与える	bigay(mag、mang→mamigay、i、an→bigyan)
わけまえ	分け前	balato、pabalato
わける	分ける	［2つに］hati(um、mag、in)、
		［3つ以上に］hati-hati(mag、pag＋in)、
		【慣用句】［公平に］hating-kapatid(mag)、
		［不公平］hating-buwaya(mag)
ワゴン	ワゴン	bagon
わざわざ～する	態々～する	abala(mag-) ng～
ワシ	鷲	lawin
わしょく	和食	pagkaing Hapones
わずかな	僅かな	kaunti
わずらわしい	煩わしい	magulo、maligalig
わすれっぽい	忘れっぽい	makakalimutin
わすれもの	忘れ物	kalimutan na gamit、may naiwan bagay
わすれる	忘れる	kalimot(um、ma＋an→makalimutan、
		an→kalimutan)、limot(in→limutin)
わた	綿	bulak
わだい	話題	tema、paksa ng usapan
わたし	私	ako
（じしん）	（自身）	ang aking sarili、akomismo
（の）	（の）	ko
（のもの）	（もの）	sa akin
（へ）	（へ）	akin
わたしたち	私達	［相手を含む］tayo、［相手を含まず］kami
（の）	（の）	［相手を含む］natin、［相手を含まず］namin
（へ）	（へ）	［相手を含む］atin、［相手を含まず］amin

わたす	渡す	abot(mag-、i、in→abutin)
わだち	轍	uka
わたる	渡る	tawid(um、in→tawirin)
ワックス	ワックス	pagkit、waks
わな	罠	panghuli、bitag、patibong
ワニ	鰐	buwaya
わびしい	侘しい	malungkot
わびる	詫びる	hingi(um) ng paumanhin or tawad
わふく	和服	damit-Hapones
わめく	喚く	sigaw(um、an)、hiyaw(um、an)
わら	藁	dayami
わらいごえ	笑い声	pagtatawa
わらいだす	笑いだす	halakhak(um)
わらう	笑う	tawa(um、an→tawanan)、
		[あざ笑う] libak(um、mang→manlibak、in)、
		tuya(um、in)、
		[くすくす] alik-ik(um、mapa)、
		[にたりと] ngisi(um、an→ngisihan)、
		ngisngis(um、an)
わらわせる	笑わせる	tawa(magpa、pa＋in→patawanin)
わりあい	割合	[比率] proporsiyon、tumbasan、panumbasan
わりかん	割勘	kanyang-kanya ng bayad、hati-hati
わりびき	割引き	tawad、diskuento
（する）	（する）	bawas(mag、an)、
		diskuento(mag、an→diskuentuhan)
わりましりょうきん	割増料金	ekstrang bayad
わる	割る	[石・氷等を] biyak(mag、in)、tipak(mag、in)、
		sibak(mag、in)、[割り算] hati(mag、in)、
		[斧等で] lakol(magpa、pa＋in→palakulin)、
		[皿等を] basag(um、in)、durog(um、in→
		durugin)
わるい	悪い	masama、[大変に] kasama-samaan、
		[性格] salbahe
わるくち	悪口	[中傷] abuso
（をいう）	（を言う）	sirang-puri(mang→manirang-puri)、
		sira(an) ng puri
ワルツ	ワルツ	balse
わるのりする	悪乗りする	daig(ma)、tangay(ma)
わるふざけをする	悪ふざけをする	likot(um、in→likutin)

われている	割れている	【形容詞】basag
われめ	割れ目	lamat、basag、guwang、puwang
（のある）	（のある）	may-basag、may-lamat
われやすい	割れ易い	babasagin、marupok
われる	割れる	［粉々に］basag(ma)、durog(ma)
わん	湾	look
わんぱくな	腕白な	pilyo[a]
ワンマンな	ワンマンな	diktador

フィリピン語の解説

　現在のフィリピンでは、人びと、特に若い人たちが日常的に使う言葉は、タガログ語を基本的に置きながらも、スペイン語、英語が多く取り入れられ、最近では日本語までもが一部取り入れられてきている。これは日本において横文字が多く氾濫しているのとは異なり、歴史的にスペインとアメリカによる植民地としての統治が長かったせいである。伝統的なタガログ語は"ダサイ"ものであり、私たちがそれを好んで使うと、若者たちから"Malalim na Tagalog"（深いタガログ語）で、「なぜ、そんな古い言葉を好んで使うのか」とバカにされることすらある。日本と同様、年寄りの言葉、あるいは田舎の言葉なのである。もちろん、人によっては出身地や習慣のせいで言葉づかいが異なるため、一概には判断できない。日本でこれまでいくつかの辞書あるいは会話集が出版されているが、実際これらを忠実に使用してみると、もちろん意味は通じるが、"ダサイ"言葉が多いようである。私はこの"ダサイ"言葉を勉強してきたし、わざと使用している。

　本辞書は、現在のフィリピンのマニラ首都圏で、日常的に使われている言葉を中心に取り扱った。と同時に、辞書という性格上"ダサイ"言葉もふんだんに取り込まざるをえなかった。"ダサイ"単語を英語に置き換えるとスマートになるから不思議である。かといって、英語だけではフィリピンの生活にはとけこめない。

1. フィリピン語のアルファベット

　フィリピンのアルファベットは、スペイン統治時代にローマ字形式とする基礎がつくられ、後にアバカダと呼ばれるようになった。これにスペイン語や英語、その他の外国語が混じって、今日のフィリピン語が出来上がった。アバカダは下記のように英語のアルファベットのC・F・J・Q・V・X・Zを欠き、別にNGが加わる。NGで一つのアルファベットの文字である。

　A・B・K・D・E・G・H・I・L・M・N・NG・O・P・R・S・T・U・W・Y　の20文字

2. フィリピン語の発音

　発音については基本的にはローマ字式でよいが、下記の点が異なるので注意しなければならない。

（1）母　音

　フィリピン語の母音はスペイン語の母音と同じ a e i o u の五つであるが、e と i、o と u はほとんど同じものと考えられている。

　　　estedyante のエステジャンテ・イステジャンテ（学生）
　　　lalaki ララケ・ララキ（男）　　どちらで読んでも意味は通じる。

（2）子　音

① ng　これ一文字だと「ナン」と発音する。例にある各単語の大文字の「ン」は、はっきりと発音するが、小文字の「ン」の場合は、鼻にかけるようにして、はっきりと発音しない。

例：tanggap　　タンガップ　受け取る
　　pangako　　パンガコ　約束
　　ngipin　　ッギーピン　歯
　　singaw　　シンガウ　発疹（sigaw シガウは"叫ぶこと"で意味が異なってしまうので注意を要する）

② l と r の区別：l は英語の l と同様であるが、r は日本のラ行と似た発音となる。すなわち l は舌を上顎につけるように発音するのに対し、r は巻き舌で発音する。

③ d と y がくっつくと「ジ」と発音する。　dyan「ジャン」：そこに・そこで

④ d や p が最後にくる単語では d・p（ド・プ）をはっきり発音しない。

例：lakad, masarap

＊フィリピン語を流暢にしゃべるには、リズムが必要である。フィリピン人の会話を聞いていると、それぞれリズミカルである。英語についてもいえるが、日本人が最も苦手とするのが会話のリズミカル性である。リズミカルに日本語をしゃべれる人は上達が早いかもしれない。ともかく発音は、フィリピン人と直接話をして体で覚えるしかない。実際に言葉をいくつかしゃべってもらって、その感覚をつかんでほしい。なお、フィリピンで英語を使う場合、または英単語を使用する場合、ローマ字式発音をすることがコツである。フィリピン式英会話"タガリッシュ"と呼ばれるものになる。

3．フィリピン語の単語

フィリピン語は、まず"語幹"と呼ばれるシンプルな単語を覚えなければならない。木でいうと、土台となる幹である。その幹に、木で例えれば、葉や枝、そして花や実がついて木が完成するように、さまざまな接辞（接頭辞・接中辞あるいは接尾辞）がつくことにより時制や意味が変化し、動詞にも形容詞にもまた抽象的な名詞にもなる。基本的な語幹を覚え、接辞を自由に使えればプロになれる。この接辞の種類はきわめて多く80以上ともいわれ、通常使われるものに絞っても40くらいはある。一つの単語（語幹）にいろいろの接辞をくっつけてさまざまな表現ができるのは、使い慣れれば非常に便利であり、おもしろい。

4．アクセント

アクセントの位置により言葉の意味が変わるので注意を要する。語幹に接辞をつけることによりアクセントの位置が変化する場合がある。一応法則性はあるがここではとりあげない。

例：kaíbigan　愛人　　　kaibigán　欲望　　　kaibígan　友達
　　（発音を間違えると大変！）

5．フィリピンの数字

フィリピンの数字は、タガログ語、スペイン語、英語の三つがごちゃまぜに使われているが、基本的には下記のような傾向になる。1，2，3，……

タガログ語：isa，dalawa，tatlo，……物や人の数、お金の計算（小さい数）
スペイン語：uno，dos，tres，……時刻、年齢
英　　　語：one，two，three，……お金の計算（大きな数）、時刻

6．時刻の表現

スペイン語がもちいられることが多いが、タガログ語も使用される。

日本語：	1時	2時	3時	……	10時	……	12時
スペイン語：	ala-una	alas-dos	alas-tres	……	alas-dieys	……	alas-dose
タガログ語：	una	ikalawa	ikatlo	……	ikasampo	……	ikalabindalawa

①時間の表現（スペイン語表現）

1時30分	ala-una'y medya
2時15分	alas-dos kinse
3時45分	alas-tres kuwarenta'y singko
4時15分前	menos kinse para alas-kuwatro
4時32分	alas-kuwatro treinta'y dos
午前11時9分	alas-dose nuwebe ng umaga
午後5時26分	alas-singko beynte'y seis ng hapon
午後9時18分	alas-nuwebe disiotso ng gabi

＊フィリピンでは、朝は夜の12時～昼の12時、昼は昼の12時～夜の6時、夜は夜の6時～夜の12時までと区別されている。

②時間に関する主な用語

遅れている……huli	時間……oras	ちょうど……ganap
進んでいる……nauuna	分　……minuto	正午　……tanghali
過ぎ　……matapos	秒　……segundo	午前　……umaga
前　……menos	今　……ngayon	午後　……hapon or gabi

7．フィリピン語の文章をつくる。

（1）文章の構成

1）基本文

一般的には、口語的表現（述語→主語）で表わされる。主語→述語は文語的表現で、この場合、主語と述語の間に ay という繋辞（けいじ）と呼ばれるつなぎ言葉が入る。また強調したい意味の単語または文節は先頭にもってくる場合が多い。

例：リンダは私の妻です。
①文語的表現
　Si Linda ay asawa ko.
　主語＋繋辞＋述語

②口語的表現

Asawa ko si Linda.

　述語　＋　主　語

リンダという名前を強調したい場合は　Si Linda ang asawa ko. となる。

2 ）目的語が入る場合：主語のあとに直接目的語、関接目的語を入れる。

例：私は焼きそばを、食堂で食べました。

①文語的表現

Ako　ay　kumain　ng　pansit　sa　kainan.

主語＋繋辞＋　述　語　＋冠詞＋直接目的語＋冠詞＋間接目的語

食べた　＋　私は＋　を＋　焼きそば　＋　　食堂

②口語的表現

Kumain　ako　ng　pansit　sa　kainan.

述　語　＋　主語＋冠詞＋直接目的語＋冠詞＋間接目的語

3 ）否定語が入る場合：否定の副詞 hindi を入れる。

例：リンダは私の妻ではありません。

①文語的表現

Si Linda ay hindi asawa ko.

②口語的表現

Hindi asawa ko si linda.

リンダという名前を強調したい場合は　Hindi Si Linda ang asawa ko.

4 ）丁寧な表現をする場合

フィリピンでは会話の際に相手の身分によって表現が異なる。相手が親や身分の高い場合は、po 、身分が同等で丁寧な表現する場合は、ho をつける。親しい間柄や友達関係では必要はない。

①普通の表現

Oo !　はい！

Salamat !　有り難う！

Ano ang pangalang mo !　貴方の名前は何！

②丁寧な表現

Opo !または Oho !　はい！

Salamat po !　有り難うございます！

Ano ho ang pangalang ninyo !　貴方の名前は何ですか！

＊ mo → ninyo 人称代名詞も複数形を使うことで、より丁寧さを表わす。

③命令形を和らげる nga や naman をつけることにより和らげられる

Isa pa !　　　　　もう一杯くれ！　　　Wala !　　　　　　ない！

Isa pa nga !　　　もう一杯下さい！　　Wala naman !　　ありません！

（2）語　順

フィリピン語では上記したもののほか、文章中にさまざまな表現が入る。それらは下記に示すような順番がある。

　　先頭語（名詞・代名詞・動詞・形容詞等）＋１音節の人称代名詞
　　＋１音節の小詞＋２音節の小詞＋２音節の人称代名詞＋（ng）＋後続文

　　例１：Kumain ka na bang prutas？
　　　　もうあなたは果物をたべましたか

　　例２：Hindi pa ho kaya niyang iinumin ang kape.
　　　　彼は多分まだコーヒーを飲んでいないでしょう。（丁寧）

１）１音節の人称代名詞……ka, mo

２）１音節の小詞（番号順）

　①　na　（すでに）　②　pa　（まだ）　③　man　（もまた）
　④　din, rin　（同様に、再び）　⑤　nga　（まさに）
　⑥　lang　（たった～だけ）　⑦　daw, raw　（～のようだ）
　⑧　po, ho　（敬語）

３）２音節の小詞

　①　muna　（まず、第１に）　②　naman　（再び）　③　kasi　（それゆえに）
　④　kaya　（おそらく、多分）

４）２音節の人称代名詞……ako, siya, sina, namin　など

（３）冠詞の用法

　フィリピン語の名詞には冠詞がつき、名詞が主格、所有格、目的格のどれに該当する
かにより冠詞が異なる。

		主　格	所有格	直接目的格	間接目的格	動詞の受動態
人名	単数	si	ni	ni	kay	ni
	複数	sina	nina	nina	kina	nina
普通名詞		ang	ng	ng	sa	ng

　　例１：Nagbigay si Alice ng libro ni Linda kay Janett.（能動態）
　　例２：Inibigay si Alice ang libro ni Linda kay Janett.（受動態）
　　　　　アリスはリンダの本をジャネットへ与えた。

（４）繋辞の用法

　繋辞は名詞と名詞、動詞と動詞、動詞と形容詞等、単語と単語を結び付ける役割をも
つ。ng、naの２つが用いられる。（もう１つの繋辞 ay については前述した。）

１）形容詞や動詞が名詞を修飾する場合

　①　ng は、前にくる単語の語尾が母音の場合か、子音の n がつく場合に単語の語尾
　　につく。
　　語尾が母音の場合：きれいな（maganda）と女性（babae）を ng で結び付ける。
　　　maganda ng babae→magandang babae　きれいな女性。
　　　babae ng maganda→babaeng maganda　どちらが先にきてもよい。
　　語尾に子音の n がつく場合：強い（malakas）と雨（ulan）を ng で結び付ける。
　　　ulang malakas　強い雨、となり、g のみが付加する。

　②　na は、前にくる単語の語尾が n 以外の子音の場合、２つの言葉の間に na を配

置する。

例：黒い（maitim）と、猫（pusa）を na で結び付ける。

　maitim na pusa　黒い猫

例：怒っている（nagagalit）と、人（tao）を na で結び付ける。

　nagagalit na tao　怒っている人

　ただし、動詞が人称代名詞を修飾する場合は、すべて na が用いられる。

例：Alice（アリス）と、umiibig（恋する）を na で結び付ける。

　si Alice na umiibig　恋するアリス

2）形容詞が動詞または動詞が動詞を修飾する場合、nang を使用する。

　例：早く（mabilis）と、歩く（lumakad）を nang で結び付ける。

　lumakad nang mabilis 早く歩く

　例：ゆっくり（mabagal）と、食べる（kumain）を nang で結び付ける。

　kumain nang mabagal ゆっくり食べる

8．代名詞
（1）疑問代名詞

　主なものをあげると以下のとおりである。

　kailan いつ、saan どこで、sino だれが、ano 何を、paano どのように、
　ilan いくつ、alin どれ、kanino だれのもの、magkano いくら、
　bakit どうして、gaano どれくらい、nasaan どこにある

　　例1：Kailan kang uui sa Pilipinas?　（あなたは）いつフィリピンへ帰るの？
　　例2：Ilang taon na siya?　彼はいくつですか？
　　例3：Ano ang pangalang mo?　（あなたの）名前は何ですか？
　　例4：Bakit ka laging malamig?　なぜあなたはいつも冷たいの？
　　例5：Gaano katimbang ka?　（あなたは）体重はどれくらいですか？

（2）人称代名詞

格	単　　数			複　　数			
	一人称	二人称	三人称	一人称		二人称	三人称
主格　ANG	ako	ikaw（前置型） ka（後置型）	siya	tayo	kami	kayo	sila
所有格　NG	ko	mo	niya	natin	namin	ninyo	nila
目的格　SA	akin	iyo	kaniya 相手を含む	atin 相手を含まず	amin	inyo	kanila

　　例：一人称単数の場合
　　　主　格　ANG　私は　Estedyante ako.　私は学生です。
　　　所有格　NG　私の　Si Alice ang pangalan ko.私の名前はアリスです。
　　　目的格　SA　私に、私へ、私のもの　Ito ang akin.これは私のものです。
　　　　　　　　　　　　　Tumawag ka sa akin?　私に電話しましたか？

注1）　tayo, kami は、"私たち"だが、kami の場合、話相手は含まれない。

注2）　ikaw と ka は同じ"あなた"であるが、ikaw は文の先頭にくる場合に使
　　　　用するのに対し、ka は文の中や最後にくる場合にのみ使用する。

　　　例1：Ikaw ang maganda.　あなたはきれいです。

　　　例2：Maganda ka.　　　　　　　　　〃

　　　　　Saan ka pupunta?　あなたはどこへ行くのですか？

注3）単数でも、相手に対して丁寧な言葉使いをする場合、複数の二人称を使用す
　　　る。

　　kita："私はあなたに"または"私はあなたを"をこの一言で表現できる。

　　　例1：Mahal kita! 私はあなたを愛しています。

　　　　　　「Mahal ko ikaw!」とはいわないが、「Ikaw ay mahal ko!」

　　　例2：Mag-aalaga kita sa ospital. 私は病院で、あなたの世話をします。

（3）指示代名詞

これ	ito	それ	iyan	あれ	iyon	主　格
ここ	dito	そこ	diyan	あそこ	doon	主格（場所）
これの	nito	それの	niyan	あれの	niyon	所有格
これら	mga ito	それら	mga iyan	あれら	mga iyon	＊複数形
こんな	ganito	そんな	ganiyan	あんな	ganoon	形容詞的用法
ここにある	narito	そこにある	nariyan	あそこにある	naroon	動詞的用法

9．動詞の用法

　フィリピン語（タガログ語）をマスターするための一番の厄介な点は、動詞の変化で
ある。非常に複雑に変化するため、慣れないと言葉の意味が通じない。逆にある程度使
いこなせるとタガログ語の面白さもわかってくるし、フィリピン人からは、お世辞なり
にも「あなたはまるでフィリピン人みたい！」といわれる。

　そこで基本的な用法についてのみ紹介するが、詳しく知りたい方はタガログ語の文法
の本も出版されているので、それを参考にされたい。

　フィリピン語では、動詞の構成はすでに述べたとおり、まず語幹があり、さまざまな
接辞（接頭辞、接中辞あるいは接尾辞）がつくことにより時制や意味が変化し、会話ま
たは文章表現が出来あがる。この接辞の使い方や接辞付加に慣れることである。まずは
下記にあげるものをマスターすることに心がけた方がよい。

（1）動詞につく接辞の用法と主な種類

　動作を行なう人が主格となる場合を能動態、動作者以外の語、すなわち直接目的語、
間接目的語、副詞などが主格となる場合を受動態と呼ぶ。要は会話の中で何を強調する
かで、能動態か受動態かが決まる。例えば「私は果物を食べた。」という文章で、「私
は」を強調したい場合を能動態、「果物」を強調したい場合を受動態と考え、動詞の接
辞を選択する。

例：能動態　um-動詞　Kumain ako ng prutas.（私は果物を食べた。）
　　受動態　in-動詞　Kinain ko ang prutas.（果物は私に食べられた。）
①能動態につく接辞の主な種類と用法

接　辞	種　　類	解　　　　説
um mag mang	主格動詞	上記3つの接辞が付くと、動作者が主語になり、被動作者が目的語となる。それに場所や時間を表わす言葉が付いて文がつくられる。通常は目的語を伴わない文、すなわち自動詞として使われる場合が多い。
maka	可能動詞	動詞の語幹に付いて、その語幹の示すことが"～できる"、"可能性のある"という意味を表わす。
ma	感情動詞	感情や日常生活を表現する動詞に多い。 目的語をとらない。
magpa	使役動詞	「誰々に～をさせる」という場合に使用する。
maki	依頼動詞	「誰々に～をお願いする」のように、人にものを頼む場合に使用する。

②受動態につく接辞の主な種類と用法

接　辞	種　　類	解　　　　説
in	目的格動詞	目的とする行為や物に重点をおきたい場合に使用する。被動作者や物を主格にとる。
an	所有格動詞	目的とする場所または相手に、表現の重点をおく場合に使用する。例えば、出かける時に行く場所を強調したい場合など。間接目的語がある場合間接目的語が主格になる。
ma	可能動詞	maka-動詞と同じ可能動詞であるが、目的語を伴って受動態となり、その目的語が主格になる。 能動態に付く感情動詞も同じmaなので注意を要する。
pa+in	使役動詞	magpa-動詞の受動態、行為や物が重点
paki	依頼動詞	maki-動詞の受動態
i	恩恵動詞	「誰々のためにする」のように、人に恩恵を与える場合に使用する。恩恵を受ける被動作者や動作を行なうための手段等が主格になる。 i-動詞の他一部に ipag-動詞、ipang-動詞がある。ただしipag-動詞は動詞の能動態が mag-動詞の場合のみ、ipang-動詞は同様に mang-動詞の場合のみ使用される。

接辞	種類	解説
ika	理由動詞	「〜のせいで」「〜の理由で」のように、理由を強調したい場合に使用する。ika-動詞または ikapag-動詞、ikapang-動詞がある。動詞の能動態がum-動詞の場合 ika-動詞、mag-動詞の場合 ikapag-動詞、mang-動詞の場合 ikapang-動詞を使用する。

その他、動詞の複数形を表わす magsi（um-動詞の複数形）、magsipag（mag-動詞の複数形）、pag＋in（in-動詞の複数形）、pag＋an（an-動詞の複数形）、"お互いに〜する"という意味をもつ mag＋an、"〜したばかり"という意味を表わす ka、気持ちを表わす ka＋an、語幹の動作を別の人に行ってもらうように頼む時に使う ipa など、多くの接辞がある。

（2）動詞の時制と事例

フィリピン語の動詞の時制は、英語でいう過去形、現在形、未来形よりは、完了形、未完了形、未来形という方が適している。ただし、動詞の中には一部時制を持たないものがあるので、動詞の最後の項で説明する。その他の動詞の変化としては、不定形、命令形がある。

1）um-動詞（主格動詞）

例1：Pumunta ako sa Osaka kahapon. 私は昨日大阪へ行きました。

《um-動詞》	能態動	例1 punta（行く）
不 定 詞	語幹の語頭の次に um	pumunta
命 令 形	語幹の語頭の次に um（不定詞と同じ）	pumunta
未 来 形	語幹の語頭の文字の2回繰り返し	pupunta
未完了形	語幹の語頭の次に um＋語根の文字	pumupunta
完 了 形	語幹の語頭の次に um（不定詞と同じ）	pumunta

ただし、語幹の最初の文字が母音の場合、接頭辞となる。

例2：akyat（登る） um＋語幹

不定詞 umakyat		命 令 形 umakyat		
未来形 aakyat		未完了形 umaakyat		完了形 umakyat

2）mag-動詞（主格動詞）

例1：Magbibigay ako ng pasalubong sa kanya. 私は彼に御土産をあげます。

《mag-動詞》	能態動	例1 bigay（与える）
不 定 詞	mag＋語幹の語頭の文字	magbigay
命 令 形	mag＋語幹の語頭の文字（不定詞と同じ）	magbigay
未 来 形	mag＋語幹の語頭の文字の2回繰り返し	magbibigay
未完了形	nag＋語幹の語頭の文字の2回繰り返し	nagbibigay
完 了 形	nag＋語幹	nagbigay

例2：aral（勉強する）

不定詞　mag-aral	命 令 形　mag-aral	
未来形　mag-aaral	未完了形　nag-aaral	完了形　nag-aral

　語幹の先頭が母音の場合、-ハイフンをつける。上記の場合ハイフンがないとマガラル
と読んでしまう。
　＊自分のすることを強調したい場合
　punta （行く）という動詞は一般的には次に述べる　um-動詞 pumunta が使用
される。行くということをより強調したい場合すなわち、"必ず行く"という場合、
mag-動詞 magpunta を使う。ただし、um-動詞のすべてがこのような使い方ができ
るわけではないので、使えるものを覚えるしかない。
　＊mag-動詞の便利な利用法
　外来語（フィリピン外の国）を動詞として使う場合は、mag-動詞を使うことが多い。
日本語の単語にmag-動詞をつけて使ってもよい。
　mag-ski　　　スキーに行く　Mag-ski tayo!　　スキーに行きましょう！
　mag-disko　　ディスコに行く　Mag-disko tayo!　ディスに行きましょう！
　mag-kape　　コーヒーを飲む　Mag-kape tayo!　お茶を飲みましょう(喫茶店で)！
　mag-ohanamiお花見に行く　Mag-ohanami tayo!お花見に行きましょう！
　3）mang-動詞（主格動詞）
　①　基本型
　　例1：Manggugupit ako sa barbar.　私は散髪にいきます。

《mang-動詞》	能態動	例1 gupit(髪を切る)
不　定　詞	mang＋語幹の語頭の文字	manggupit
命　令　形	mang＋語幹の語頭の文字（不定詞と同じ）	manggupit
未　来　形	mang＋語幹の語頭の文字の2回繰り返し	manggugupit
未完了形	nang＋語幹の語頭の文字の2回繰り返し	nanggugupit
完　了　形	nang＋語幹	nanggupit

　②語幹の頭が l の場合
　　例2：loko（だます）　mang＋loko の g が落ちて manloko となる。

不定詞　manloko	命 令 形　manloko	
未来形　manloloko	未完了形　nanloloko	完了形　nanloko

　③語幹の頭が k の場合
　　例3：kopya（コピーする）mang＋kopya の k が落ちて mangopyaとなる。

不定詞　mangopya	命 令 形　mangopya	
未来形　mangogopya	未完了形　nangogopya	完了形　nangopya

　④語幹の頭がd,t,s の場合

例4：sipa（蹴る）mang＋sipa の ng＋子音が落ちて n に変わり、manipa となる。

不定詞	manipa	命 令 形	manipa		
未来形	maninipa	未完了形	naninipa	完了形	nanipa

⑤語幹の頭が b,p の場合

例5：bigay（与える）の場合 mang＋bigay の ng＋子音b が落ちて m に変わり mamigay となる場合と balisa（落ちつかない）の場合のように mang ＋balisa の ng だけが落ちて m に変わり mambalisa となる場合がある。

不定詞	mamigay, mambalisa	命 令 形	mamigay, mambalisa
未来形	mamimigay, mambabalisa	未完了形	namimigay, nambabalisa
完了形	namigay, nambalisa		

4）ma-動詞（感情動詞）

例1：Huwag kang magalit. あなたは怒ってはいけません。

《ma-動詞》	能態動	例1 galit（怒る）
不 定 詞	ma＋語幹	magalit
命 令 形	ma＋語幹（不定詞と同じ）	magalit
未 来 形	ma＋語幹の語頭の文字の2回繰り返し	magagalit
未完了形	na＋語幹の語頭の文字の2回繰り返し	nagagalit
完 了 形	na＋語幹	nagalit

例2：Matutulog tayo sa kuwarto. さあ（私たちは）部屋で寝ましょう。

5）maka-動詞、ma-動詞（可能動詞）

例1：Hindi na akong makapunta sa Hapon.
　　　私はもう日本へは、行くことができません。

《maka-動詞》	能態動	例1 punta（行ける）
不 定 詞	maka＋語幹	makapunta
命 令 形	maka＋語幹（不定詞と同じ）	makapunta
未 来 形	maka＋語幹の語頭の文字の2回繰り返し	makakapunta
未完了形	naka＋語幹の語頭の文字の2回繰り返し	nakakapunta
完 了 形	naka＋語幹	nakapunta

例2：Masusulat ko ang Tagalog.
　　　私はタガログ語で手紙を書けるでしょう。

《ma-動詞》	受態動	例2 sulat（書ける）
不 定 詞	ma＋語幹	masulat
命 令 形	ma＋語幹（不定詞と同じ）	masulat
未 来 形	ma＋語幹の語頭の文字の2回繰り返し	masusulat
未完了形	na＋語幹の語頭の文字の2回繰り返し	nasusulat
完 了 形	na＋語幹	nasulat

6）in- 動詞（目的格動詞）

例1：Kinain ko ang masarap na pagkain.　私は美味しい食べ物を食べました。
直訳すると "美味しい食べ物は私に食べられた。" となり、日本語としてはおかしくなる。したがって、受動態であっても実際には能動態的に使うのが自然である。

《in- 動詞》	受態動	例1 kain（食べる）
不 定 詞	語幹の最後に in を付加	kainin
命 令 形	語幹の最後に in を付加（不定詞と同じ）	kainin
未 来 形	語幹の語頭の文字を2回繰り返し・最後にinを付加	kakainin
未完了形	語幹の語頭の文字を2回繰り返し・語頭の次に in を入れる	kinakain
完 了 形	語幹の語頭の次にin を入れる	kinain

語幹の語尾に in をつける場合、語幹の最後の母音が o である場合、 o → u に変わる。また、語幹の最後が母音の場合 hin となる。
例2：bago（新しい）＋in＝baguhin（新しくする）

不定詞 baguhin	命令形 baguhin	
未来形 babaguhin	未完了形 binabago	完了形 binago

7）an- 動詞（所有格動詞）

例1：Punasan mo ang ibabaw ng mesa.　机の上をふきなさい。
ただし、語幹の語尾に母音がくる場合 an→han となる。
例2：Pupuntahan ko ang disko.　ディスコへ行ってきます。
直訳すると、例1は "机の上は、私によって拭かれた。" 例2は "ディスコは、私の行くところです。" となり、日本語としては不自然である。in- 動詞と同様、能動態的に訳す。

《an- 動詞》	受態動	例1 punas（拭く）
不 定 詞	語幹の最後にan	punasan
命 令 形	語幹の最後に an （不定詞と同じ）	punasan
未 来 形	語幹の語頭の文字の2回繰り返し・最後に an を付加	pupunasan
未完了形	語幹の語頭の文字の2回繰り返し・語頭の次に in を入れ・最後に an を付加	pinupunasan
完 了 形	語幹の語頭の次にin・最後にanを付加	pinunasan

8）i- 動詞（恩恵動詞）

① mag- 動詞の場合……直接目的語が主格となる。

例1：ibigay mo ang libro sa akin. 本を私に（私のために）下さい。
　　　　　　　　直接目的語

② um-動詞の場合……間接目的語が主格となる。
　　例2：isusulat mo ako.　私に（私のために）手紙を下さい。
　　　　　間接目的語

《i-動詞》 受態動		例1 bigay（与える）
不定詞	語幹の頭に i	ibigay
命令形	語幹の頭に i（不定詞と同じ）	ibigay
未来形	語幹の語頭の文字の2回繰り返した頭に i を付加	ibibigay
未完了形	語幹の語頭の文字の2回繰り返した後 語頭の次にin を入れ、頭に i を付加	ibinibigay
完了形	語幹の語頭の次に in を入れ、頭にi を付加	ibinigay

　ipag-動詞は基本的に i-動詞と同じ用い方をする。ただし、ipag のつく場合は少なく、かつmag-動詞のみにしか使用できない。

《ipag-動詞》 受態動		例2 luto（料理する）
不定詞	語幹の頭に ipag を付加	ipagluto
命令形	語幹の頭に ipag を付加（不定詞と同じ）	ipagluto
未来形	語幹の語頭の文字を2回繰り返した後 頭に ipag を付加	ipagluluto
未完了形	接辞の ipag を語幹の頭に付加し、ipag にin を入れた後語幹の語頭の文字を2回繰り返す 繰り返した後、最初のpag に in を入れる	ipinagluluto
完了形	接辞のipagを語幹の頭に付加し、ipag に in を入れる	ipinagluto

9）magpa-動詞、pa＋in-動詞（使役動詞）
　「〜させる」という場合に使用する。pa＋in-動詞は能動態で、pa＋in-動詞はその受動態である。
　　例1：Magpapapapunta ako nila sa bundok　私は彼等を山に行かせた。

《magpa-動詞》 能態動		例1 punta（行かせる）
不定詞	magpa＋語幹	magpapunta
命令形	magpa＋語幹	magpapunta
未来形	magpapa＋語幹	magpapapunta
未完了形	nagpapa＋語幹	nagpapapunta
完了形	nagpa＋語幹	nagpapunta

例2：Pakulutin mo ako パーマをかけて下さい。

《pain-動詞》	受態動	例2 kurot（パーマをかける）
不 定 詞	pa + 語幹 + in	pakurutin
命 令 形	pa + 語幹 + in（不定詞と同じ）	pakurutin
未 来 形	pa + 語幹の語頭+語幹 + in	pakukurutin
未完了形	pina + 語幹の語頭 + 語幹	pinakukurot
完 了 形	pina + 語幹	pinakurot

10) maki-動詞、paki-動詞（依頼動詞）

例1：Makikisindi! タバコに火をつけて下さい。

《maki-動詞》	能態動	例1 sindi（火をつける）
不 定 詞	maki+語幹	makisindi
命 令 形	maki+語幹（不定詞と同じ）	makisindi
未 来 形	makiki+語幹の語頭	makikisindi
未完了形	nakiki+語幹の語頭	nakikisindi
完 了 形	naki+語幹	nakisindi

《paki-動詞》	受態動	例2 usap（話す）
不 定 詞	paki+語幹	pakiusap
命 令 形	paki+語幹（不定詞と同じ）	pakiusap
未 来 形	paki+ki+語幹	pakikiusap
未完了形	pakiの語頭の後に in を入れる +ki+語幹の語頭	pinakikiusap
完 了 形	pakiの語頭の後に in を入れる+語幹	pinakiusap

例2：Pakitawag mo ang doktor sa akin.

例3：Makitawag ka ng doktor sa akin.

（私のために）医者を呼んで下さい。

11) ika-動詞（理由動詞）

例1：Ikinagagalak kong makilala ka！ あなたに会えてうれしい。

（始めて出会った時の挨拶に使う言葉です。）

直訳すると "あなたに会えることが（理由が）、私の喜びです。" となる。

《ika-動詞》	受態動	例1 galak（うれしい）
不 定 詞	ika+語幹	ikagalak
命 令 形	ika+語幹（不定詞と同じ）	ikagalak
未 来 形	ika+語幹の語頭の文字+語幹	ikagagalak
未完了形	ikina+語幹の語頭の文字+語幹	ikinagagalak
完 了 形	ikina+語幹	ikinagalak

（3）その他の動詞

1) maging

英語で become “〜になる”という動詞をつくる場合、maging が使われる。

Gusto kong maging guro　私は先生になりたい。

不定詞 maging　　未来形 magiging　　未完了形 nagiging　　完了形 naging

2) may、mayroon、wala

“ある”“いる”“ない”“いない”を表わす動詞である。これらは基本的には時制をもたない。

　　　Mayroon ba ang prutas dito?　ここに果物はありますか？

　　　May prutas ba dito?　　ここに果物はありますか？

　　　Wala ang prutas dito.　　ここには果物はありません。

　may, mayroon どちらを使ってもよいが、may は直後に名詞・形容詞・数詞がくる場合に使用し、mayroon は次に疑問詞 ba や副詞の na, pa 等の1音節語や主格代名詞が入る場合に使用する。その他、narito “ここにある”、narian “そこにある”、naroon “あそこにある”も、時制をもたない。

　①　時制を表わしたい場合、magkaroon を使う。

　　例：Magkakaroon kami ng parti bukas.　私たちは明日パーティーをします。

未来形 magkakaroon　　　未完了形 nagkakaroon　　　完了形 nagkaroon

　②　副詞の na や pa をつけて表現する。

　完了形

　　例：Wala na ang prutas.　果物はもうありません。→ありませんでした。

　未来形

　　例：Mayroon pa ba ang prutas.　果物はまだありますか？

　③　時制を表わす単語を付加する。

　　bukas 明日、kahapon 昨日、noon 以前、hinaharap 将来などの単語をつける。

　未来形　例：May parti ba bukas? 明日パーティーがありますか？

　過去形　例：Mayroon akong pumunta sa Pilipinas noon.

　　　　　　　以前、私はフィリピンに行ったことがあります。

10. 助動詞

　助動詞は時制をもたない。通常、下記のものが会話でよく使われる。

　①gusto、ibig……好きです、望む、〜したい

　　Gust kong kumain ng prutas.　私は果物を食べたい。

　　（後に続く動詞は不定詞のみ）

　②ayaw……嫌いです、〜したくない

　　Ayaw ko ng isda.　私は魚が嫌いです。（後に続く動詞は不定詞のみ）

　＊Ayaw ko は正式な使い方であるが、会話では略して ayoko（アヨーコ）と使われている。

③kailangan、dapat……必要です、～しなければならない
  Kailangan kita. あなたが必要です。（後に続く動詞は不定詞のみ）
④huwag……～する
  Huwag kang pupunta. 行ってはいけない。
  （後に続く動詞は不定詞か動詞の未来形のみ）

11. 形容詞
（1）形容詞をつくる
 語幹そのものが形容詞のものと、接辞をつけることによりつくられる形容詞がある。
主なものは下記のとおりである。
   ①語幹そのものが形容詞となる。例：pangit ブスの、醜い、bihira 珍しい
   ②語幹の先頭に接辞の ma が付く。（最も多い表現）例： maganda 美しい
   ③語幹の先頭に接辞の mapag が付く。"～しがちな" "～が多い"を表わす。
     pala- も同じ。 例：mapagmahal ほれっぽい
   ④語幹の先頭に接辞 pang がつく。"～用"、"～のための"を表わす。
     例：pang+babae→pambabae 女性用、pang+sulat→pansulat 筆記用
   ⑤語幹の先頭に接辞 maka がつく。"～びいきの" "～が好きだ"を表わす。
     例：maka-Pilipinas フィリピンびいきな
   ⑥語幹の先頭に接辞 naka がつく。着ている服などその状態を表わす。
     例：naka-puti 白い服を着ている、naka-taksi タクシーに乗っている
   ＊フィリピン語では形容詞と副詞は単語による変化はない。
（2）形容詞の複数形
 形容詞を次のように変化させると形容詞の複数形になる。
   形容詞の語幹の語頭を2回繰り返す。
     例1：magagandang babae 美しい女性たち
     例2：masasarap na pagkain 美味しい数々の料理
（3）比較級について
 フィリピン語も英語と同じく原級、比較級、最上級の3段階がある。
 原級は普通の形容詞が当てられる。比較級には優勢比較級、劣勢比較級、同等比較級
3つの表現がある。
 1）比較級の場合
   ①優勢比較級（～よりもより…である） mas…kaysa sa～が通常用いられる。
     例：Mas maganda si Linda kaysa sa ibang babae.
        リンダは他の女性よりもより美しい。
   ②劣勢比較級（…ほど～でない） hindi kasing + 接頭辞を除いた形容詞～ kaysa
     kay …
     例：Hindi kasinganda si Imerda ni Syaron.
        イメルダはシャロンほど美しくない。
   ③同等比較級（～と同じくらい～である）

　　　例：Magkasinganda sina Syaron at Linda.
　　　　　リンダとシャロンは同じくらい美しい。
　2）最上級の場合
　　最上級の場合には pinaka ＋ 形容詞を使う。
　　　例：Pinakamaganda si Linda sa mga babae.
　　　　　リンダは女性たちの中で最も美しい。
　3）その他の強調法
　　さらに強調したい場合の用法に次のものがある。
　　①形容詞を2回重ねる。例：magandang maganda　非常に美しい
　　②形容詞に強調する形容詞をつける。例：masyadong maganda　非常に美しい
　　③napaka ＋ 接頭辞のない形容詞。例：napakaganda　美しすぎる

著者紹介
市川恭治（いちかわ・きょうじ）
　1949年、京都市生まれ。静岡大学農学部を卒業後、上智大学でフィリピン語を学ぶ。現在、環境問題のコンサルタントとして、フィリピンの環境にかかわりながら、フィリピン文化研究会を主宰し、アジアからの出稼ぎ労働者支援などのNGO活動にも専念している。

　編著書に『日本語—フィリピン語両用会話集〈出会い・プロポーズ編〉』『日本語—フィリピン語両用会話集〈結婚・生活編〉』『新装版 フィリピン語—日本語実用辞典』（いずれも日本地域社会研究所刊）がある。

ふきゅうばん　にほんご　　　　　　　　　　　　　　　　　　ごじつようじてん
普及版 日本語—フィリピン語実用辞典

1994年3月15日　　　初版第1刷発行
2013年12月17日　　改訂新版第1刷発行
2020年4月7日　　　普及版第1刷発行

編　者　市川恭治
　　　　いちかわきょうじ
発行者　落合英秋
発行所　株式会社 日本地域社会研究所
　　　　〒167-0043　東京都杉並区上荻1-25-1
　　　　TEL　（03）5397-1231（代表）
　　　　FAX　（03）5397-1237
　　　　メールアドレス　tps@n-chiken.com
　　　　ホームページ　http://www.n-chiken.com
　　　　郵便振替口座　00150-1-41143
印刷所　モリモト印刷株式会社

ISBN978-4-89022-260-5

フィリピン語会話が驚くほど上達する。
フィリピン人は日本語会話が上達する。

日本語—フィリピン語両用会話集

Librong pakikipag-usap ng wikang-Hapon at wikang-Pilipino.

［出会い・プロポーズ編］　Tomo ng pagkikita-panliligaw.

市川恭治 編
Kyoji Ichikawa

　外国語の会話は、相手国の人間がいて、初めて実用的な習得が可能です。

　日本には世界各地からたくさんの人たちがやってきて、生活し、仕事をしています。

フィリピンからも多くの人が来日しています。社交場—フィリピンクラブなどで手軽

に彼女たちに会えます。彼女たちを相手にして勉強するテキストがこの本です。

　また彼女たちもこの本により、日本語が勉強できます。2冊購入して、1冊を

彼女に与えて会話の上達を図ってください。

・日本人用とフィリピン人用の2部作が1冊になっています。

・初心者から上級者まで幅広く利用できます。

・ビジネス・出張用にも最適！

46判288頁／定価：本体2000円（税別）

発行　日本地域社会研究所
〒167-0043　東京都杉並区上荻1丁目25-1
TEL　03-5397-1231　　FAX　03-5397-1237
http://www.n-chiken.com

ご注文はお近くの書店へ。または直接発行所にお申し込みください。代金後払いでお送りします。

だれでもすぐに本格的なフィリピン語・ニホン語が話せる！

日本語—フィリピン語両用会話集
Librong pakikipag-usap ng wikang-Hapon at wikang-Pilipino.

［結婚・生活編］　Tomo ng pagkakasal-pamumuhay.

市川恭治 編
Kyoji Ichikawa

・既刊『日本語—フィリピン語両用会話集［出会い・プロポーズ編］』の
　続編。

・日本人用とフィリピン人用の 2 部作が 1 冊になっています。

・日本に住むフィリピン人が日本語会話を実践的に学べます。

・結婚から来日までの手続き、そして日本での生活がストーリーをもって
　展開されています。

・日本人とフィリピン人の男女・夫婦円満のための必携書。

・初心者から上級者まで幅広く利用できます。

・ビジネス・出張用にも最適！

46 判 348 頁／定価：本体 2400 円 （税別）

発行　日本地域社会研究所
〒167-0043　東京都杉並区上荻1丁目25-1
TEL　03-5397-1231　　FAX　03-5397-1237
http://www.n-chiken.com

ご注文はお近くの書店へ。または直接発行所にお申し込みください。代金後払いでお送りします。

新装版
フィリピン語―日本語実用辞典
Mapakikinabangang Diksiyonario sa wikang Pilipino-Hapon

市川恭治 編
Kyoji Ichikawa

　本書は『普及版 日本語―フィリピン語実用辞典』の姉妹辞典として編集した 430 ページある本格的なものです。
　約 15,000 語を収録し、日常に必要な言葉のほとんどは網羅されています。フィリピン語には日本語の読み方が併記され、一方、フィリピン人にも利用できるように、日本語はすべてローマ字が併記されています。日本人にとって難しい動詞や形容詞の変化がわかりやすく示されており、また、フィリピン独特の慣用句も多く取り入れられています。フィリピン社会に根付いている「おかま」言葉やジョークも含んでいます。
　日比・比日の両辞典とも、ビジネスに、国際結婚に、旅行に必携です。

46 判 430 頁／定価：本体 4600 円（税別）

発行　日本地域社会研究所
〒 167-0043　東京都杉並区上荻 1 丁目 25-1
TEL　03-5397-1231　FAX　03-5397-1237
http://www.n-chiken.com

ご注文はお近くの書店へ。または直接発行所にお申し込みください。代金後払いでお送りします。